宮崎滔天著
宋越倫譯

三十三年落花夢

中華書局印行

三十三年落花夢

宮崎滔天著
宋越倫 譯

目次

附註

國父序

世傳隋時有東海俠客虬髯公者，嘗遊中華，遍訪豪傑，遇李靖於靈石，識世民於太原，相與談天下大事，許世民爲天人之資，勖李靖助之以建大業。後世民起義師，除隋亂，果興唐室，稱太宗。說者謂初多俠客之功有以成其志云。宮崎寅藏君者，今之俠客也，識見高遠，抱負不凡，具懷仁慕義之心，發拯危扶傾之志，日憂黃種陵夷，憫華夏削弱，數遊漢土以訪英賢，欲共建不世之奇勳，襄成興亞之大業，聞吾人有再造華夏之謀，不遠千里，相來訂交，期許甚深，勖勵極摯，方之虬髯誠有過之。惟愧吾人無太宗之資，乏衞公之略，馳驅數載，一事無成，實多負君之厚望也。君近以倦遊歸國，將其所筆之于書，以爲關心亞局興衰，籌保黃種生存者，有所取資焉。吾喜其用意之良，爲心之苦，特序此以表揚之。

壬寅八月　中國孫文逸仙拜序

譯者附註：　國父此序對宮崎滔天推崇備至，按壬寅爲西曆一九〇二年（清光緒二八年），其時正值惠州兵敗之後，士氣消沉已極。　國父於前歲（一九〇一）六月十六日由夏威夷至日，在日多所策動，是年一月二五日曾一度由長崎赴港，旋於二月十五日重返日本，十二月再度離日前往東南亞，情勢艱危之中，國父獨能高瞻遠矚，再接再勵，策劃再起，個中消息，可於滔天文中約略觀知。序中自稱支那，則有其不得已之苦衷，蓋自江戶中期以來，日人習稱中國爲支那，而支那一辭，原係秦 Chin 字之轉訛，最初見於印度之佛典，其後外人稱中國爲China者，亦即據此。滿清入主中國，即改國號曰大清，日人以受朱舜水影響，除公文書外，甚少稱中國爲大清，而多襲用明朝或支那舊稱，初無侮蔑之意，迨至滿清末葉，政治腐敗，國勢凌夷，日人於侵凌之餘，語氣之間，始含輕侮。　國父當時志在推翻滿清，既不奉其正朔，不得已而襲用支那，讀者於此處所，不可不察。

著者自序

余性喜聲曲，不論東西，不擇文野，凡「義太夫」（註一）、「法界」（註二）、「阿保陀羅」（註三）、「新內」（註四），一切聲曲之類，人或謂爲野鄙淫猥，余則無不怡神騁懷，然未嘗自行爲之。

余幼時曾熟誦「祭文」（註五）之一節，其辭曰：『不顧人之憎厭可否，到處打躬作揖，然以任俠爲心，卒得衆人之稱頌，婦女之歡心，在江戶聲譽雀起——余乃長兵衞是也。』每當心中悒鬱，輒以此節「祭文」放聲高歌，以資排遣。

十數年來，余東奔西馳，頻遭人世激浪之所冲擊，於聲曲之技，亦覺漸有進境，每當意氣難平之際，一杯在手，放誦高歌，百結之塊壘得以全消，亦一樂也。

數年前余歸自南淸（註六），造訪雲翁（頭山滿），翁爲設筵作牛飲，余遂乘醉，歡呼高歌；翁笑謂余曰：『君如自幼專習「浪曲」（註七）必已爲斯界翹楚！』後偕康有爲君歸自香港，復與「中國」之志士陳白君共訪翁于其舊邸，臨行翁以琵琶見贈，陳君代翁題句，辭曰：

『流落潯陽婦，

冰絃訴別情；

吳門乞食客，

亦作洞簫聲；
英雄漂泊紅顏老，
同抱餘情委秋草，
贈爾琵琶作遠遊，
一撥十年長潦倒！』

嗚呼，此詩竟成語讖！當時余豈知日後竟以「浪花節家」（註八）終其身哉！

或曰：『人之立志，必須遠大』，或曰：『人如不知其分，必將誤其一生』。前者令人氣壯，後者使人心小；前者之失易陷空虛，後者之失則爲萎縮而喪天賚，余之失，則爲前者之所誤歟？

余常以爲世間人力並無定限，如以小節自囿，不求進取，是直暴殄天賚；故立志必須遠大，創空前之偉業，以慰蒼生。

人或謂『理想未必卽能實行。』余則以爲理想必能實行，不能實行者則爲夢想；余深信人類如同胞，故於弱肉強食之現狀，深痛惡嫉；余後奉四海一家之說，故於現今國家的競爭，不勝痛憤；此兩者必須剷除，苟不剷除，則理想終成夢想，於此，余始認爲「腕力」（暴力）之有必要，於是余乃以世界革命者爲己任。

余雖認爲所謂人力，並無定限，然人生之要務，在乎自覺，釋氏之所謂見性成佛，耶穌之所謂神爲完善，要在止于至善；余以爲到達此完整之域，斷賴學問，而教育之普及，實爲首要，然社會原非平等，貧者多而富者少，欲受教育，非有時間及金錢，則無從談起，故欲普及教育，又非改善多數細民之生活不可，於是余又以社會革命者自任。

余認個人之自由權利，必須尊重，故於平均財產及國家社會之說，不予苟同；但於土地，則認原非人力之所創造，乃係天所賦予萬民，藉以謀生之資，豈容少數之所專有？故必須恢復地權，以一改細民之窮境；然如何付諸實施，則認爲言論終難收効，唯有訴諸「腕力」之一法。

嗚呼，余之理想與現實，其相距何止千里！然豈能踟躕徬徨，止於理想？余以爲世事可於一朝之間，上溯百世之前，亦可於一朝之間，下逮百世之後，千里之距，如得「腕力」運用之當，天人和合之宜，則亦未始不可於一朝之間，彌縫無間。故所謂「腕力之權」不能實施，則此理想必僅止於夢想。幾經思慮，余乃選取「中國」爲余「腕力」之根據地，蓋以彼邦地廣人衆，且革命之機亦已迫在眉睫，余能取而代之固佳，否則由余之同主義者代而爲之，適用一切之理想以定立極之基，然後號令宇內（世界），庶余之志望，得以達成。

余以世人仍有人種憎惡（偏見）之病毒，故擬熟習彼邦之言語風俗，以「中國人」之身份，潛入內地，以從事余之所謀，然事與願違，徒在炎天熱地之間，朝夕漂浪，嗣蒙木翁*（犬養毅）之恩顧，得入夢寐以求之鄉國，遍歷各地，物色人物，卒得孫逸仙先生其人，乃附驥尾，籌策多年，然以諸事拂逆，或以非島事件，或以新嘉坡入獄，或以海峽植民地及香港之放逐，或以惠州革命，或以背山事件，或以同志內訌，所志之事，悉付流水，百無聊賴之中，乃叩*桃中軒之門，投入「浪花節」（註九）之群，於是余之理想，果成夢想。嗚呼，雲翁之語，陳白之題，豈非豫爲諷示余者耶？何余覺醒之遲也！

當余投身於「浪花界」之際，余實無勇氣爲余之知己先輩明言之，蓋余深愧一敗塗地，竟卒於此，於渠等對余之恩願，辜負良多。其後偶以事訪弄鬼齋*（一木齊太郎）於其寓所，適麻翁*（神鞭知常）亦來，乃同席痛飲，翁對余事實已預知，酒酣耳熱，翁忽投杯於地，大聲謂『汝之懦怯，一何至此，余寧願以此清酒付之草疊，雅不願與汝同杯共飲！』余亦爲酒氣所激，忘其對長者之禮，高聲報以『余固無意與此政界俗徒同杯共飲！』（註十）於是唇槍舌劍，論難反駁，直至天明。翌日翁之門生來訪，謂翁歸後臥床大哭，頻謂『何以救之，何以救之！邀其再來一談，邀其再來一談！』余聞言亦情不自禁，俯首痛哭。嗚呼，余之心豈無病耶？

後數日木翁以書寄余，謂日昨弄鬼子告渠，余將拜某右衞門爲師，投身於「浪花節」之群，令人不勝訝異，然世間常有誤傳之事，深願其爲誤傳。又謂日前筑前三好將軍來訪，彼正習陶米之業，已無復往日怒髮衝冠淩厲不可一世之氣，然此亦爲可喜之事，何以余獨絕意塵寰，溷身於「寄席」（註十一）之間，此實渠所百思不解……於木翁此書，余實無以置答。數日後木翁復囑一念兄*（古島一雄）專程來訪，謂木翁曁夫人對余之投身「浪曲」，極表惋惜，務必懸崖勒馬，及時中止，一念兄欲余重作考慮，擬邀余外出飲酒，余堅持不可，渠乃潸然淚下，垂首歸去。嗚呼，余之心豈無病耶？

余既寄食於桃中軒，爲其門人，一日與師共詣雲翁，並以實情告之，翁微頷其首，笑曰：『此亦無所不可，然人必以不屑相勸止；對渠等之勸止，余亦贊成，對君之堅持己見，余亦贊成，總而言之，凡事求其心之所安。』嗚呼，余之心豈無病耶？

對余之決心，舊知新交，識與不識，多以言辭或書函寄以同情，激勵慰勉，無所不至，余之感激，實非楮墨所可形容，然余之投身「浪花節」界，實無一般所想像之重大決心，不過就余性之所好，決定職業而已；對余寄予同情之諸君，余實不勝其慚愧，輾轉三十三年，余始知其本份之所在；嗚呼，所謂「知分」，其斯之謂歟？

當余決心從事「浪花節家」之際，而阮囊羞澀，欲行無從，乃以書致熊本之三浦女俠，告以實情，並請濟助，女俠即慨然以所需寄余，並復書謂余年事方盛，何以遽萌消極，仍希三思而行，余含淚受其厚賜，然其一片婆心，仍難挽回余之決心；卒賴女俠之賜，得以順利就業，特誌之以代鳴謝。

嗚呼，人世原是夢一場，「三十三年落花夢」僅其中之一部而已，今雖公之於世，亦何異痴人之說夢，其不為賢者嗤笑者幾希！

明治三十五年（一九〇二）八月　滔天宮崎　識

譯者序

宮崎滔天一生波瀾萬丈，其與我　國父中山先生及國民革命關係之深，在日人中無出其右。當惠州革命挫敗，日人間後以武器購買舞弊事件，發生內訌，萬念俱灰中，竟投身為一般社會所不齒之「浪花節師」（見註七、八、九）並以其半生遭遇，筆之於書，最初逐日發表於「二六新報」，而後彙輯成書，於一九〇二年（清光緒二八、日明治三五）由國光書房出版，　國父曾親為之序，出版後轟動一時，唯不久即告絕版，迨至一九二六年（民國十五、日大正十五）明治文化研究會發行叢刋，將此書重校刋行，並由吉野耕造博士為文加以解說，認為此書不僅文學及歷史價值甚高，且為研究明治文化之重要文獻，唯五十年來，堙沒已久，譯者於二十五年前在東京國會圖書館偶然閱及，與初版當時我國所有之翻譯本相對照，不僅內容頗有出入，且篇幅亦多出四分之三，至漢譯本文字之誤譯缺落，斷章取義，猶在其次。以宮崎一生事蹟與我國民革命關係之重要，而此書於近代中日外交史上，復具極重要之地位，當時即思設法重加迻譯，然以公務鞅掌，卒難如願，唯曾因此多方蒐集宮崎有關資料，並至其故里熊本荒尾訪問，與滔天二兄夫人美以女史數度傾談，其後並與滔天哲嗣龍介及在朝日新聞負責調查室之胞侄世能經常接觸，所知漸多，益增對於滔天此著之重視。其間亦曾忙中偷閑，將其概略筆之於書，列入中央文物供應社出版之拙著「總理在日本之革命活動」，然罣一漏萬，對滔天一生事蹟，究難盡其全貌，年來蒙曉峯先生之殊遇，得有時間從容迻譯，然以原書係在五十餘年前出版，行文既古，人名及歷史事實之考據印證，均極費時，翻譯實非易事，一年以來，三易其稿，勉告完成。迻譯期間，復承衞藤瀋吉教授惠寄平凡社近版之滔天原著，得以印證參酌，獲益良多。明治維新以儒學爲體，西學爲用，揉和配合，融會貫通，卒使亞東太平洋上奄奄垂絕之島國日本，振聵起衰，寖假之間，躋於列強之林，由於此一衝擊，不僅日本整個政治社會結構沛然改觀，卽在民族氣質的變化上，亦發生了新生的觸媒作用，此在近代世界史上，實爲一大奇蹟。明治維新去今已逾百年，然其影響所及，仍甚深遠，戰後日本之得以迅速復興，雖緣風雲際會，然其內在根基，仍賴明治維新之流風餘蔭，事甚顯然。各國學者對於十九世紀後半日本所發生之此一運動，至今仍在研究階段，未獲結論，以我國與日本關係之深切，對此自更有深入研究之必要，滔天此書，不僅提供我國民革命最初階段之具體資料，且於明治維新所予日本各方面之影響，以及當時東南亞一帶之政情風俗，亦有極爲細膩之描述，尤難能者，滔天對其本身行事，坦率直陳，甚至於其無數不道德的生活，亦無絲毫隱諱，詳加記叙，宜乎吉野耕造博士推之爲罕有鉅著，且爲其平生十大愛讀書籍之一。

原文因種種關係，一部份人名事項，多用〇〇或△△等伏字，戰後雖經龍介在可能範圍內補正復原，然仍有若干無法考據者，故迻譯時一仍其舊。書中需要特加解釋者，除簡單者卽在文中以（　）加以註解外，其餘一律以附註方式，列於卷末，至所有人名，亦參考底本索引及衞藤教授人物略傳，加以整頓，以筆劃爲序，一併附於卷末，凡有*點註之人名，均可查得。原著尚有淸藤幸七郎（呑宇）及武田範之（無何有鄉生）兩序，以係日式漢詩，詰屈聱牙，毫無章法，亦無深義，故從略。

滔天歿於大正十一年（民國十一、一九二二）十二月六日，而此書則爲其三十三歲（一九〇二年）時所著，以投身浪花節師爲其人生之一大段落，離逝世尚有二十年之歲月，關於後一階段之滔天行誼，當參照遺屬之口碑及哲嗣龍介之手記，爲文附於卷末，俾讀者得窺全豹。

本書於付梓之際，多承中華書局熊總經理鈍生先生及老友章湘伯兄多方賜助，特此誌謝。

半生夢醒懷落花

鐘聲震盪櫻花落——吉野山；雖無鐘聲激盪，迎風花亦自落，世人對撞鐘和尚之不知惜花，實亦徒作多情。（譯者按吉野山為日本櫻花名所，地極靜寂，寺鐘響處，櫻花紛落，故俗謠中有「撞鐘和尚不惜花」之句）見枝頭盛開的櫻花如白雲，為之心喜，但也有看到迎風狂舞的落花如白雪，轉覺嫵媚；十人十色，各從心之所欲而異其情。唯有櫻花自開自落，漠然無動於衷。——我實亦願與花同具此心！此心能與花同固可；能與枝頭盛開如白雲的花同固可，能與迎風狂舞如白雪的落花同亦無不可；但我的一切，已成過去的南柯一夢，豈能枯楊生稊，死灰復燃！——我恐須以落花成泥以自況！

嗚呼，半生夢醒懷落花。——對鏡自照，我的容貌，亦頗卓犖，但何以逡巡懦怯，一至於此；我的風骨，亦頗英爽，但何以一籌莫展，為人所哂；我的軀體，徒然高大，而其心何以如此其小；我的行為磊落不羈，而其情何以柔弱一如婦女？我終將為天下無用之人——嗚呼，無用之人乎！以天下無用之人與我，共唱落花之歌，共奏落花之曲。武藏野的花，業已摧折；其然耶？其非耶？

故鄉之山川

七十餘高齡的老母猶在故鄉，如其聞悉我唱落花之歌，不知作何感想？與老母同在故鄉的妻及子女，迄仍茹苦含辛，對其夫其父之舊夢，維護期待，不遺餘力，若知我竟奏落花之曲，不知其將何言？市藏、兵吉又將作何感想？歸去來兮，又有何面目見我故鄉的山川？

與加藤肥州舊夢所繫的銀杏城（熊本城）西北相距十餘里，大道如矢，在長洲街道進入筑後國境之處，有一小村落——荒尾村，（現爲熊本縣荒尾市）民雖貧而純樸，地雖瘠而形勝。我的誕生在此寒村望族，所謂鄉士之家，自幼養尊處優，朝對小岱八郎行平居城所在的七面峰，夕對遠隔白浪翻騰的有明灣對岸之肥前溫水（現雲仙岳）及多良二峯，俯仰之際，輒發大聲，歌「英雄起處地形好」之句，每有不可一世之概，如今窮途末路，一至於此；嗚呼，其地形負余乎？抑余負地形乎？所謂英雄者，竟如此耶！

我的家庭

我的父親在我十一歲時逝世，其生前諸事在我記憶中已極淡薄，但父親開設「擊劍道場」，以教導子弟；天天將自種的西瓜裝在馬上，分贈村中老弱病人；酒後大發奇聲，高舉兩手，既歌且舞，其狀至爲可怖等片斷印象，仍留腦際。尤其在腦際深印不忘的，則爲每日必數次以手摸我的頭，囑我爲大將，爲豪傑；每當我手觸金錢之際，必厲聲叱責，說是此爲乞丐賤民之所爲，有志之士，不當以金錢自污。我的母親亦承父志，對我的教育極爲嚴格，經常囑我發奮自強，男子當馬革裹屍，志在四方；而我的親戚以及村中前輩，也都極力要我與我兄八郎，同爲志士仁人，原來八郎在明治初年，主張自由民權而漂流四方，明治十年參與西鄉之亂，卒以身殉，因此之故，我雖不知大將豪傑爲何物，而一意志在爲大將豪傑；不知自由民權爲何物，而以自由民權爲天賦；因此凡「官軍」、「官員」，與官有關之人，都目之爲竊盜惡人；凡稱「賊軍」、「謀反」之人，都視之爲大將豪傑。嗚呼，其家庭負我歟？抑我負家庭歟？而我今日的處境，竟一至於此！

我共有同胞十一人，男八女三，我爲最幼。此十一人外，尚有養兒（螟蛉，名元右衞門）一人，但我始終未知其存在。據母親告知，當時父親之意，欲此養兒繼承家業，而所有弟兄則于適當教育之外，各任自由，不令在家坐宗，不料此繼承家業的養兒，不久卽棄家脫藩（按明治維新前各地諸侯封邑稱藩，宮崎家爲藩士，脫藩卽離藩潛逃之意）到處流浪，最後參加長州對天皇的叛亂，在蛤御門之戰，失敗戰死。其他兄弟亦多早夭，當我父親逝世之際，僅賸我及二姊二兄，當時二姊已嫁，二兄（宮崎民藏*及彌藏*）在近鄉某私塾求學，我則在近村小學走讀，在習字及作文課中，因爲濫用自由民權等字，曾經一再遭到教師的譴責。但我爲先天的自由民權家，決非教師的譴責所能匡正。十五歲小學畢業，進入中學以後，故態依然，于屢遭校長、教員的譴責之外，並深受同窗的嫉視，常於夜間遭遇渠等的襲擊。

當我在中學求學之際，大兄、二兄分去東京及大阪就學，母親與一個名叫「御仲」的誠篤的女傭，操持家務，父親平素不事生產，喜濟貧好客，及至晚年，家道中落，以至不可收拾。母親以一婦人，承襲其後，竟能使三兒受良好教育，其用心之苦，實非一般所能想像。我每爲學費返家，發覺母親常暗中將蚊帳被服之類，持往當舖典質，以充我的學費所需，我於感激之餘，悲從中來，也一再躲在房中哭泣，母親爲我們弟兄得受學校教育，排除種種困難，其身心的勞苦，不言可知。當此之際，能予我母以助力，幫同我家，整理家務的，實爲村翁彥代夢翁（平川彥代夢），今翁已死，其子千馬氏復繼其父，對我破殘之家園，經常眷顧補助，渠父子不僅爲我以及我家庭之恩人，且亦爲澆季之世不可多得的義士。

中學校及大江義塾

當時中學同窗諸君，每當談及將來志望之際，無不以官吏爲唯一志願，因此對我的另懷異志，醉心民權自由，認爲惡黨鼠竊，無異爲渠等心目中的敵人。我於此輩之厭惡，實較渠等對我之敵視爲尤甚，但可悲的是彼衆我孤，四面都是官軍，唯有我一人爲賊軍，在此情勢之中，我既無法進而與之爭鬥，亦祇得忍氣呑聲，處於防禦的劣勢，尤其在敎員中有二人爲結髮的「神風連」（註十二）殘黨，如我爲溫厚篤實的君子，自可聽之，但不幸我個性褊狹，在我狹量的自由民權主義的心中，竟得受此等人物的敎育，實無異向敵乞糧，不愉快可知，乃在四面楚歌聲中，託故說服母親，中途脫離此一樊籠。但脫離以後，次一步計劃，卻煞費苦心，幾經考慮，終於投入大江義塾（註十三）之門。原來大江在當時頑固守舊的風氣中，於詫痲原頭（今熊本市內）別樹一幟，鼓吹自由民權思想，以培養人材。

大江義塾爲*德富蘇峯先生所手創的家塾，於是我就成了蘇峯先生的門人。先生爲自由民權主義的鼓吹者，同時其敎育法又爲極端的自由放任主義，他不准學生稱其爲先生，因此我等不稱其爲德富先生，而逕以猪一郎名之。所有課程表雖由猪一郎及敎員商訂，但別無塾則（校規），至於塾則，卻由塾生自行議訂。我等既爲「自治之民」，所以無不樂於遵守，奮勵學業。當時的學校生活，眞是多彩多姿，無奇不有，有於拂曉履霜鬥劍于校庭；有於三更自被窩中伸頭讀書；有於破疊（草席）上撫摸淇水老師的白鬚，聽其講述「道德原理」；（淇水為猪一郎之父德富一敬）；當猪一郎口沫四濺，講述法國革命史而入佳境之際，學生不覺高聲疾呼，羣起而舞，甚至亦有以劍斫柱，狂態百出；猪一郎對此等狂態，往往怡然微笑，從不制止。在此種境遇之中，我無異脫重圍而入故鄉，其樂可知。尤其使我驚異的，為每週週末演說會的光景。塾生之年長者固不必說，連十二三歲乳臭未乾的小鬼，也儼然以辯士自居，以辯士自居尚可，其滔滔雄辯，著實使人心驚。其滔滔雄辯猶可，而其演說內容，竟分別引經據典，摭拾羅培斯貝利（Maximlien Marie Isidore de Robesfsierre ）、但頓（George Jaques Deanton）、華盛頓・克倫威爾（Oliver Cromwell）、柯布田（Richard Cobden）、白萊特（Jhon Bright ）諸人之說，此論彼駁，眉色飛舞，先天自由民權家的面目，發揮無餘。我在當時雖亦自認為先天的自由民權家，但實際上僅知自由民權為佳事，所謂大將豪傑，賊軍叛徒，與自由民權，兩不可分，至於其他，實一無所知，更何況克倫威爾、羅培斯貝利、柯布田、白萊特，乍聽之下，眞是所謂丈二和尙，摸不清頭腦，以此情形，要我上台演講，眞不知從何說起？於是不得已時而託病，時而遠足登山，千方百計，加以逃避，所謂先天的自由民權主義者，至此實已黔驢技窮。

雖然如此，大江義塾實為我的理想鄉，而且實際上較我理想更為進步的自由民權天國。因此我深以得躋門牆而自喜，唯有週末演說一事，最感煩惱，最初一二次雖可藉稱病脫逃，後來雖多方設辭，終竟不妥，於是為掩飾自己的缺點，大言不慚，發為怪論，說是凡人遇有必要，都能滔滔雄辯，練習演講，等於優伶演戲，豈士大夫之所當為？我以此怪論自高，使我先天自由民權家的身份，得以維繫不墜，在不知不覺中，此種怪論竟一變而成了我的新信仰，推而廣之，對於文字的修鍊亦歸入同一理論，認爲彫虫末技，無足重視，我今日文章的拙劣，即以此故。

我既以演說文章爲士大夫的末技，因此過去令我愧不自如的辯士「文豪」，在我的眼底突然一變而爲卑不足道，換言之，全塾六十餘人的同窗學友，因了我上述阿Q式的理論，在一夜之間，都成爲毫不足道的江湖藝人，由敬畏而一變爲輕蔑；接着在我的心中又起了一個疑念，渠等雖開口自由民權，提筆憂民憂國，不惜爲此犧牲一己生命，但其衷情是否如此，殊足令人懷疑。其實此等疑念，最先應反求諸己，先問自己能否實踐？但當時我的心理狀態，似在發現人之弱點，以自慰解；以人之醜，掩己之醜，因了此一懷念弔在心頭，卒至廢寢忘餐，煩悶得無意讀書。最後我請教塾內第一位熱誠君子松枝*彌一郎，問其是否眞如其平日所言，不惜以一死報國，以其生命爲自由民權而犧牲？此種言論，是否出之赤誠？抑尙有功名心挾雜在內？松枝聞言呵呵大笑，說是人豈能無名利心，人類之活動，都以名利心爲其原動力，渠本人卽爲名利心的結晶體。我聽了不禁爲之驚愕，以熱誠如松枝，尙且如此……於是我又問猪一郎如何？渠斬金截鐵地說，如猪一郎者，其名利心較一般更爲旺盛。我聽了眞像在心頭澆了一盆冷水，松枝見我面現失望之色，爲了安慰起見，勸我不必爲此等不必要的疑念縈心，男兒生當求榮達於世，建大功，揚大名，雖死亦又何妨？鰓鰓過慮，實無必要。此種言論，並不能慰我失望之情，我以爲旣公然高唱爲國家人民而死，不應再摻雜個人利害，如果爲揚名而死，則與利己主義何異？此所謂掛羊頭賣狗肉，眞是詐欺漢的行徑！且連平時高不可仰的猪一郎先生，尙且如此，一般芸芸衆生，其虛僞更不待言，於是我由懷疑主義者一變而爲獨斷的推理家，不僅對同窗學友蔑視，卽對猪一郎先生亦同樣蔑視；不僅對猪一郎先生蔑視，卽對天下的志士、古今英雄豪傑，也都一概蔑視無遺。

但在不久，又對自身加以內省，發現我不知自由民權爲何物，而大言不慚；不知權利平等爲何事，而高唱入雲；豈其可哉？於是我的疑念在一瞬之間，頓告消失，思之再三，我實已成爲自由民權的奴隸，較之演說自由民權，聲淚俱下的同窗學友，其卑劣實爲尤甚。接着我就不得不以輕蔑同窗學友之心，轉而輕蔑自我；結果沮喪失望，煩悶憂鬱，終於廢寢忘食，所謂「虛我抛卻眞我來」，心如斷線的紙鳶，中空飄盪，無所歸宿，身如離羣的羔羊，哀鳴於千里的荒原而無所適從；最後終於成爲自暴自棄之人，不知此後五六十年之人生，究將如何排遣？唯有隨心所欲，隨情所至，以了此一生！最初我以「心鏡」照人，尋求人之缺點，結果反以其反射之光，照徹自身的醜態，於不知不覺之中，遭遇到了人生哲學最大的疑問。

嗚呼，所謂自棄，實爲人間至險的境涯，彼無所求亦無所欲，故可無所不爲，天下何物可與匹敵？如當止不止，當得不得，胸中爲一片悲愁所驅！衷心痛苦，無可名狀，苦上加苦，迷苦錯綜，日以昂進，終至自棄。故自棄之衷心，常有哀哀的情炎不斷燃燒，唯此情炎的不斷燃燒，一旦觸及眞機，反可豁然得道；然不能得道，則終必爲此情炎所燃燒，以至自滅。故我常謂自棄未必卽爲致命之症，而是生死一髮之歧路，唯有運命之神，始可主宰左右。

我於是成爲自暴自棄之人，立於至險至苦之地，眞不知所爲何來？不久就思以酒解愁，就至市肆沽酒暢飲，我又思口腹之養，故不惜破壞塾規，大啖牛肉鷄肉，（按當時日人一般禁食牛肉，鷄肉亦不普遍）

且以十六歲的少年，情竇已開，對女性頗涉幻想，當時如果手頭有錢，且有人帶路，知其門徑，恐已早作狎邪之遊。但一月所得僅有日幣三圓，牛肉鷄肉以及濁酒，尙且不能飽啖暢飮，豈能至靑樓買歡？但如強欲行之，則亦未始不無辦法，此辦法不外偸與盜兩途，我現已脫卻名譽之羈絆，進一步對於道義的壁壘，亦無顧忌，雖盜雖偸，自無不可，然幸而我終於未入此一邪途，至今回顧，稍覺自慰。

但心境變化至此，一向認爲自由鄉的大江義塾，在我也一變而爲不自由之鄉。自由民權的詐僞漢們，見我帶着醉意回來，無不羣起非難；此輩名譽的奴隸，知道我竟出入鷄牛肉舖，更是百口交詈；自暴自棄的我，對於渠等雖不在眼中，但身處其境，終覺不耐，於是藉硏究德文爲名，騙過了母親和大兄，離開大江義塾，轉到帝都的中心，開始過其流浪生活。

自暴自棄者之反動

我既以所謂自棄的大決心，來到紅塵萬丈的帝都，實不知命運之神，究將如何爲我安排？我最初和同鄉某君，共住一處，觸目所及，所有事物無不新奇萬狀，其中尤以此一同鄉友人外形的變化，使我爲之目瞪口呆。此人在出京之先，原爲一短髮敝衣的壯夫，但目下其頭髮已經横分，其服裝爲絹製和服，直垂足際，几上正中，有鏡一面，經常對鏡自照，頗有顧影自憐之概，本來像鐵一樣的顏色，現在竟變得像患感冒病的幽靈，蒼白異常。同到浴塲沐浴之際，用肥皂擦臉，可以擦上一個小時，更使人驚異的，爲他和友人間的談話，在離鄉以前，此人原爲慷慨激昂，開口自由民權，閉口忠孝仁義的熱烈辯士，而今則自晨至暮，都以妓女、藝妓以及娛樂塲所、牛肉店的侍女爲評隲對象，評隲結果，且必定時設法實行。渠等于我自棄的決心，一無所知，所以最初始終對我避之若浼，唯恐我與故鄉通信，提到他的生活情況，接着因爲瞞無可瞞，索性向我和盤托出，並且試探我的意嚮，希望也能把我引入彀中。其實我既已有此自暴自棄的重大決心，此種引誘，在我原應得其所哉，因爲我正苦無人指引，不得其門而入，所以就我的心理狀態而論，正應該移樽就教，豈有不上鈎之理？但我對此卻加堅拒，其理由何在，在我亦難自解，此其原因，恐在對此輩行徑，有一種不可名狀的厭惡之氣，原來我對渠等的言行，常有一種令人作嘔的感覺，最後，我終於連與此輩見面亦覺不耐，於是就搬出宿舍，寄居到某一私塾，從此即與渠等斷絕往來。

*西鄉南洲（隆盛）謂學校爲培養英才之所，且此英才不能僅具一村一鄉的規模，而必須爲天下之英才，我對學校也作如是觀，但我之所以寄宿私塾，實另有異圖，原來，我並無磨練心志，以爲天下英才之意，亦無讀書習字，以爲學以致用之心；我的第一目的，在逃避同居友人令人生厭的言論、狀貌和行動，至於所以特別選擇學校爲次一寄宿場所的原因，主要是由於經濟的理由。率直言之，我要利用此一育英之所，以爲我自暴自棄者的安身之地，且事實證明，我利用之道頗得其當，但不久我卻發現在第一目的上我已完全失敗，因爲好容易躲出了四五個令人生厭的友人，卻在此遭遇到四五十個更爲可憎的友人，所謂出汚泥而入溷廁；於是我始知此學校亦非我一人安住之地，而爲一批色鬼共同麕聚之所，所謂一蟹不如一蟹，不見世情的詭譎，不知故鄉之可貴，過去認爲「不自由鄉」的窮蹙的大江義塾，以及自由民權的僞君子的舊時同窗諸君，至此乃經常成爲我夢魂所寄的最大憧憬。

嗚呼，天地雖廣，奈此身何？自暴自棄的我又一變而爲一種不平的動物，三轉四回之後，竟成了一個厭世之人，天地寂寂，萬象無聲之夜，我覺得此身已被拋棄在天地萬象之外，遭遇如此，我曾幾度背人低聲哭泣。

受洗爲耶穌教徒

當時有大江義塾的同窗前輩三保彥君，也適在此學校走讀，每日承其伴同參觀帝都各名勝舊蹟，聊以抒發胸中鬱結之情，某一星期晚間，荒木君復帶我到各處閒步，歸途經過一所耶穌教堂門前，荒木君邀我進內，我在可有可無之中，跟着荒木君走入教堂，在無心之中，我突然爲讚美歌所吸引，在琴聲抑揚中，覺得讚美歌的音調竟是如此其清愴，諦聽未久，我的心突轉爲清澄明淨，一如秋夜的蒼穹，而於隨着琴音合唱的信徒面容，覺有一種清澈歡愉之情，飄揚其間，此種境界，實使我不勝羨慕。

不久歌聲戛然而止，一宣教師上台講道，其內容要在證明上帝的實存，我當時不知其說教的巧拙，至今亦不復記憶其說教的論理，但在我記憶之中，其所講述，在我實如黑夜中驟逢光明，使我頓起皈依之念，願以此身全部交託上帝，以平安渡過此生，當說教終了，牧師所引聖經的一節，至今猶能清晰記憶。

聖經朗誦之後，又有悠揚的琴聲和清愴的讚美歌，我當時的心情激動得如悲如喜，一種不可名狀的情緒，深深地打動了我的心靈，一時直想哭泣，禮拜完後，我像在夢中一樣地走出教堂，又像在夢中一樣地到書店搜購聖經和讚美詩，購得後又像在夢中一樣地囘到學校，又像在夢中一樣地翻尋宣教師所朗讀的聖經章節，加以研讀：

「眼睛就是身上的燈；你的眼睛若明亮，全身就光明。

你的眼睛若昏花，全身就黑暗；你的裏頭的光若黑暗了，那黑暗是何等大呢！……所以我告訴你們，不要爲生命憂慮，吃什麼，喝什麼；不要爲身體憂慮，穿什麼；生命不勝於飲食麼？身體不重於衣裳麼？你們看那天上的飛鳥，也不種，也不收，也不積蓄在倉裏，你們的天父尚且養活他！你們不比飛鳥貴重得多麼？你們那一個能用思慮，使壽數多加一刻呢？（亦作使身量多加一肘呢？）何必爲衣裳憂慮呢？你想野地裏的百合花，是怎樣長起來的呢？他也不勞苦，也不紡織。然而我告訴你們，就是所羅門極榮譽的時候，他所穿戴的，還不如這一朵花呢！……你們要先尋求他的國，和他的家！然後這些東西都要加給你們了。所以不要爲明天的事而憂慮，明天自有明天的安排，今天的勞苦困擾，止於今天就夠了。………」

一言一語，正像一把雙刄的劍，深入的刺入我的心頭，一節一句，滾滾地都成了我生命的活泉。我於悲喜交集之中，終於放聲大哭；哭了再讀，讀了再哭；徹夜反覆，歡愉洞徹，直迫心胸，豈運命之神，尚不我棄？

自暴自棄之人於是一變而爲希望之兒，我既已望見一道曙光，非一氣呵成，到達此一境地，決不休止。在此後一週的時間裏，我都徹夜未睡，研讀聖經，全篇的語句，都像有生命的動力，在我的心中不斷鼓動。

『只是我告訴你們，凡看見婦女就動淫念的，這人心裏也就已經犯了姦淫了。……如果你的右眼叫你陷入罪惡，你就把他剜出丟掉……。』

當我讀到此等經句之後，不覺全身震慄。接着我又讀到：

『凡是擔負重擔的人，都來歸我……你們中間，有誰兒子求餅，而反給他石頭的呢？……』

於是我感動得距踊雀躍，不能自已。我的同宿諸人因爲不知其中原因，以爲我在一夜之間，驟然變了用功讀書的人，而常加以冷笑。其中也有當面揶揄，說我已爲耶穌所迷，將來可以從事傳道，我對此不禁深自嘆息，幾乎脫口而出的要想詢問他們：

『你們這批色中的餓鬼啊，你們不知道除了毀譽之外，尚有道義？不知道肉體之外，尚有靈魂？但我對道義深有所得，對靈魂則已逐漸溯其本源。你們不知在人類之上，尚有神的存在，我則已領悟接近。你們僅知如逐臭之蠅，在脂粉隊中，過其靡爛生活；而不知我的胸中正春風駘蕩——但昨日的我已非今日的我，今日的我是何等的心安理得，雖百般嘲駡輕侮，於我又何相干？』

我因了耶穌的感化，已因此成了宏量的君子，而不再如過去的對世事憤憤不平。

每當快樂的禮拜天到來，相反地卻由我去邀約荒木，同到教會，參加上午的集會，以呼吸新世界的清氣，同時又迫不及待地參加晚間的集會，在明朗的風琴聲中，洗淨我的心胸，在淸愴的讚美歌中，沈靜我的心志，然後諦聽宣教師的說教。當禮拜終了，在神情恍惚中離開教堂，懷着滿腔的激情，正欲踏上歸途之際，突然從後面有人輕叩我的肩膀，回首看時，原來正是原先在祭壇講道的宣教師，我就不自覺地向其行禮，他就用最親切的語調，對我說：『你實在是受神恩寵的人，神必樂於救你！我的住所在築地四番地，我的名字叫做富西亞，一問就可知道。我的內人也在一處，有空請你常來走走，凡是上帝的事，基督的救恩，一切都可以從容的和你談談。』說着又取出一本小冊子給我，說是『回去不妨閱讀，從這裏你可以知道神的存在。』

我爲此突然的遭遇，感激得淚如雨下，雖然對於他所說的內容未必全知，但只是衷心誠意地向其鞠躬致謝。分手後像在夢中一樣地回到學校，又像夢中一樣地翻閱那剛才宣教師給我的小冊子，這小冊以基督教三綱領爲題，簡單說明神的存在，人的罪惡以及基督的贖罪，原來就是基督教的初步讀本。

第二天早飯後就匆匆往訪富西亞牧師的寓所，他喜出望外地介紹我與其夫人及子女相見，那種親切的態度，眞如家人父子，所謂「一見如故」的文句，我雖知之甚久，但眞正的感覺，卻以此爲首次；尤其是此種優遇，出自外國人士的富西亞牧師，眞使我感激至於無地。何況牧師又爲我講解聖經，夫人又爲我教授英文，於是我就每日從本鄉的共同宿舍到築地四番地去接受教義。

時光迅速，忽忽已屆盛夏，富西亞牧師及其家族都到鄉間避暑，共同宿舍的人們大致也都各有去處，祇有二三因貧窮而無法消暑的學生，留在宿舍，但我並不爲暑熱所苦，也不羨慕他人的有錢消暑，因爲我已深深地知道在我的心中，另有樂地，此點決非他人所能企及。

偶然聽到猪一郎先生來京住在芝浦，當卽專程往謁，我除了對師長的懷慕之外，同時還因了過去自己胸中的迷惘，而對先生妄加輕慢，覺得深爲罪疚，希望在拜謁之際，有所懺悔，但我卻變得異常胆怯，結果當我見到先生的時候，卻無道出胸中懺悔以釋重負的勇氣，不料先生卻始終不以我的輕慢爲意，正像對待子女一樣地把我引到膝前，以其一向對我的心理的傾向極表憂慮，所以一見面就親切地問我現狀，等到聽到我正在熱中於基督教義，安心之餘，爲之色喜，接着就邀我在其寓所同住，同時並爲我介紹其友人小崎*弘道牧師。從此我就得入小崎師之門，每日從芝浦猪一郎先生的寓所，到小崎牧師處聽教，逐漸對耶穌教教義，有進一步的領悟。

暑假終了，學校開始授課，學生也從家鄉返京，我爲了改變環境，也從共同寄宿的學校，正式轉入早稻田專門學校，當時我的老師猪一郎也決定在東京長住，派其高足人見市太郎回至鄉間，辦理大江義塾閉校事宜，學生也多追隨猪一郎老師之後，來至東京，其中轉入專門學校的，爲數亦屬不少。於是過去曾經在心中多所輕侮的同窗諸君，現在卻共居在帝都的一隅，回顧往事，無不懷戀喜悅。當時我從鄉間所得到的學資，每月僅止六圓，而每月經常支出卻需餐費三圓，學費一圓八角，合計已需四圓八角，以所餘的一圓二角，尙須應付紙張筆墨以及零用等費，有時想買點烤山芋以充零食，亦屬不能，其窮困可知。湊巧同窗中也有境遇相同之人，商討之餘，就與附近粉店交涉，以每月二圓五角的代價，代辦伙食，於是得以剩出五角之數，在當時的處境，五角實爲一筆大錢，所以心中沾沾自喜，不料一月以後，粉店老闆拒絕續包，原因是我的食量太大，不僅無法賺錢，且須虧本；無法之中，轉而懇商於附近的理髮店主，蒙其應允，但在一月以後，又遭拒絕，其理由依然是爲了我的食量過人。無法之中，終於在豐島村借到一間六疊大的堆柴小屋，自行燒飯，以鹽菜充飢，且都能奮發向學，一家五口，都爲大江義塾的舊時同學，因此有人就戲稱我們的居處爲「五貧軒」，但我並不以貧窮爲苦，這是因爲我另有生命糧食倉庫之所致。當時小崎牧師在番町教會主持佈道，我每於星期日必去聽道，以唱讚美歌，研究聖經爲無上的快樂。

秋盡冬來，我已屆十七之年，某日小崎牧師邀我談話，勸我受洗，這本來是我嚮往已久的事，所以毫無猶疑地決定受洗，但我覺得我之接受基督，最初還是由於富西亞牧師的指引，富西亞牧師實爲我「斯道之父」，我率直地把我的想法告訴小崎牧師，希望在富西亞牧師處接受洗禮，小崎牧師對此亦予諒解，並謂富西亞牧師所屬的教會爲浸信會，其在教會政治上與小崎牧師所屬宗派相似，但對洗禮卻有特殊的繁文褥節，不過其同爲基督教，則屬毫無疑義。

我過去不知基督教有所謂八家九宗的派別，聽了小崎牧師的話，心中不免稍感迷惘，接着就更一層詢問其中理由，小崎牧師又就教會歷史的大略加以說明，我開始覺得在受洗之前，對教會應仔細選擇，幾經考慮，我就決定在聯合會受洗，因爲聯合會的教會政治是傾向共和民主，其信仰條款亦採自由主義——曾經一度爲我拋棄的自由民權主義，不料在此種處所死灰復燃，我到底無法與自由民權分離。

我由小崎牧師爲我受洗，從此進入信徒之林，換言之，我因受洗成爲神之嬰兒，爲其地上天國之民，喜悅之情，實非筆墨所能形容。爲了使富西亞牧師亦能同此喜悅，所以專程往訪，告知我已由小崎牧師爲我受洗，正式成爲信徒的經過，不料富西亞牧師聞言極爲不樂，絮絮地爲我解釋洗禮的奧義與程序，言辭之間，顯露出十分不滿，我爲此漸覺憂煩，覺得富西亞牧師之言，不在教理而在個人感情，但我以爲個人感情不能與教理混爲一談，激動之餘，我就強調我對聯合會教會十分滿意，這使富西亞牧師的臉色益見陰沉，終於高聲說我在聯合教會受洗，決難得救！我爲了使富西亞牧師爲我的受洗而喜悅，所以往訪，結果卻適得其反，而且在我心理上作了一個無比的打擊，雖然，此一打擊並不足以擾亂我因受洗而得到的安心之感，但在我幼稚的心胸中，加上了一片闇雲，卻是事實。

當我想到在故鄉的母親以六十高齡，至今尙未聆此福音，心中歡樂，一時全消，而反爲愁雲所襲，於是急速回鄉，向母親傳述福音，與其說是傳述福音，不如說是強其信道，我雖在當時信奉至篤，但於勸人信道之際，卻顯得是如此無力，於無法之中，祇得以哭泣祈禱，來說服母親。日後母親述及此事，說是當時對於我的熱情，甚感驚奇，以此年青竟能熱心如此，想來必有非常神妙的力量，因此，輾轉徘徊之際，終於皈依了我的宗門。母親至今仍爲斯道信徒，且其信仰與時俱增，而我卻竟如此！（按著者執筆時已背棄基督）人生的變幻離奇，眞是難以意料。

『我已經因了你的幫助，得救信道，你也可從此早日回到東京，努力學業，千萬不可落在人後！』母親說着就把祖先傳來的山林，一舉採伐，以其所得充我的旅費及數月學資，我對母親的熱愛禁不住熱淚交流，接着就遵命重返東京，而二兄彌藏與其友人宍戶第君，此時也自大阪來至東京，在麴町的一家小客棧中蟄居。

不久又是暑假，我就搬到二兄的小客棧中同住，我也乘機向之傳道，但不知爲何，他們始終顯得坐立不安，經常避開我竊竊私議，我雖對此極爲疑惑，但也不敢多問，祇是不斷執拗地向之傳道，以冀其能早日皈依。

某日當我照例向二兄勸說之際，二兄卻不耐煩地說：『宗教之事固屬重要，但我眼前有一重大之事正在進行，所以我無意和你爲宗教事多費口舌！』我說人生雖有時遇有重大事必須料理，但天下沒有比一己之安身立命，更爲重要，於是就翻出聖經中的一節，摘錄後請其閱讀，這經文是：『人若獲得全世界而卻失去了生命，則又有何種利益可言！』我請其對此再三體味，二兄於反復誦讀之餘，似乎極有所感，不久面呈愁容，對我說：『你無異在我熱烈的希望上澆了一桶冷水，我已沒有棄卻你的忠告，從事此一志望的勇氣。』接着就將其胸中的秘密，向我吐露，並且說『人生在世，不可不有超乎一代之大方針，我爲此事憂勞多年，近來方才得到一個結論，原來世界的現狀實爲弱肉強食的一大修羅場，強者日逞其淫威，而弱者的權利自由幾爲蹂躪殆盡，此一現象，豈宜忽視，凡尊重人權自由之人，必須速謀挽救之策，今日如不設法防拒，恐我黃種將永爲白人所壓抑而無抬頭之日，而今黃種全體運命之歧路，實懸於中國之興亡與盛衰，中國目前雖甚衰弱，但地廣人衆，如能一掃弊政，統一駕馭，不僅黃種人的權利得以恢復，又可以之號令宇內，行其道於萬邦。要而言之，此一大事業，實有待英雄志士之奮起，我爲此已決心前往中國，遍訪英雄豪傑，加以勸說，若得其人之可當大任，則不惜効其犬馬之勞，加以協助，若不得其人，則自行當之。所以我已與友人約定，正秘密從事入清準備，雖手足如你，我本來也不願透露，但今天聽到你的勸說，使我心志動搖，欲將此志願中途拋棄，於勢又屬不能，欲繼續進行，則又失去了原有勇氣，眞是使我騎虎難下，進退兩難！』

從那天開始，二兄就每日一早帶着聖經和飯糰，獨自走向郊外，追求安身立命之道，直至黃昏，始行歸來，最後終於接受小崎牧師的敎誨，亦受洗爲基督敎徒，於是其入淸的志事，從此拋棄，而在我的胸中，也因此對於中國得了一點印象。

思想變遷與初戀

當時大兄因病在鄉，突來一信命我歸鄉，說是連年歉收，家運日蹙，已不可能再按月寄我學費，我於是與二兄先後返鄉，弟兄三人於久別之後，會於一堂，以侍奉母親，而我的一家，也因此突然成了宗教哲學的研究所。我和二兄（彌藏*）欲以基督教說服大兄（民藏*），而大兄則以現實主義加以反駁，母親雖處在傍聽者的地位，但有時也以其實際經驗參加意見，不久附近青年也多來參加，鄰居的子女，我家的男工女僕，都廢止了淫鄙的俗謠，而改唱讚美歌，大家在歡樂的氣氛中從事各種工作；我每當禮拜天必講道一次，而一向對演說極端討厭的我，也因此逐漸成了辯士。

母親現在對於日趨衰落的家道，不再愁眉不展，『今日的勞苦，止於今日』的聖經的啓示，安定了母親的心境，幾乎每天率同男工女僕，以及村內青年男女，參加此一「研究所」聽道。本來爲家道危傾愁苦不堪的家中，此際卻充滿了駘蕩的春風，眞是其樂融融。家中如此，但一出家門，全村則是充滿着「秋風落葉」的光景，連年凶作，貯蓄固不可能，卽連三餐的紅薯炊飯亦難維持，而催糧之吏急如星火，地主對田賦亦不肯絲毫放鬆，高利貸者復毫無假借，不斷將抵押的田地扣押處分，甚至連農民唯一財產的牛馬也一併押收。

到今天我還淸楚記憶的是，當時有數十佃農來到我家，於訴說窮狀之後，要求減少佃租，其中帶着酒意的佃農甚至口出暴言，但母親卻並不以此爲忤，諄諄地講求處置之法，其中尤使我感動的則爲大兄對佃農的談話，他說以少數地主佔有大量土地，坐享佃租，而使多數佃農終年胼手胝足，不得一飽，實屬有違天理，依大兄之意，此種地主佔有的土地，必須儘早重行分配，使佃農自有其田，但目前正在研究準備之中，希望渠等暫時忍耐，將來一定爲恢復佃農的權利，盡其全力，目下正在準備階段，在準備未臻完成以前，欲與地主爭鬥，實有不能，希望渠等體察此意，……當其談話之際，熱烈之情，溢于言表，使數十佃農亦爲感動，默默叩頭垂淚而去，此等小農，其心之純，而其處境之苦，實在值得憐憫！

我鄉又有一個農婦，名叫「孀家」，其勤苦較之男工爲尤甚，且爲天生的雄辯家，我曾因聽了她的談話而終夜失眠，其中訴說佃農生活的慘苦，悲愴中還帶着幾分幽默：

『俗語說，貧窮祇怕勤儉，辛苦力作，必可脫離貧窮，但事實上儘管胼手胝足，日夜操作，佃農的生活是絕難打破貧窮，我也曾經有過青春，十八之年，即與我家死鬼纏在一起，因爲是兩廂情願的青年男女，所以雖然祇有一鍋、二碗、雙箸，也開始其共同生活，成立家庭之後，就租了土地，勤做儉用，辛苦力作，到第三年好容易積貯四五十石稻米，正如你家老太太所知，我們從來沒曾欠過地租。既係夫妻，有時也不免輕鬆一番，豈知一不當心，就來了一個小鬼，於是人口增加，我爲要看顧小孩，田間工作，就僅能做到過去的一半；有時小鬼感冒，醫藥需錢，衣服需錢；正在叫苦連天之際，而肚子又不掙氣，第二個接着要來，當未生產之時，我一再希望是個死產，但到分娩的時候，呱呱一聲，眞使我心灰意懶，但又不能把他殺了，從此我就無法再到田野工作，好容易積貯的稻米，眼看着一天天地減少，終於全歸於無。當時旣悔且恨，但也無濟於事，於是立定決心，不再輕忽，但曾幾何時，接着又有小鬼問世。其中也有中途夭折的，但喪葬也在在需錢……衆口嗷嗷，於是開始借貸，而從此就爲高利所困，雖想掙扎，亦屬無益，總而言之，一生都與貧困爲伍，絕無出頭之日……。』

我聽了不禁黯然神傷，在此種情形之中，麪包歟？福音歟？究應以何者爲先？在我當時的胸中，不禁起了一個新的疑問，而大兄恢復地權的意見，在我也是創聞。（註十四）

大兄對我說由宗教的安身立命來解救貧窮，並非是完善的方法，慈善的救濟爲道義的零沽，不過爲一時的姑息手段而已，所以必須上溯人權的本源，使之恢復不可，又說土地爲天予人類的公共財產，人雖有藉耕種而收其利的權利，但無獨擅以逞私慾之權，大兄以此理論，針對現社會的缺陷，思將整個問題，納之於正規，所以又說土地問題的性質以及所謂人類對於土地的權利，在現社會中尚被忽視，而未予正當合理的解釋，若此重大問題能予正當合理的解釋，不僅天下貧民的生活可以一變，同時現社會的根本缺陷亦可改革，人類的眞正和平幸福，也庶幾可以達成。我同時復從大兄處得知歐美社會主義者的主張及其運動方法的大概；在談話中，我聽到亨利．佐治，*克普泡特金的存在。二兄在近代社會主義上，實爲我開蒙之人，對我影響之大，不言可知，釋迦牟尼見了人生必須死亡一事，就苦思焦慮，終于到達了超越死生分別的境界，這是因爲其天賦特厚，像我那樣愚鈍的凡人，所見乞丐貧民數以千計，雖然有時也爲之一掬同情之淚，投與毫釐之錢，以此來掩飾我內心應有的「眞機」，因此從未把「貧窮」一事，成爲問題，而在胸中徘徊。此次係因天降突禍，促我歸鄉，得以耳聞目睹貧民之實情，尤以大兄以其新的思想向我灌輸，使我胸中對於貧窮，有了深刻印象。

家居半年有餘，我離熊本而入*海老師之門，接着又轉入長崎加布里學校（現爲鎭西學院，在諫早）加布里學校爲美國美以美會（Methadisrt Eqiscopal）所屬的敎會學校，當時召同學百餘，一部分爲校費生（公費生），一部分爲所謂自給生，自給生需要從事若干勞動，以換取學費，我在此首次看到前所未見的怪現象，就是爲了獲得校費生的待遇，而僞作信徒，同時宣敎師在信徒與非信徒之間也劃出一條鴻溝，待遇完全不同。此外又有一種定期的奇形怪狀的興奮會，但由於我已不再如過去的氣量狹窄，所以能夠謹守本分靜靜的從事學業，我雖敎會不同，但信仰極爲篤誠，與一般假冒爲善的詐僞信徒，不可同日而語，因此在敎師信徒之間，深得優遇，曾經幾次三番地勸我轉入美以美會，我以離開聯合會敎會，等於離棄自由民權，所以始終未加答允。

由於我在不久以前受海老名老師的薰陶，常在其說敎演說中，聽到許多新奇的思想議論，因而深深地覺得自己根柢的淺薄，所以到了長崎以後，就想大事修練啓發，除了正式學課以外，自己復在課外定出時間，凡神學哲學的一般概論以至大兄爲我啓蒙的社會學等，無不自行探求，不料卻因此在信仰上開始發生了極大的動搖。

我爲求知而讀書，讀書所得，接着就對現狀發生懷疑；我爲求道而作瞑想，瞑想偶有所得，又爲另一念頭所惑；我爲打破此一疑雲迷霧，不分晝夜，奮鬥不懈，結果所屆，終於在理性上否定了基督的神性。但在感情上我自始至終，願以神事基督。於是我開始迷惘痛苦：如果依照理性，否定基督的神性，則必須脫離教會，放棄祈禱，進而成爲獨來獨往之人，換言之，也就是說必須從此放棄「他力本願」，而成爲「自力得道」之人。

苦思焦慮的結果，理智告訴我眞理所在，並無他途可尋，於是一種不可言狀的寂寥之感，猛然湧向胸頭，所謂千里荒原，暗夜獨行……但如果依然神事基督，則必須放棄全部既得的知識，回到昔日無知的舊態，這又豈是今日之我所能爲？

我已經知道光藉祈禱，無法運轉天地的大法，所以已不能再盲目地喊：『我們在天上的父』，我既然已經知道除了磨練心性，以求得道而外，別無他法，所以更無懇求基督贖罪的意念，於是我陷入極端的理智與感情交糾的矛盾與痛苦之中，而不能自拔；因受洗而獲得的心中的春色，一時爲之全消，接着來的是一片蕭瑟的秋風，從此我又成了沉鬱煩悶之人，痛苦至極，終於廢棄了讀書，再度沉緬於所謂「祈禱的山」，號泣呼天，不能自已！不久又自嘲其愚，沉思默想，情激意窮，淚如泉湧，百無聊賴之中，又再度呼救於基督。如此輾轉循環，直到一星期後，我終於高聲大叫：

『世有眞理，我有理性，我何爲而悲哀至此！』

於是自勉自勵，離開「祈禱之山」，回至學校，但心中疑懼之念，仍未全消。

當時偶接大兄來書，拆閱之下，知道他也爲一己信仰變化，發生動搖，欲我作爲參考。他並詳述變化的順序及其意見，其中要旨是開始對基督的神性加以懷疑，終於加以否定，更以默示的聖經爲森羅萬象，以自己的理性爲自己的救主，研磨探究，以入造化的大道，其所述與我的意見，完全相同，在信中同時附來藤島君一簡，內容也是對我及二兄報告其近來對於信仰變化的經過，其中有云：『天賜淸閑，得有與古聖賢相親之機，靜坐默考，對陽明知行之說，大有所得，終擬脫出基督之門，以開拓吾道之所在，第不知兩君近來感想如何？』

君爲筑前之人，號豪咄，軀幹碩偉，膂力絕倫，其識見亦宏遠超群，慷慨而有氣節，常以東方（亞洲）之事爲念，我與君爲專門學校同學，與二兄前後求道於小崎師之門，終亦受洗爲基督教徒，不料至今三人同時在此變化，豈非不可思議？當時君受秘密出版之累，逮繫在獄，所謂天賜淸閑一語，意卽指此。君後早世，二兄亦不久追隨其後，同入鬼籍，而唯我獨存，作此幻夢之記，回顧前塵，直如夢中。

我雖已決心與三位一體之基督絕緣，但在心胸深處，尙有若干留戀未肯遂絕的感情存在，及至接讀藤島君及二兄的信，我驟然像得了千軍萬馬的援軍，使我的決心突然堅固。豈人類都有依賴成性的根性？抑我獨意志薄弱，以至優柔寡斷，汲汲不可終日？這在我實無法判斷，但是一事卻可斷言，就是人生在世，所可依賴者非人亦非基督，而爲人與人間眞正的友情，但所謂眞正的友情，得之實亦不易。

當時我在偶然機會中，發現了一個新的友人，其人爲綽號叫做「乞食叟」的西洋人（註十五）。人以其行徑怪僻，主張極端，都以瘋丐目之，但他卻以一己爲宇宙的眞民，而以一般的世人爲狂人。他持一種汎神之說，而爲極端的自然主義者。因此對基督教的有神說加以反對，對現今文明極端憎惡，他畢生的希望爲摧毀現社會，使世界成爲無政府狀態，剝奪人民個別的私有權，一切共有，撤銷通貨，廢止商賈，回到以物易物的舊世紀，世界全人類爲共夫共妻的一大家族，萬民均爲農夫，以爲太古之民。至其理想社會的法律，以爲一部生理學卽可應付裕如。其所主張不僅形諸言論，而且在其生活範圍內斷然實行，他爲非肉食主義者，所以一切肉類未嘗進口；他爲自然論者，所以不願草疊的生活，而始終起臥在泥地之上；他爲共夫共妻主義者，所以有時公然引致婦女，毫無顧忌。我與其對其主張共鳴，毋寧說是對其實行力的驚服；而世人對於從事實行一己主張之人，往往呼之爲狂；事實上世間對於狂的定義，迄難確定，像西洋乞食叟者，其言行是非，恐非百世之後，難以判明論斷。

我賴其所賜，受益非淺，從基督教的迷惘中得以脫出，叟之助力實足有多，他並爲我說明歐美貧民的狀況，使我知道隨着文明而來的貧富懸殊的病毒。我由家庭的薰陶以及基督教的培養而來的自由民權思想，至此也更波瀾壯濶；同時復啓發了我對於主義信念斷行的勇氣。

當時在長崎又有一個「製糞社」同人的組織，命名者何人雖不得知，但當時以佐藤龍藏君爲社主，一*木齊太郎，*鈴木刀、則元由庸、*本城安太郎等諸君爲其幕後操縱之人，社員中擧以爵位相稱，有所謂白米伯、馬骨男等等，玩世不恭，無出其右。

同人每日必至社主之家，競以怪論奇說，互相論難，我以最年少得陪末席，得知奇中之實，怪中之眞，獲益實匪淺鮮，某夜我偶以西洋乞食叟之事，告知同人，同人無不引以爲奇；要我相約前往，於是爲了聯絡緊密，學議發起設立學校，以容納此叟，結果由我說服同鄉*前田下學君出資創辦，前田君對此極爲熱心，親至長崎迎接乞食叟前往鄉間，由我擔任翻譯。在前田處居住數月，不料學校籌備尚未完成，先遭到了警察當局的杞憂，認乞食先生爲巴枯寧（譯者註：Michail Abxaudrovitch Bakunin 俄無政府主義者

1814－76）的流亞，強制送返長崎，於是辦學計劃，頓成泡影。乞食先生回到長崎不久，又遭官憲驅逐，其後卽不知所終，直到十數年後的今日，依然杳無消息，先生名依薩克·阿布拉罕，生於瑞典，爲世界的無國籍者。不知目前先生處於何種境遇，以追求其一生夢想？

此乞食先生眞爲我無形的大恩人；不僅爲無形的大恩人，且爲我帶來了「有生命遺產」的有形的大恩人。原來我爲先生翻譯，住在前田家的時候，因了先生的關係，使我與前田家的令嬡結爲夫婦。當時先生多方爲我們促成，無意之中成了我們的媒妁，同時又成了兩者互通情意的電話機。他最初告訴我對方對我如何的愛慕，而又對對方大吹特吹，說我是稀世罕有的大人物，應當莫失良機，趕快締結良緣，就是因了此種關係，我等終於結成夫婦，現在且已有了三個小孩。但世道艱危，常虞迷途，情海洶湧，更增危懼；夫妻子女的關係，究爲人生之幸福？抑爲不世之贅纍？實爲不能獲得結論的宿題，但當初一刹那的快感，實應視爲人生的大紀念，以此一刹那的快感，以換取終身的痛苦，亦屬値得。但在我目前的意境中，可謂既無天地，更無萬物，也無生命，我所有的是迷惘一片，更無侈談痛苦的餘暇可言。

話雖如此，在我生命的歷程中，卻從來未曾遭遇過如此頑強的敵人；當時我並無確立的處世方針，好容易從基督教的範圍脫出，認定不能以福音自救救人，唯有不斷研探修養，始可冥會宇宙的大道；我雖得天獨厚，能有機會讀書知理，以爲修道之資，但如市藏、兵吉、嫻家等人，絕無讀書機會；於是我開始覺得人生的急務在教育，但渠等終日營營，欲求麥飯之一飽且不可得，更何能侈言出錢讀書？我於是始知苟無時間與金錢，教育就根本無從談起，雖然世間也有所謂慈善學校與貧民學校的設立，但這誠如大兄所謂道義的零沽，以自居於恩人的地位而視人爲乞丐之子，此又豈我心之所能安？
思慮至此，我始斷定麪包重於一切，但如何使市藏、兵吉等人能衣食飽足，而受敎育？我從家庭所得的理想，基督敎所得的知識，使我覺悟我應爲超乎國家的世界之民；尤其是被目爲狂丐的阿布拉罕，使我獲知卽在歐美文明國家與市藏、兵吉同樣貧困的人民，爲數極多，於是我就認爲非有良策，以一變世界萬邦共同的貧民生活不可，但此一良策，又屬談何容易？
與此同時，二兄復以世界各國的傾向，人種競爭的現狀，以及武裝世界的實況，一一爲我說明；於是我又認爲非有上溯人權之本源，一變世界的現狀，統一宇內以使萬民得以安居樂業的良策不可，但此良策更屬渺茫。嗚呼，玆事體大，籌策豈屬易事！
但此擧實爲我安身立命之所，所以我必須對此追求，一時求之不得，亦屬無妨，在籌策求道之際，可以豫想必須遭遇幾多困難，但爲了達成理想，我已有終生爲此奮鬥的決心——但不料在此決心既定之後，卻意外地遭遇到了突然襲來的強敵，阻去我的去路，此物爲何，卽所謂「戀」者是也。
我與前田家的令嬡陷入戀情之際，我曾爲了前進的利害試圖抑制，但歸無效；接着又爲她的前途幸福着想，勸其抑制，亦歸無効，我終於忘卻前途的利害，彼我的得失，孤情一往，愈陷愈深，歸而稟知母親及大兄，均蒙承諾，但到二兄，則不以爲然，但我對此亦祇得拂其意而行之；同時我的前輩也都以早婚於志士有害，加以忠告，但我也如馬耳東風，不加接納，至今思之，直令人不覺冷汗浹背，但在當時的我已非眞我，而爲「戀」之化身，任何事物，均難與之匹敵，這眞是共夫共妻主義者阿布拉罕翁所作的孽，不知彼老此際究在何地，繼續以其奇怪行徑，讚美自然？

戀之結論不過是性慾的滿足，我於到達此一結論之際，突然抓到了一線反撥覺醒之機。我同時覺得一切糟糕之至，正像犯了重大罪惡似的，弄得坐立不安，又像由千仞之谷，直墮淵底，也像由蒼冥之高天，顚落黃泉，接着潛伏胸中的志望，再度抬頭，有如激浪那樣地，扣人心弦；而對我婚姻表示反對一再忠告我的二兄以及前輩的影像，也像走馬燈似地出現在我的眼前，像天使一樣地對我的現狀加以嘲笑。我為激動的感情所驅，終於提出解除婚約，事實上我是哭泣而又俯伏在地，而加以申請的，但結果是徒然無效，我為她幾行眼淚而意氣全消；我又強自振作，幾度揮淚相爭，結果仍是徒勞無功；至此我方知女性眼淚是有不可抵禦、偉大而又不可思議的力。

但我業已開始自省，已不再成為「戀之化身」，在戀愛與志業之間，我已知道並無併存之方，所以曾經幾次三番地，試以憎惡對之，認前田為我志業的大敵而不共戴天，但結果仍未見效。我豈將拋棄我的志業，一生為戀情之奴隸，而不自拔？但我又心有未甘；我理性與感情衝突的時代已經過去，目前一變而為戀情與志業搏鬥的時代；於是我又為此而煩悶苦惱，終於企圖採取三十六策中的首策，以逃亡海外，來脫卻戀情的羈絆，我就將胸中的痛苦，一五一十地告知前田，並且說明前途的利害得失，在兩人協商之下，決定踏上萬里遠行之途，此種特殊的海外遠走計劃，事實上可以說是完全出於無可奈何。

我最初準備先去布哇（夏威夷）從事勞動，勤儉積蓄，然後再到美國留學，但當前的難題是到達布哇的旅費無着，輾轉思索，終得一策，於是藉故把我家祖傳的佛像攜出，以三十金售予近鄉的富紳，然後到長崎等候*宮川辰藏君石灰船的進港，因爲在我們之間，已經約定於售卻佛像後，同行赴布。在長崎一住十餘日，宮川君遲遲未到，而二兄之電先來，說是在他自東京到達以前，絕對不宜擅自行動，接着二兄到來，開口就問我是否果有赴布哇之計？我答說誠有其事。二兄就說他之匆匆趕來，主要就爲此事，希望和我從長計議，他說世上固多才能之士，但眞能遵奉主義，以至誠行事的卻如鳳毛麟角，百不得一，至於眞能志同道合，携手合作，終生不渝的，更屬談何容易？在此種處所，二兄對我表示嘉許，而於大兄更爲尊敬，同時告訴我最近他正決心從事一大計劃，願爲我澈底言之，希望我也把我的想法盡情吐露，各就信念方策，澈底討論，以決定一生的大方針。

瓊浦小巷一客舍，月白風清，萬籟俱寂，我頻頻剪除燈蕊，二兄則烹水瀹茗，問答論難，直到天明。——而此一夜，實爲確立我半生方針值得紀念的重大的一夜！

大方針之決定

二兄不僅爲我黑夜的明燈，同時亦爲指示我一生進路的羅盤。我們之間對宗教的見地既相同，於社會的意向亦一致，換言之，我們幾經轉折，都認爲使人民得有充分的麪包，實爲一切方策的首要，而我在未到達如何始可解決人民麪包問題之前，卻走入了戀愛的歧途，徬徨而不可自拔；而二兄卻能百尺竿頭，一舉獲得結論。二兄以爲如何使人民獲得麪包之道，古人論之已詳，所謂「社會改造論」，「土地處分法案」等等，在議論上已久成陳腐，今後需要的是如何付之實行，而實行之道，唯有藉「腕力」之一途，二兄以爲世界現狀，俄國必將施其野蠻的暴力，以蹂躪人道，刼持民權；爲防禦計，亦不得不藉「腕力之權」，加以準備，無論爲推行人道於宇內，或爲維護人權於一時，腕力的基礎實爲迫切需要，但在實行之際，究將以何處爲基礎？於是二兄過去宿願所在的中國問題，再度復活。他說世人都以中國之民爲「尊古」之國民，因此難有進步，但此種想法，實屬荒謬，其實中國國民以三代之治爲政治的理想，而三代之治確爲政治的極則，與吾等的思想極爲近似；渠等所以慕古尊古，豈非大欲有所爲耶？但滿洲朝廷執政三百年，以愚民爲治世之要義，因而民疲國危，終至自受其害而不可復支，此種情勢，豈非革命立極的最佳時機？僅藉言論究無實效，願共同賭此一生，進入中國內地，以超越百世之思想，以中國人之心爲心，收攬英雄豪傑，以定繼天立極之基，如果中國一旦復興，復以其道義相號召，則印度亦必能重興，暹邏安南亦必能望風振作，非律賓、埃及等地，亦必能從此得救，至如法蘭西、美利堅等重理想有主義的國家，亦未必卽爲吾人之敵，所以爲恢復人權，建立宇宙新紀元，除此以外，實無他法可尋。

我聽了二兄之言，不禁手舞足蹈，我夙昔的疑問至此全部消釋，而我一生的大方針亦從此決定，於是再從枝節問題加以討論，決定由我先去彼邦，熟習言語風俗，二兄則於各種準備完成後再行赴華，二兄爲欲徵取大兄意見，又囑我由長崎歸鄉。

我回到故鄉面謁大兄，詳陳與二兄協議諸事，以徵其意見，大兄對此在精神上大致同意，唯於方法手段則不以爲可。他的看法，認爲中國人對於此重高邁深遠的道理，欲其辨識瞭解，終非可能；又說如欲使此事可能，必須辮髮胡服，並以僞名掩護，是則爲欲達成正義之目的而用左道，究非大兄所願採納，苟欲行正義公道於天下，則其方法手段亦必須光明正大，若不因左道而不能行其志業於世，則不行亦無不可。

我對此加以反論，說是志存公道而無私慾，成則以救天下萬世，敗則以死赴之；人謂左道邪術，於我又有何害？大兄則謂凡所主張卽令不能行於當代，而能以堂堂正正之態度，公然呼號於天下，則在百世之下，必有繼其志而起者，所以大兄寧願自安現狀，不取邪術奇行。我又反論所有主義議論，前人道之已詳，目下唯待實行，否則無異俟之百年，以待黃河之淸。

我與大兄的議論，始終背馳而難獲得結論，我於無法之中，乃寫信告知二兄，於是二兄亦趕回鄉間，重新與大兄商討，但其結果仍難說服，於是三人分爲二途，各以所信自奔前程。

雖然如此，我和二兄卻因此也難免多少洩氣；但二兄卻頗能自行慰解，說是我等所將進行的事業本來就是賭博，成則可以一代之志業以定萬世之基，不成則以一死赴之，而大兄之事則如宗家開基，其成功雖不能得之於眼前，然其主張可待時而發；萬一吾等不幸身死異鄉，與草木同朽，而其精神尚可藉大兄之主張，與世同在，此種關係，頗如一身兩體，祇須奮勵從事，不必多所顧慮，我也爲此稍覺自安，一再勉勵自己，儘早踏上征路，以爲先遣，而二兄亦望我能克日動身。但先決問題，則在旅費之如何籌措，我與二兄，對此都少辦法，於是又不得不商之大兄。大兄對此慨然允諾，不過說是目前未能卽辦，但在數月之中，必爲籌措，此「數月」一語，在急於出發的我，雖覺迫不及待，但我心中仍甚喜悅。這原因恐怕仍是爲了要脫卻戀之苦惱，最初對於戀愛，我雖百般甘心，但一旦此身將爲戀之俘虜而不能自拔之際，我的理性卻不得不起而抵抗，卽以「戀」爲敵，亦屬不得已之事。

當時我又與二兄徹宵達旦，討論前途有關諸事，二兄說兄弟攜手從軍，爲先人之所深戒，人情所在，蓋非得已，今我等持義立道，固不致貽先人之憂，以入歧途，然如能再得良友一人，以爲匡助，庶可期於萬全；我對此也深爲贊同，並提出友人吞宇君*（清藤幸七郎），以徵二兄的意見，二兄聞言拍手贊成，說是以吞宇君之聰穎敏捷，參與我等事業，不僅足以補救我兄弟的缺陷，且對整個大局，也必大有裨助，說着並要我先與吞宇君一談，以探詢其意嚮，翌日我就專程往訪吞宇，以胸中的密謀一一告知，吞宇君聞言欣然贊同，一席談話，就決定參加，於是二人先後前往鄉間，等候旅費籌措有着，卽與吞宇君出發前往上海。吞宇君爲熱血奔騰之人，一旦決定前往中國，就意氣昂騰，不遑寧處，在等候期間，就獨自先至長崎，開始學習華語，而我則以旅費籌措一無頭緒，遷延之中，突然得疾入院，我的未婚妻在此期間，日夜偷偷地來院爲我盡心看護，我雖此際已心懷大志，但一旦病臥在床，頓生英雄氣短之嘆，有時且爲我未來妻子的柔情所動，甚至希望此病不要好得太快，此與呑宇君的不爲「戀情」所纏，急欲赴華的心情，緩急之間，相去豈止千里！

進入夢寐之鄉國

不久吞宇君自長崎歸來，突然說是他對中國之行，已有反悔，希望我等能予諒解，問其所以，則說在理想信念上起了一大變動，與我等的志業，在根柢上不能一致，所以無法共同行事，接着他又用其得意的辯才說明其思想轉變的經過，說是他已深知虛靈有神說之妄談，而認物質主義最爲合理，又說優勝劣敗主義，快樂主義等，無不以唯物論爲其立脚根基，大徹大悟之餘，所以他有昨非今是之感！素以褊狹見稱的我，不屑聽其絮絮解說，更不願多費言辭，與之相爭，所以在一言不發的情形中，與之分手，我於此深感人心反復無常，在悵惘中帶了大兄爲我所籌的旅費，孤影悄然，出發前往長崎。

在長崎候船三日，出發前二日，突有製糞社時代的前輩白米伯來訪，說是他正爲少數的金錢，迫得走投無路，請將我的旅費作一日的通融，以渡難關，我當卽如數照借，但到期此君卻不如約歸還，不得已祇得在長崎困居一週，行程一再耽誤，我因此心早已飛越重洋，焦急之情，實難言喻，但實迫處此，亦屬無可奈何，在小客棧中怏怏悶居，又是一週，白米伯好容易送來現款一批，但僅所借旅費三分之一，說是請我以此先去上海，數日後必將其餘款電匯無誤，同時又書致上海居留的*宗方小太郎君函乙通，託我帶去；我深信其言，所以就卽日搭乘西京丸出發前往上海，航行二日，就看到吳淞的一角，水天茫茫，白雲靉靆，依稀可以看到陸地一片，浮于水際，此卽爲中國大陸，亦卽爲我久已夢寐髣髴的第二故鄉。

船進吳淞口後，大陸的風光盡收眼底，而我的感慨也與時俱增，佇立船頭，低徊顧盼，不禁感極而泣，其何以激動如此，實亦不知其原因所在。

船到上海，卽至常盤館下榻，時爲明治二十四年（一八九一）五月，我當時爲二十二歲。

我儘量要避開日本人雜居之處，而到上海附近的鄉間，以便潛居獨修，所以等候白米伯的匯款，眞是望眼欲穿，但日過一日，杳無消息，不得已乃採取持久之策，從常盤館搬到一家小客棧，並由宗方君之介，請得中國教師一人，開始學習華語，同時不斷馳書白米伯，促其速匯借款，但自始至終，音訊全無。有一天宗方君來訪，說是根據我帶來的書翰，白米伯已將所借之款掃數用盡，想其囊中已空無所有，故不如到宗方君的學校共同起居，以渡難關，白米伯函中亦以此意相託云云，所謂學校，是指日清貿易研究所而言（註十七），宗方執教於此，於此我知爲白米伯所騙。

此事在我實爲一大打擊，如果循宗方君的好意，到其學校寄食，在目前的我而言，固爲求之不得的事，但當時我對研究所校長荒尾精*及其一派之人，頗爲不值，因爲事實上渠等爲中國佔領主義者的一團，與我之主義絕不相侔，所以卽在窮境，也恥食其粟，因此對宗方君厚意，加以婉謝。但囊中旅費，已所剩無幾，在日坐愁城的情況下，一時不知何去何從；最後唯有折返長崎，嚴加索討之一法，於是搭船逆航，歸抵瓊浦（長崎舊名），行裝甫卸，卽訪白米伯，不料影蹤全無，據其家人告知，已於我出發次日，前往東京，事之離奇，無過于此，我乃寄食于同鄉石灰店店主（宮川辰藏）之家，憤怒之餘，不斷以電報向白米伯責難，其間雖亦常有懇切叮嚀之復電，但始終未見款項寄來，如此五十餘日，不得已祇得悄然歸鄉。

數日後石灰店主寄來一函，說是東京曾有匯款，但因急用渠已暫借，並已用盡。好不容易的一線希望，終於成了喜劇一場，匆匆了場。

無爲的四年間

歸鄉未久，我就與前田女士舉行婚禮，一般都以爲我爲此事專程回來，辯無可辯，知其眞相者恐僅白米伯一人，但我對白米伯之所爲，也不老是恝然於懷，因爲我能藉此得窺大陸風光，亦屬一大快事。但我的知己以及前輩，卻都爲此憂慮，恐怕我從此沉溺於新婦之愛，意氣消沉，終將不能爲世所用。其實我對現狀之憂慮，決不在知己前輩之下，因爲我目前過的是養尊處優的生活，凡蓋被、嗽口、一切飲食起居，都由新婦爲我招呼，不必我有擧手之勞，我於昨日之我突然變爲今日之我，不覺慄然危懼，繼而開始警戒，最後終於對新婦之愛，日懷戒心，在此種自我鬥爭的情形之下，對於新婚，我實無何種愉快可言。

有時我心旌動搖，不惜順從愛情，但又瞿然自省，一旦愛情必欲妨碍我整個前程，徹底爲其俘虜之際，我也不得不決然與之爲敵，擺脫其鎖鍊。

雖然娶妻成家，未必不是人類應有的責任，但也未必卽爲人類之福，世人雖明知如此，但仍對此追求不止。因此往往不顧貧窮，而爲一家之主，志操未定，而爲數人之父，此卽榮左與彌家一生苦難之由自，幾多世間英才，終生爲此埋沒，豈不可嘆！

等到析炊以後，我領得家財的三分之一，在本宅之傍，另立一家，成爲一家之主，警惕之心，突然鬆弛，在不知不覺之間，覺得半生之望，業已達成，而不自知竟爲「家」的和樂所陶醉。但不久生計問題迫在眉睫，因爲第一個孩子突然問世，我於是開始感到責任之重，不禁暗自恐懼，人生危機，英雄末路，一時頓然襲來，在憂喜交錯之中，變爲一大痛苦。成家立業，誠爲人生最大難關！

當時二兄（彌藏）因患腸胃病，在熊本城內醫治療養，雖在病中，仍不忘學習英法兩國文物典章，我在此期間，與戀愛及生計相搏鬥，三年星霜，如在夢中迅速過去，最後終於痛下決心，毅然到熊本面謁二兄，提出一項計劃，說是天下之事，不能株守無爲，而須冒險犯難，決然邁進；我與朝鮮志士*金玉均幸有一面之緣，渠爲無國無家之人，雖然仍不能忘情於其故鄉的山河，但對大局有其洞察之明，如能說以大義，曉以利害，使其知中國問題之重要，渠或能豁然大悟，離開朝鮮局部之地，心嚮中國之運命，舉其全力爲我等奧援，我擬一度前往勸說——二兄聞言大爲贊成，於是我就克日出發，前往東京。

在王城之南，品海之濱，是以洗滌都門濁塵之處，有海水浴場一處，聽說金君爲避俗客，蟄居其間，於是就投刺往訪。金君見我之至，倒屣相迎，延入一室，座上已有二三先客，置酒清談，半日時間，倏忽消逝，我當告知除了醇酒清談，心中猶有所求，所以遠自三百里外，來此相見，希其予我以一密談之機，以便將計劃詳加說明。

金君聞言輕頷其首，不發一語，辭去先至之客，命婢備漁舟，乘月明泛航品海之中。

金君好容易爲我作此密談之機，此機一失，豈可再得，舟子操櫓，漁夫引網，我就乘間危襟正坐，告以正有前往中國之行，進而陳述對於中國之觀感以及一己之抱負，與二兄相約之經過，願以此生爲此目的而犧牲一切，希望其能加以支援。金君卽謂今後之事唯在中國，朝鮮不過爲道旁小事，其最後結局，唯待中國問題之歸趨。中國不僅爲東亞運命之楔子，且亦爲全世界運命所繫之一大賭場，並謂我的用意，『實獲我心』，接着又低聲告我，渠亦有遊淸之意，且已準備就緖，不日卽將出發，不過此事必須秘密，而在淸逗留亦不甚久，往復不出三週，希望我回至鄉間，靜候渠之消息，歸後共圖中國永住之計。並一再囑咐，愼勿告知他人，殷殷之意，使我在眼前頓然看到一條活路。我就叩頭感謝，接着又以酒杯獻酬，渠一飲而盡，且發大聲，唱其故國之歌，並命我亦作詩吟。忽有海魚躍入舟中，渠謂此係吉兆，捕得後祝之投入海中。中宵月傾風起，共咏明月之詩，然後連袂歸去。——嗚呼，天心；嗚呼，宵月；目睹此一不自覺其命運已在旦夕的志士之眞情，能不令人感慨萬千！

我懷着滿腔的希望回到鄉間，將此事告知二兄，二兄亦爲之欣喜雀躍，以爲平生之志望已有端緖，一心等待金君的消息，但不久突然從報上看到凶耗，說是金玉均氏已爲洪鐘宇者所暗殺，世人無不爲之震驚，而我弟兄驟聞之下，簡直懷疑身在夢中，不敢遽信，於是以電報向東京金氏的心腹探詢眞相，復電內容與新聞報導完全一致，但仍希望其爲誤傳，及至金君從僕自長崎來電，說是「阿父師逝去」。「阿父師」者，係金君從僕對渠之尊稱，至此金君之死，完全證實，雖欲置疑，亦屬不能，不久又接其從僕來書，詳述金君遇刺經過，歷歷如繪，令人不忍卒讀。我等唯一的希望，至此全歸泡影，此事宛如一場春夢，了無痕迹，此種秘密，又向誰可以訴說！二人商議結果，由二兄暫留鄉間，着手盡賣所有土地，我則獨自赴京，弔唁金君之喪。

出席金君喪禮者數以千計，且多天下聞名之士，其中有一身軀肥胖矮小的紳士一人，我一見之下，卽爲其神情儀表所動，但不知爲何人，到達青山墓地後在茶店小休，從友人處得知其氏名行儀，敬慕之情，油然而生，終以友人介紹，得以締交，原來此人卽爲隱居瓊浦市上之無名英雄*渡邊元翁。此一面之緣，豈期其日後卽爲我等救命之恩人！

金君喪禮完畢後，我又得識一無名女俠，女俠名玉，北海道人，因慕金君爲人，自北海道來東京相從，及至金君上海之行前夕，卽以其一身所有典質一空，以充金君旅費，我和友人爲女俠之深情所動，且憫其遭遇之悲，歸途特送之寓所，女俠揮淚爲述渠以女性之身，固不知先人（阿父師）之志望所在，故不能承其遺志，對世間多所陳說；君等於其生前既屢與談論，其志嚮所在，必已深所諒察，今後之事，唯望諸君勉力爲之！敬祝諸君健康……萬一有事需其協助，渠無不竭力爲之，可隨時至其寓所，衣食所需，當不令諸君匱乏。渠又謂金君逝後，渠又不得不重作馮婦，在歌肆舞榭，度其生涯……當時豈知日後竟賴此女俠之賜，以求活路！

我於金君喪禮後返至鄉間，知二兄所着手出售的土地，一時甚難脫手，正欲待我歸來，共商善後之策，而天下大勢，也有變化，朝鮮東學黨的氣勢日見旺盛，日清衝突之機已迫在眉睫；日本國內一片戰事氣象，軍隊出動，翻譯募集；國民兵調查；國民軍志願運動等等；天下騷然，人心思亂。由于我兄弟都一度前往中國，所以當局欲徵募之爲翻譯，但以事實上我等並未熟諳華語，得以免徵。

在某一個晚上，我兄弟三人圍着火缽，共話天下大事，最後我說看此情形，國民軍的召集，必不可免，不若暫時避往海外，以免被征，不料言猶未了，母親突然滿臉怒容，顫身大喝：

『都給我滾出去，這些不肖之子！現在就給我統統滾出去！卽使是佃農的子弟，都在異口同聲的說願意爲國捐軀，從事光榮的戰爭；而你們卻要逃避戰爭……這家庭已不能再容納此等不肖之子，三人統統給我一起滾出去！……我對先人實無法交待，也無面目再見世人，如果再不滾出去，我唯有一死了之……』

大兄緩緩地向母親解釋，說是我等並非苟安偸生，逃避兵役，而是正在等候時機，從事較士兵更大的對國家人民之貢獻，所以有此議論，希望母親諒解，母親聞言始漸平息。

從此事經過，可以看出母親實爲天下之義人，而我豈能碌碌終生，以辜負老母之意！

當時如果我等以胸中的秘密稟陳母親，深信其必能轉激怒而爲歡愉，但我及二兄對此，卽令母親，亦不欲爲之道及，不僅對母親如此，卽令大兄，也不得不守秘密，且時常藉口瞞騙掩飾，卽如土地出售「事而言，也不說是爲了赴華旅費，而是說爲了渡美所需，其所以如此卑怯連母親及大兄亦須秘密的原因，主要的是爲了要從此徹底成爲中國人，以從事此一計劃。

土地出售計劃終難如意實現，不得已改爲典押，得數百日金，由二兄携帶前往東京，我則摒擋一切家務，然後至東京會合，以背水之陣，逐漸進行。

二兄前往東京以後，我就着手一家的整理工作，此在我實爲極端困難之事，俗語說「坐吃山空」，況像僅能年收五十石租米的小地主之家，連年坐吃，僅有消費而無收入，三年之間，債台高築，卽令無前述的計劃，一家整頓，亦非着手不可。但千方百計，終不知計之所出，不得已接受妻之建議，將鄉間所住房屋賣卻，在熊本市內租借一屋，經營小客棧以維生計，故鄉的前輩對此，笑謂此項營業，將爲梁山泊的變相，果然在日後此一客棧，竟成爲*天佑俠的潛伏之所（註十八）。

我好容易摒擋家務，告一段落，於是出發前往東京，當時有*岩本網君，在神戶從事暹羅貿易，我因同鄉檜前捨次郎君之介，（因檜前當時爲岩本同事）往見岩本君，從其談話中得知暹羅情形，尤其是知道暹羅的華僑勢力特強，心頭不禁浮現一線希望，以爲或可以此作爲基礎，從事對華工作。回到東京以後，就在二兄所住的一家蔬菓店的樓上（註十九），與二兄共其起居，並爲前途計劃，互相研議。

每次設計建策的爲我，而選擇採決的則爲二兄，於是我又提出方案三條，第一條爲前往訪問前在金君喪禮時曾經見面的無名英雄，將胸中秘密盡情吐露，激動其俠義之心，以援助我等；第二條爲前往函館，以投靠無名之女俠，杜門潛居，專心學習華文，及至學成，然後攜帶數百金以潛入中國內地；第三條則以暹羅生活較易，華僑又佔人口之大半，所以不妨先去暹羅，熟習中國言語風俗，並與華僑結交，以此基礎，然後俟機轉入中國本土。結果是以上三策，都擬分頭試探。

如果我等將胸中秘密，訴之於先進有志之前，以求其同情而加援助，深信亦必有義烈之士，出而援助，但我等對于世間的所謂有志之士，未必能全部信任，因爲此輩多數除了名利以外，甚難有動於中，而我等之事，其遠大實與現實名利相去甚遠，一旦貿然啓口，秘密暴露而無成功之望，反致僨事，所以寧願忍受心中痛苦，不欲輕率從事。

大兄謂其於先來東京之後，左思右想，一無所得，悶悶之中，一度驅車訪謁素以高操清節聞名之*蒼海老伯（*副島種臣，按此間所用之「伯」，係伯爵之意）詢以中國未來局勢，伯爵慨乎言之，謂中國之事，唯在得人，如有人傑出，則天下之事可以一朝而定，如無，則唯有滅亡之一途。瞻觀中國現狀，足以稱爲人傑者實百不得一，豈不令人悲嘆！言談之間，復評隲中國人物，謂李鴻章雖爲清臣中之巨魁，然已年老，且其氣宇亦遠不及曾國藩之閎偉，曾國藩實爲近世卓傑之士，久懷中興偉策，然其志終難得伸，今欲復興中國，非有如漢高祖以上之人傑不可，而此如漢高祖之人傑，又須通達西洋學術，始克有濟，但此事又屬談何容易！老伯接着慨嘆其本人以年事過高，不能有所作爲，所以祇得坐視友邦中國之衰亡。二兄對伯爵之言，也不勝其悲愴之情，慨然謂渠雖不肖，願以漢高以上之人傑自任，希老伯勿過憂慮，接着將胸中秘策詳爲敍述，伯爵切握其手，深佩有此籌策，希全力以赴，並謂此事不能告知他人，如與今日所謂有志之士謀及此事，可謂有百害而無一利，因爲在當今日本，並無遠識憂國之士，老伯對今日有志之士之看法如此，實與我等不謀而合，但二兄認爲女性則又例外，可以動之以感情，如能以至誠相開陳，反易感奮而共襄義舉，況有金玉均的淵源，二兄要我先行一試；我於是卽夜銜命從上野搭車，出發前往函館，說來慚愧，我等對天下有志之士，避之若浼，而將天下義舉求助於北海之一藝妓，能不令人慨嘆！

到函館後先至旅館暫歇，卽發一信預約時間，以便往訪，不料女俠接信後卽親來旅館，言談之下，我卽正襟危坐，告以所求，女俠聞言欣然應諾，並謂茲事體大，非女流如彼可盡瞭解，而蒙以此相商，實屬欣幸……渠家雖小，但有二樓，且除其本人外，僅有老母同住，環境極爲寧靜，作爲籌策讀書，尚稱恰當，至於二位生活所需，渠游藝所得，足可維持，絕無顧慮，我聞言不禁感極欲泣。

翌日清晨就至市中到處奔波，以訪求中國籍的語文教師，但因當時適在日清戰爭期間（甲午戰爭），彼等因不欲身居敵國，多已返回故國，留下的多為旅費無法籌措的下級人物，並無具有教師資格之人。女俠雖盡其全力，加以搜求，但結果終難覓得其人，於是不得不重拂其厚意，乃作東歸之計。女俠深為我等計劃中途遭受挫折，而代悵惘惋惜，臨行之際，特來旅館送行，並贈以幣金一個，船中拆視之下，則為多數金君生前愛吸的海盜牌紙烟，其中又有紙包一個，內貯紙幣，其豪情俠心，眞使人感激至於無地——塵海茫茫，不知女俠此後爲況如何？我半生潦倒，一事無成，辜負知己，實足內疚！

暹羅遠征

回到東京後將經過報告二兄，二兄也爲女俠之豪情所鼓勵，就起身對我說：『此心如能至誠通天，雖蒼海狂瀾，也可挽其既倒，我等不妨勇往直前，先到無名英雄之處，試爲遊說！』於是就離開蔬菓店的住處，循址往訪。

在銀座街頭西裝店伊勢幸的二樓，雖也可以聽到半聲人語，但仍不失爲一鬧中取靜的小天地，此卽我等心目中的無名英雄的寓所，主客坐定，以輕微的語聲，高邁的意旨，侃侃而談的爲二兄，正襟危坐，靜默傾聽的爲無名英雄；唯恐事有未成，暗自祝禱的則爲我。

談話完畢，乃以大事相託，主人徐啓其口，說是兩君的志望誠屬至善，所遺憾者爲渠目前尙屬力有未逮，希望假渠以若干時日，想必能以符兩君之望，現兩君之意，既在先行研習中國的言語風俗，似不妨暫加隱忍，先至中國商行，與一切日人斷絕往來，儼然以中國掌櫃之姿態，度過若干時日，以靜待渠援助到達，然後進入目的地，以志其所事；如兩君別無異見，則渠願爲引介。高誼與義烈之情，充溢于眉宇之間。我等對其厚意深爲感謝，唯爲愼重計，請以一日之時間，加以熟慮，於是辭出歸寓。

返寓後與二兄商議，未到一小時卽獲結論；決定由二兄徇其厚意，先去中國商館，我則渡航暹羅，努力建立基礎，換言之，我兄弟二人以分工方式，各自爲將來鞏固基礎，然後殊途同歸，邁向目標，議論旣定，就再度訪問無名英雄，告以結論，渠亦大爲贊同，立即電召橫濱某中國商人，辦妥一切手續，並以胡服辮髮，贈予二兄，以白熊爲號，即日混入中國商人之群。從此二兄即與舊友斷絕音信，雖骨肉之間，亦難知其住所，所能知者唯有四人，二兄、無名恩人、以及我之外，尙有伊勢幸女史其人。

當時我曾遭友人再三詢問二兄行止所在，一概答以不知，內疚之深，無言可喻，但當渠等獲知我連骨肉亦均嚴守秘密之際，也都漸加諒解。

我由東京出發，前往神戶，此行主要爲了與岩本君可見面，共商暹羅之行。渠謂不久即將率領移民，前往暹羅，望我早日摒擋一切，至神戶等候，以免耽誤船期，我就急遽歸鄉，準備一切，然後重返神戶，不料岩本君此際突染重病，且在危篤狀態。

約有百名移民已次第集合神戶，等待出發，而主其事者岩本君之病却日重一日，何時出發，無法預知，再加上醫院院長診斷報告，認爲岩本君之病，生死莫卜，這使移民招募者與廣島移民公司，大爲困惑，而各報復乘人之危，對岩本君一致加以攻擊，謂其事業岌岌可危，且多詐欺行爲，移民公司爲情勢所迫，擬將全部移民變更行程，前往布哇；於是又引起岩本君一派與移民公司的衝突，接着又變爲移民與移民公司的衝突，紛紛嚷嚷，解決無期，徒然遷延時日，耽誤我的行程。於是我決定先行出發，單獨進入暹羅，臨別訪問岩本君於其病榻，本來像鐵鑄那麼剛健的岩本，此際骨瘦如柴，奄蹇床第，見我前往，僅能以目示意，接着以手勢向看護索取冷水，潤濕咽喉，然後勉強發出微聲，說是渠處境如此，生死尙不可知，而議者紛紛，所憾者爲有負暹羅農商大臣之重託……至此語絕不能再爲繼續，又以水潤口，微嗡其嘴，再度絞出微聲，說是聽說移民大半已改去布哇，剩餘之二十人則仍欲去暹羅，是則天尚不絕渠之所志，希望我能代其引率此二十移民，前往暹羅，與暹羅農商大臣史理沙克侯爵及我移民公司同人謀取聯繫，以定植民之基，苟能如此，則不僅爲渠之幸，亦爲日暹兩國將來之幸。我爲岩本君之言所動，雖然過去對其言行亦多少懷有疑惑，此際則已無辨別眞相是非之餘暇，於此亦可見言論力量之大。

我既決定爲岩本君的代理人，率移民至暹，移民公司也因遵照法規，必須有代理人率領，移民始能成行，所以就將此事付託於我，原來渠等從經濟立場，正需此着，而我亦因囊中僅餘旅費，也認此爲奇貨可居，以月薪四十圓，外加旅費百圓的約定，卽日準備出發。一生之中，我的薪水階級生活，以此爲最初，也以此爲最後。

航期既定，紛擾得解，移民公司社員無不喜形於色，全體董事請我至福原第一樓，我至青樓作狎邪遊，實以此爲嚆矢。

藝妓侑酒，載歌載舞，酒酣人闌，正欲辭出之際，董事一人謂因我之慨然一諾，公司得以渡過難關，同仁無不皆大歡喜，今如我一人中途辭去，必至掃他人之興，務必勉爲其難，在此住宿。我亦欣然同意，渠接着又說，渠等來此，無非欲爲我壯其行色，並無勸我誤入歧途，作狎邪遊之意，尤以我將立志遠征，萬一因此得病，則十年之志業，毀於一旦，故渠願與我同守「一夜之節」，希望我能體察其意，忍其所難忍，我對其好意大爲贊可，相約決不違犯，於是分別就寢，我爲壓制慾情，終夜未得闔眼，爲至晨起身，盥洗方畢，再度出席酒宴，而昨夜相約之人已經先在，見我就低頭微笑，說是昨夜終於忍無可忍，實行下海，有違約束，敬請原諒，一座聞言，無不哄然大笑。我卻以強自克制的經過，對渠等炫耀，不料在一日之後，我又自行「失墜」，醜態之甚，實無過於此。

我對妻子以及其所經營的旅館業的近況，並非毫無牽罣，相反地我常為此坐立不安，不勝其憂慮之情，所以曾經抄錄「梅田雲濱觀音堂記」（註二〇）寄妻，並馳至前輩的*野半介君託以一家後事，聊以慰妻並以自慰，我當時的心情確實如此，但一旦自青樓回至旅館，突然覺得已不能再如過去之幽居靜處，經常坐立不安，正如有物遺忘在青樓，非往取回不可，我對此種邪心，雖亦未始不思反抗，但這所謂反抗力實在非常薄弱，結果終於藉酒壯膽，約了友人重上青樓，而且一花在手，堪折直折，一度不足，以至再三，事後而竟無深自慚恨之苦，其原因何在？實屬費解；原來我的道義信念，竟如此其薄弱可鄙！

我在出發前夕，到移民的寄宿所，集合二十名全體移民於一堂，對各人此行決心，作最後的試探，當時我告知暹羅之地，我也從未到過，一切情形，都未詳知，世人喋喋，其所傳亦未必能予全信，成敗利鈍，非到達後無法預知，而諸君此行，無不以謀利為目的，務期儘早積貯錢財，回至故國，以與父母妻子共度餘生，其實如此而冒險犯難，賭一生成敗於蠻荒之地，反不若就既知關係，在國內努力奮鬥，較為確實而有把握，至於我對暹羅之行，其抱負與諸君迥異，為使諸君將來不致後悔，務請在此出發前夕，重作考慮，如有變更意志，改往布哇之人，我願負責代向公司交涉，予以便利，希望各位務在今夜之中，加以決定。所有移民對此無不異口同聲，說是既已發心，唯有追隨一途，萬一無錢可賺，譬如白跑一趟，亦無不可，我再進一步說，無錢可賺，尚可譬解，但此行如果有人為此喪失生命，又將如何！全體移民又一致答以對此早有考慮，不必顧慮，且為了堅決赴暹，曾與公司爭論，所以無論生死安危，任何苦難，一唯余馬首是瞻，決無翻悔。一種淳樸之情，溢于言表，令人大為感動，於是我備酒與之共飲，以示鼓勵，酒酣耳熱，高唱別離之歌，醉態蹌踉，又重登福原第一樓，度其春宵一刻之夢。我豈已從此離卻妻子之愛，另求新歡？事實絕非如此，但我恢復人道主義之初志，竟已拋在九霄雲外，思之不勝慚汗！

世間唯色慾最難克制，愈欲克制，益見亢奮，豈此出之人類自然之情，反不若聽其自然之為佳耶？實則此種說法，無非強詞奪理，猶如竊人之物，以「默借」自辯，掩耳盜鈴，莫此為甚。我雖已脫卻基督教的覊絆，但尚非阿布拉罕共夫共妻說的信者，亦非摩爾門教（Mormon）的嫡傳子弟（譯者按摩爾門教為末日聖徒基督教會之別稱，一八三〇年由美人 Joseph Smith 所創立，以摩爾門經為經典，主張一夫多妻制），而且渠等也未必以狎妓為善事。我在當時雖對一般的道德論已無信心，但對狎妓一事，在胸臆深處，終難自安，決非認為此係善事而加實行，無非為一片慾情所驅，以至於此，在我對一切失卻信心之際，慾情竟乘隙而入，我之行徑，實與竊盜無分軒輊！

與色慾同樣，功名心之難制，亦為人生一大難關，往往防之於右，出之於左，推之於前，隱之於後；豈此亦人類自然之情，不若聽其大成之為佳耶？實則此說似是而非，如以此自辯，實不啻殺人者諉過於刀劍，豈非笑話！

我當時既已脫出思想之境，進入實行階段，然充其用心，出發點無非在人道之恢復，使天下數億蒼生，得以暖衣飽食，其間豈容挾雜一片私心？但曾幾何時，我的心突然與我初志相去日遠！我的行徑又與我的初志適相背馳！當我預測暹羅事業成敗之際，往往夢見有一員素衣白馬之客將，率領中國人一隊，向中國大陸突進；醒後無不大聲呼快，而以酒自娛，有時想到中國革命之艱難，則在夢中每見白衣的客將突遭敵人殺戮之狀，爲之不寒而慄，於是醒後高唱「算了吧，三度笠！」之歌，連夜潛往青樓，以狎邪之遊相自慰。

嗚乎，所謂素衣白馬的客將，並非眞我而爲功名之我，亦卽爲變幻無常的我，從這裡，也可看出我還不是能遠離是非之境，以沈靜行其所信的人，因此變幻無常的我，反成爲當時我的眞我。雖然，我確實尙有一條光明的志望，不過因爲缺乏能與互相配合的道義素養，換言之，亦卽是此心不能與道並進，意與志之間，日益相距，遂藉酒色以鞭策功名之心，勉強使之踟蹰前進；至此我始知酒與色兩者，實爲我生命的另一面。

自神戶出發，航行五晝夜後到達香港，再行換船前往暹羅，正當上船之際，突有幾百中國的勞工蜂湧而上，此卽一向被視同禽獸的所謂苦力的一群。我所率領的移民，雖亦多爲貧農出身，但對此汚穢不堪的中國勞工，避之唯恐不遠，而我却對渠等不勝熱愛之情，這是因爲我想這就是我將以一生相寄託的中國之民，我將大用之以爲恢復人道之資，世間凡於我無敵意之人，卽可視爲我的友人，同時我之所以與彼等親近之速，還是由于渠等的言行都天眞無邪，渠等口口聲聲猜測我的國家籍貫，由於我骨骼高大，頭髮下垂，或以我爲朝鮮人，也有以我爲琉球人，互相爭論不決，及至我告知我爲日人，渠等無不驚愕，或以爲我將前往征伐暹羅，或以爲由於中日戰爭而逃避兵役，但其中有一程度較高之人，站在我與渠等之間，意在疏通雙方感情，用了中國式的洋涇浜英語，作了以下的談話：

Last month China Japan fight all right, Yes now finish. Japan king say, I spend money so and so. China king say, I am poor, can not pay money. Japan king say, then I will take Taiwan. China king say, all right! all right! You take Taiwan. You and me brother, no like more fight. Japan king say, all right! all right! I will stop fight. Yes all finish, now finish!。

他旨在說明和平條約的締結，並勸告兩國人民恢復舊交，和平相處，此種言論，竟出自一向被人視同禽獸的中國苦力之口，我實深以爲慰。航行八日，幾忘風浪顚簸之苦，一路進入暹羅。

嗚呼，大陸的風光何其與此相似！水陸相連，極目浩瀚，不知際涯，湄南河的濁流與海濤混和，在海面染成一片黃色；碧草綠樹，曠野千里；此與往年在上海所見，實無二致，滿目風光，使人緬懷長政*（山田長政）當年往事，不禁感慨繫之。久爲航海所困的移民，至此也歡欣踴躍，大呼快哉。

船自湄南河上溯，約兩三小時航程，就到暹羅首都盤谷（曼谷），我先獨自上岸，至*石橋禹三郎君寓居，出示岩本君介函，並告來意，渠謂岩本實爲一無禮至極之人，以殖民公司的任務回國，時逾半載而未歸來，所有各事無一履約，以至失信于史理沙克侯爵，而商人復以違約將所有保證金沒收，信用金錢兩告損失，無法之中，已於月前將移民公司解散，故此後已不能再以移民公司職員名義出面，僅能以石橋個人資格爲我協助，言行慷慨，宛然有古壯士之風。

接着就以啤酒爲我洗塵，然後帶同二三幹部，來至船上，將一行以小舟接駁，循湄南河支流，穿越棕櫚芭蕉之林，到達曉鐘庵。

曉鐘庵原爲農商大臣史理沙克侯爵舊邸，日本殖民公司借之以爲移名居住之所，屋宇雖已破舊，但尚不至傾圮，規模宏大，足容千人；而侯之下屬對一行無不熱誠招呼，可見侯爵平素對日人愛護之深。移民諸君瞻望前途，無不意氣百倍，群至市場購買蔬菜猪肉，以及中國酒等，爲石橋君及其同人設宴歡敍，以爲入暹紀念——當時石橋君詩吟朗朗，按劍起舞之狀，猶在眼底，而今其人逝已多年，思之能不慨然！

因移民公司業已解散，移民一行無法從事預定的目的農業開墾，但得石橋君等舊移民公司同仁的斡旋介紹，二十名移民得以暫時受雇於造船公司，以資餬口，我於擔任監督翻譯之外，並從事於殖民事業的調查，及至情況大致瞭解，認爲此事極有希望且有必要，於面謁史理沙克侯之後，更增我對復興移民公司的信心。

侯爲暹羅貴族，原爲介冑之士，於老撾戰役中因功擢升爲陸軍大臣，後以漫遊歐洲，企圖秘密輸入炸藥，事發而爲同族所讒，一度被判極刑，以國王對侯信任特厚，以特赦得免，現以農商大臣之閑職，以度餘年。

侯具熱血肝膽，雖身在閑職，而對英法之仇，未嘗旦夕或忘，然以爲僅藉其國人終難爲力，所以不惜自行出資，創立殖民公司，移入大量日人以爲復興暹羅之圖，不料事與願違，殖民公司解體，其中心悵惘可知，但其沉毅之志，終不爲此所屈。

當我前往薩拉田（在曼谷郊外）爵府拜謁之際，侯欣然迎入一室，於慰問旅途辛勞之後，卽愀然謂：

『貴國與敝國之交誼，其關係由來，旣遠且深，與一般泛泛之交，不可同日而語，然貴國現勢實如旭日初升，敝國則爲秋風落寞，朝不保夕，敢問貴國對朝鮮維護之精神，能擴充至於何地？』

當談及殖民事業之際，對岩本君所爲，一無怨言，卻以其失敗可作經驗之資，並謂：

『如貴國有人投資從事移民事業，余將以滿腔熱誠加以歡迎，今余雖貧，然尙有此宅邸，一旦賣去，亦可得數十萬金，以爲奧援。』

世間凡淸廉之官吏，無不患貧，侯實爲暹羅大臣中最爲貧窮之人，然其意氣軒昂如此，使我深爲感動，於是決心歸國，以冀說服廣島移民公司，復興殖民事業，俾與侯合力經營，以成大事。

但世間唯人心最難捉摸，誓與我生死成敗相共之二十人移民，受了日本某醫生之引誘，不斷提出改至多爾拉克鐵路工程工作的要求，原因是該項工作收入遠較造船公司爲佳，其實工資之所以昂貴，係由於該地瘴煙毒霧，雖土人亦避之若浼所致。過去曾有日人前往工作，結果均爲瘴癘所襲，全部死亡，故我對此堅不允准，並百般曉以利害，終難收效，最後以神戶出發前夕之誓言相責，則均垂首陳謝，然終無服從之意。天下最可悲的爲無知之農民，渠等每易爲眼前的利慾所惑，忘其一身的安危。我知雖以千言萬語，亦難挽回，於是以嚴重的語氣，告之諸人：

『我以諸君身命所託，見有所危，乃一再苦諫，而諸君一無翻然覺悟之意，我至此已無再爲諸君盡力之餘地，故在此以公司代理人之資格，正告諸君，務必中止此行！如有不從命者，則從此與我及公司一刀兩斷，斷絕關係！』

同時我並透露我將歸國，從事殖民公司之復興工作，渠等至此大半都有悔意，決定中止其行，唯有六人仍堅持前往，並願以文書提出，此次違背命令，至多爾拉克工作，嗣後遇有不測，均與公司及我無關，並正式與我斷絕關係。

渠等對我雖云斷絕關係，而仍不失其尊敬之意，我也因熟知其情，故也不加深究，並備酒肴為之送行，最後並告知我雖從代理人之立場，已與渠等絕緣，但我個人與渠等之關係，又當別論，渠等此行如遇病痛，宜卽歸來，至辦事處訪我，我必盡力為之協助，我若返國不在，可求援于柳田亮民君，當囑渠代余濟助。渠等聞言不禁感極而泣，最後並拜倒余之膝下，然仍不因此翻然醒悟，中止其行。

實則渠等並非毫無道義之心，觀渠等一再陳謝，卽可瞭然；渠等亦非不重感情，觀渠等感泣而拜之情狀，亦可證明；渠等均知善惡是非之辨，然明知其害而仍難抑制，不惜投身於毒霧瘴煙之中，冒其生命危險，無非為錢而已。再進一層言，渠等無非思多得若干工資，以為養親蓄子之需，故金錢在渠等實無異生命，渠等行徑，亦非得已！

柳田君為移民中有識之士，我初在神戶與之相見之際，以渠為一煽動移民以遂私利之徒，一度且面斥其非，及至相交漸深，始知其為一種奇矯之人，渠自云曾入僧籍，讀釋元恭之傳，不禁感奮，而遂有此行，於是我深愧過去對渠之誤解，信睦之情，與日俱增，乃託以在暹諸事，我乃決定一旦歸國，以進行殖民公司復興的計劃。

歸國中的三個月

我爲了向廣島移民公司提出復興暹羅殖民公司的計劃，所以船到門司，就下船直趨廣島，但廣島爲我過去未曾前遊之地，而且由於我容貌風采，均有不可，凡未熟悉的旅舘，輒遭拒絕；此行對此不免惴惴，索性一任車夫代我選擇安排，不過爲了避免又遭拒絕，所以預先告知務必避免高貴旅社，車夫聞言，就疾步奔馳，在一家小旅舘門前停下。首先照例聽到門內高叫『客到』之聲，接着有一下女出來接應，不料見到我的容貌之後，大吃一驚，一語不發，就向裏面跑去，我看到此種景況，以爲又告絕望，然仍冀萬一之僥倖，依然堅持不去，正在猶疑之間，覺察有一婦人在紙門的隙縫中向我窺伺，想來此必係我的「運命判決者」無疑。吉凶如何，斷在此人一念之間，心中極爲懸繫。

爲時不久，下女再度來至門首，從她的顏色中可以看出所抽的神籤似乎是「吉」，果然不錯，下女以手撐地，畢恭畢敬地說是：『敬請光臨！』說着就帶我到一間客室，從此就成爲此一旅社的貴客，在我實爲平生未有之寵遇，但此一「運命判決者」究爲何人？請讀者諸君暫勿置問，因爲這將成爲我後日懺悔之源！

我卽日前往移民公司，以暹羅殖民公司計劃加以說明，渠等對此似乎亦有所動，擬卽召開董事會議，以決定此事，所以我不得不在廣島等待其結果，但並無閑居無聊之苦，因爲常有友人共飲，且得旅社女主人的特殊禮遇。

武田範之＊、大崎正吉＊二君爲我舊友，當時因朝鮮王妃暗殺事件，在廣島疑獄中遭受牽連，一度被絏於廣島監獄，嗣得赦免恢復自由，所以每日必來我處共飲，新話舊談，娓娓不絕，興至則吟，酒醉則歌；大崎君以其得意之「仙台節」（仙台民謠），放聲高歌，實則歌均離譜，幼稚可笑；武田君以其自認爲唯我獨擅之「金器朗金」，發其蠻聲，令人不忍卒聽，雖然如此，此種天眞無邪的情景，反使人不勝其懷舊之情，醉中諦聽，在歌曲之外，另有歌曲，音律之外，別有音律。

某日醉後，武田君執筆爲我取一法名，號曰：「騰空庵」。我不知其意，求其解釋，居又取筆大書曰：

「騰騰騰古今，空空空天地；
獨步天地外，向上何妙意。」

我仍不解其深意所在，更求解釋，不料他卻笑着說：『當人在彌留之一秒間，必能有所醒悟；此際徒亂人意，不宜多談。』於是又舉杯痛飲。（按日人死後，必根據佛典，取一法名，此風至今依然保持。）

於此場合，在傍笑語盈盈，爲我等侑酒者，則爲旅社主婦，其厚意隆情，頗不尋常。二君常爲此對我揶揄，說是此一卓文君對我別有深意，但我卻懷疑其爲當局的諜報人員，經常告誡二君，言論必須愼重，渠等對此不久也同意我的看法，暗中加以警戒。至此，本來爲我運命判決者的女主人，因了其對我特殊的厚遇與款待，反成了我判斷其運命之身——世道之變幻險巇，誠有令人不可想像者。

我於到達廣島之後，即以書上橫濱的二兄（彌藏＊），二兄亦以書復我，要我事務了結後即往一晤，不料在我事猶未了之際，突來一電，囑我克日趕往，當時我阮囊羞澀，而承女主人慨允通融數十金，始得湍往橫濱，至則二兄臥病奄奄，雙眼下凹，兩頰骨立，驟見之下，疑爲他人，二兄告知病爲腸加答兒（腸炎）及精神過勞，見我至卽起身爲談別後各事，說是見到我後覺得病已大癒，在過去數月中，除勞動外，並學習英法華三國語言，因用功過度，以至患病，所謂欲速則不達，此之謂也，接着就取出牛肉並養酒囑我飲用，渠亦勉盡一杯，並食牛肉二三筷，談興所至，已忘其爲患病之身，徹宵傾談，不覺東方之既白，然後卽在其病榻相抱而臥。

翌日出至東京，往訪二三先憂之士，告以暹羅殖民計劃，但當時諸人的注意均在朝鮮，對此淡然不作可否，我乃悵然回至橫濱，又與二兄相抱在其病榻度過一夜，翌晨朝飯後正欲告別，二兄似情有不堪，頻頻歎息，然後說是離別令人黯然神傷，要說的話雖已大致說完，但不知爲何，心中似仍有未盡之意，不知我是否能延至下午成行。說着就在笑臉上泛出淚珠，又自言自語地說由於其體力衰弱，精神也隨以萎靡不振。竟出此婦女之言，殊覺可笑，但半日遲延，當於我無大礙……我當卽答允延期。

在浮生半日之談中，有哲學宗教之事，有經綸籌策之事，亦有人情世故之事，談笑之間，忽已晌午，二兄更衣起立，說是要與我同去公園附近之西餐館，與我共進午餐，以示惜別，我雖再三勸阻，終不肯聽，頻謂因我之來，病已痊癒，可勿置憂，於是策杖外出。

在西餐館中共飲正宗（日本酒名）並進肉類，當時僅知此係二兄爲我送別之宴，互祝前途順利，豈知從此一別，竟成永訣！時爲明治二十八年年底（一八九五）。

搭火車先去神戶，轉搭輪船，到廣島恰爲正月元旦，即與諸友徹夜酣飲，恰值*的野君亦在，告知友人*末永節有與我同去暹羅之意，歸途希去其家與之一談，同時殖民公司之事亦有結論，移民公司某董事來旅社表示，此事時期尚早，請候之異日再作計議，並以旅費數百圓送我，我知公司無意於此，自亦不便相強，於是決定即日出發前往若松，若松爲的野君之故鄉，末永君亦住該處。出發前夜，旅館女主人携下女二人，來我的房內伴宿，所謂瓜田之履，情之所至，雖欲避免必不可得。

到若松即訪末永君，以的野君之意告知，渠襟懷洒落，語無矯飾，心無城府，談未數語，即獲結論，相與決定出發日期，約定先在長崎會合，我就乘間前往故里荒尾。

我妻雖已遷至市內經營小客棧業務，但在故鄉荒尾仍有大兄家族及母親居住。如果心中無所罣慮，則此行應當是樂不可言，對弛緩如牛步的火車，必感不耐，但我的心中實踟躕徘徊，不欲急於到達，回家後如將暹羅特異風俗，爲我母親及家人說明，自必樂於聽聞，但如果詢及二兄消息，我實不知究應如何置答，思念至此，我頗有自火車窗口跳出之意，但火車不解人意，依然載着我半面歡樂半面愁的心情，在不知不覺之間，到達故里。

到家後恰巧母親爲監督客棧業務，前往熊本市內，僅有大兄及嫂等在家，二兄於詢問暹羅情形之後，果然不出所料，問我二兄消息，不過大兄在語氣之間，似甚婉轉包涵，這恐怕是對於我與二兄之舉動，有所覺察所致，我左右支吾，勉爲應付，然心中痛苦，不言可知；而大兄故意不作窮詰，反使我內心更增痛苦，我痛飲大嫂爲我所斟之酒，故意眉色飛舞，集中談話於暹羅諸事，然後匆匆告別，轉往妻所經營的客棧。

客棧營業所中有我老母與妻孥，我自千里蠻邦歸來，今得共敍一堂，既飲且談，無不雀躍開懷，忘其積年之憂。喜上求喜，爲人情之常，老母於見其幼子勞健歸來，懸繫消釋之餘，自必念及二兄，接着就頻頻問我二兄現住何處？作何生涯？是否經常通信？此次在東京有否與之相見？

在此種場合，酒之爲力不可思議，唯其因爲藉了酒力，始能巧妙地騙過了母親，雖云老人之心，最易爲子女的花言巧語所迷，但如無酒之爲力，我豈能虛構矇騙，一至於此？嗚呼，酒之爲力誠有不可思議者！當我爲良心所責，躊躇不敢續作謊言之際，而酒力卻使我勇往直前，滔滔不絕……過去每當利害關頭，使我能有勇氣捨利就義者爲酒；偸安之念萌發之際，使我奮然就其正道者爲酒；失望悲觀之際，使我重新鼓起勇氣，繼續向前者亦爲酒。人生如夢，唯其有酒，始能有夢；所以我的夢與酒，實已共爲一體，不能須臾或離。

果然不錯，酒爲我唯一的好友，有此好友，始能瞞過母親，使我一家得以暫在春風駘蕩之中，共享天倫之樂。但此際實有一事，橫貫我的胸中，使我悶悶欲死，因爲有人傳說我的妻子另有所歡，所以一家的春風以及我的醉後歡樂，一時頓告死滅。心既悶悶欲死，我的理性與平時主張，也隨以消失淨盡，但我仍勉強抑制，試圖以冷靜觀察事之眞僞，但終告無效。於是我在半信半疑之間，不得不有所措置，但究竟如何處置？我又迷惘無所適從；想到她竟使我成爲淫婦之夫，使我的子女成爲淫婦之子女，使我的父母弟兄成爲淫婦之翁姑叔伯，我實欲飲其血而啖其肉而猶厭不足；但我的情炎有時仍爲她而高亢，高亢至極，益以心之空虛，轉覺一片可憐愛憫之情，油然而生，所謂愛之深而恨亦深，我此時始得體會。然在恨極憎極的反面，我覺察仍有熱愛之情，隱在心的深處，在愛憎交糾，低廻於兩極之際，內心正像有惡魔往返搏噬，痛苦之甚，無可名狀，而此心頓失光明，一似突然徬徨在黑夜的深淵，如痴如狂，覺得此生已從此毀滅。我心如此，最後終於提出離異，當此之時，我已無「天下生民」之念，唯思携兩兒遁入空門，了此殘生。我的妻子於訴說其寃抑之餘，就哭倒在我的脚前，我也爲此放聲大哭，而此心又不免爲舊情所動，但不久又爲如潮的憎恨之情所襲，使我頻起殺機，但旋又強自抑制。眞是心亂如蔴，六神無主，我的精神狀態，業已超越煩悶苦惱之境，到達狂亂狀態，母親的苦勸，大兄的忠告，一時對我均無益處。恰於此時，突接一電來自長崎，披閱之下，始知發自廣島旅社主婦，電文是『接電卽來!』

有此一電，我緊張的心情頓告鬆弛，而我與妻之關係，也因此勉告維繫。我得電後頗生反省之機，因爲發此電者曾經與我有一夜之緣，至此我始反躬自問，我實無資格以貞節獨責我妻，我如與妻易地而處，則又將如何?如此情形，縱令妻有不軌之行，我豈有權利加以責備?況是非眞僞，尙在半信半疑之間，這使我翩然醒悟，我與妻之能維持夫妻關係以至今日，實賴有此一電。

所謂夫婦，實爲強制終生維持貞操的一種冒險事業，而我既在此冒險事業上有了蹉跌，自此以往，對於愛情已不能再如過去之濃厚熱烈，而酒量因之陡增，且經常迷戀於花柳之巷。所謂欲滅卻嫉妒之心，勢非輕視夫婦間之情愛不可。但縱欲輕視，而內心終難自安，於是以醇酒婦人以自溺，此豈人情之所歸宿?所謂嫉妒的本質究如何?戀愛的繼續，其廣狹之意義又如何?我一旦能釋然於此等疑義，而得歸其人性本原之時，或可能與妻恢復舊情，亦未可知。

先是，我與友人平山周有暹羅同行之約，故其前來客棧相訪，詢我行期，我與大兄共商客棧善後之策，決定將家族全部遷返荒尾鄉間，諸事託由大兄料理，而我卽與平山周共赴長崎，投宿福島屋旅館，等候末永君的到達，不久末永君到達長崎，而我的內弟前田九二四郎亦有志追隨我等之後，趕來長崎相晤，一行四人，*雜居在二樓四疊半的小房間中，等候便船。此際最大問題，則爲廣島旅館主婦。

她究竟爲了何事特別趕來長崎？我雖曾經與她有過一夜之緣，但對她的疑念依然存在，而我等一行，對其行動亦多置疑。有的認爲她是爲了對我愛慕而來，有的則認爲可能是警察的走狗，我對此也不免因懷疑而感恐懼，而她卻落落大方，雜處在我等之間，談笑自若，而衆人的疑念也反因此與日俱增。一日她突然對我說有事需要密談，我乃請其至別室相候，未幾兩人相對，她就正襟危坐，說是相商之事，關係其一生前途，卽令不能同意，希望我能嚴守秘密。我當卽答允照辦。她於是就從容地說：

『你目前對金錢雖無不足，但當從事志業之際，先決問題，其爲金錢無疑，換言之，爲了使事業易於進行及迅速發展，金錢自必多多益善，此種看法，不知閣下以爲如何？我對你行事目的並無所知，而冒昧陳辭，閣下必以爲我爲一僭越傲慢之人，但我對閣下一見鍾情……決不是僅爲容貌體態……所以要想盡其所能，使閣下能儘早擧大事於天下，雖然僭越，但我確是如此想法，不過以一婦女之力，尤其像我那樣無能的人，要想襄助以達成閣下的志業，究少可能，但如果是錢財的話，憑我雙手，相信必無困難，祇要閣下心機一轉……一月以內，取得二三萬圓的資金，應該毫無問題，如謂不信，且讓我做給你看……但此後對我身份的處置，你將如何打算？……我將用我的特殊手腕，在一個月中獲得二三萬圓的資金，但這事決非尋常手段所能成功，所以我要與你商量今後我的出處問題……我知道閣下已有妻子，所以決無强人所難，希望你以髮妻待我，我唯一的希望是求你把我一同帶到外國，到了外國，決不使閣下增加負擔，即令出賣色相，我必自行獨立，不知閣下意下如何？我的要求僅止於此，不知你能否成全？』

我對此一時窮於置答，我就反問渠究用何種手段，賺取如此鉅額金錢？她又再度囑我嚴守秘密，然後告訴我個秘密。我聽了毫不考慮，立即拒絕了她的要求，我說我雖急於實行我的志業，但決不能藉不義之財，以圖達成，對渠之厚意，雖甚感謝，但所遺憾的是對此厚意，實屬無法接受，她聽了並無慍色，祇是淡淡地說了一句：

『知道了，決不再提此事！』

當夜就在四疊半中共宿一宵，翌晨悄然別去。嗚呼，此一女中英雄，不知今日浪跡何處？長崎原爲我與二兄的恩人無名英雄渡邊元翁僑寓之地。我與友人在旅館中等候船期，經常互相商討未來方針，夢想將來諸事，於雜談哲理宗教之餘，最後將座墊從壁櫥中取出，實行坐禪（打坐），見之者皆以爲狂；而我與平山君時或買酒痛飲，末永前田兩君則競以購食「羊羹」（一種日式茶食，以赤豆製成，略如我國之山楂糕），以爲對抗，其健啖之甚，常使下女爲之驚奇。在福島尾上的四疊半中，發高聲如破鐘，語驚四鄰的爲末永「禪師」的偈；以喁喁之聲，發人愁思的，爲平山君的苦吟；而放聲大嚼，其舌鼓之音，響徹樓上樓下的，則爲羊羹派與酒派的競爭；人之所以稱此四疊半爲梁山泊者，實亦不爲無因。

我有時往訪無名英雄，親其謦欬，並得與恩人容貌酷肖、體態肥碩的太夫人接談，恩人尚有天眞無邪的接嗣兩人，有時我也與之嬉戲，此種時間，往往使我樂而忘返，忘其身在憂患之中。

如此數星期，某日恩人突然遣人囑我往訪，進門坐定，恩人徐徐取出一信，我一見之下，知爲由橫濱二兄發來，這在當時的我，實爲無上的吉報，因爲這是二兄與中國革命黨會晤經過的報告，二兄對此敍述極爲詳細，今摘其要旨如左：

「別後宿疾復發，靜臥病蓐，友人某牧師帶同中國人一人（按卽陳白），來至病榻相訪，當時以身在病中，未得多談，卽行辭去，其後病勢稍癒，前往某牧師處答謝，並詢以該一中國人之來歷。牧師對此似亦不甚了解，僅知其爲南清（按卽華南）改革派之一人。多蒙其將該人地址錄示，翌日按址前往，投刺未久，卽蒙倒屣相迎，在客室坐定，余首對其日前訪問，表示感謝，渠謂因牧師之介，深知余之爲人，中心極爲企慕，寒暄方畢，渠卽將話題引入中國問題，渠似旁敲側擊，一再試圖詢問余之意見。余則故意避免回答，僅謂余不過爲一介商人，天下大事，非余所知。於是渠喋喋敍述清國政府腐敗情形，及在野志士之意向，並謂革命已難避免，余聆此內心欣喜，不可名狀，直欲一躍而起，與之呼應；但仍故作冷靜，繼續諦聽。渠又詢余政治主張，余僅以一言報之，卽余素主四海兄弟之說，渠聞言喜形於色，以其一己之意見，對四海兄弟主義加以解釋。謂東西聖人之旨，均與此相符合，然按諸現狀，與此主義之理想相去實遠，使現狀與此理想接近者，唯賴革命；而革命已在中國萌芽，余何不進而加以助成？於是渠乃率直承認，渠卽爲革命黨之一員。余至此實欲將余之本意全部告知，然仍勉加抑制，故作冷淡，渠更議論滔滔，意欲窺察余之意見。余對此正窮於應付之際，適有中國人二人前來，渠乃向余告罪，至隔室與渠等會晤。隔室門首寫有英文PrivateRoom 紙條，其爲密談室無疑。其間有華人男傭前來上茶，余低聲詢以其主人爲何等樣人，男傭答以此人來頭極大，曾爲打倒中國皇帝，事洩逃來此間，想來必爲孫逸仙之餘黨。未幾三人自隔室前來，余卽乘機辭出，總而言之，過去余等對中國之推測，可因此證明其絕無錯誤，不僅如此，事實上其進行之程度，恐較余等之想像更爲迅速。故目前余等實不宜誤入歧途。暹羅之事，在某一程度，卽宜結束，務必儘早歸國，此外欲談之事亦如山積。今日之事，須快馬加鞭，愈速愈佳。……」

長篇纍牘，一字一句，充溢生氣，凡其家屋之結構、室內之佈置，以至主人公與來客之風采態度，無不具體形容，使人讀後如身歷其境，更可推知當時二兄興奮之情，我的感動，自不待言，而無名之恩人於我閱讀完畢之後，以沉靜的語調，囑我閱後宜加銷燬，我承其命，卽以此函付之丙丁，渠復命我卽席作覆，我就執筆，就以下之大意，稟覆二兄：

『接手示不勝感奮之情，此在身歷其境，與其人相接之　兄，其欣喜自不待言，然細思此人（卽中國人）於初見之人，卽將其胸中感想議論，傾吐無遺，可知其急于在日人之間，尋求同志，如迫操切，則其結果可知，質言之，此人必落入所謂叛徒窩藏人△△或○○之手。如此則渠等所策畫之大業，必成爲日本浪人囊中之物，可以斷言，誠如此，對其本人實屬不幸，然渠等急於成事，此際縱欲勸其靜待時機，恐亦未必能爲接納。故我等似以暫作旁觀之爲佳。我等年來深自隱晦，不欲將所志輕率告人，如爲此人洩其所謀，而與所謂叛徒窩藏人等相沆瀣，則此身勢將與草木同朽，豈非終生恨事？弟此種猜度，雖不中，亦不遠；渡邊先生，亦作如是看法。如 兄亦以為然，則請暫時忍耐，遠離此可憐之中國義士，而期大成於異日，然不知 兄意下如何耳！弟亦急於趕往橫濱，唯船期已近，暫難如願，赴暹後當儘早結束諸事，與 兄作「拙速主義」之約，特頌健康不宣。』

嗚呼，將心神沮喪之我，從熊本小客棧帶至長崎者，為平山君；共洒同情之淚，慰余心靈，以奇說怪論，在我體內注入一道生氣者，為末永君；光景一日數變，無暇顧念一身憂患者，為四疊半之梁山泊；使余鎖閉自棄失望之門，而對余之進退行止，作嚴密監視者，為無名之恩人；余之奄奄氣息，得以持續者，實賴上述四種力量。然最後使我重振活躍之氣者，則為二兄之有此書。我自得二兄來書，宛如死中復活，轉瞬之間，生趣盎然；然與此相反，二兄卻為我之覆函，縮短其壽命，當時二兄如能與此日夕思念之中國人相交，披瀝多年鬱積之襟懷，則其胸中必為春風蕩漾，不至終日悶悶，以至一病不起！蓋二兄對余信中之意，嚴格遵守，至死不渝，嗚呼，此乃余及余志業之罪，二兄當不以此罪余！

此外我對已無恩情之妻，在潛意識中仍戀戀不捨；不堪信賴之妻，潛意識中仍欲信之；此種矛盾的心理，已使我對暹羅之行，漸感踟躕；益以二兄之信，頓使我沉墜的心，為之振興，而暹羅之行，更見踟躕。當時如無勉我慰我樂天快活之諸君同伴，我之此行或已中止，何況等候船期，一等就是三十日，真使人日興望洋之嘆，厭倦不堪！

一行諸君對此，亦漸見不耐，梁山泊的熱鬧場面，因此日見冷落，其間偶然來一便船，但因為說是不搭下等船客，而余等又被視為下等船客，祇得拱手聽其開去，等候次一船期，於是不耐之情，一變而為不平，不平之甚，發爲詩歌，一度冷落的梁山泊，突然又帶來生氣。

末永禪師有句，題曰：「不平禪」

「超然風骨立塵緣　書劍牢騷廿八年

自笑半生窮措大　上乘參破不平禪」

當時暹羅櫻木商店的山崎君，亦在長崎，日相往來共飲，並介紹其友人八戸君與我等同行。未幾好容易來一便船，行期亦定，於是一行士氣大振，各以南字作別號：末永君號「南斗星」、平山君號「南萬里」、前田君號「南天子」、八戸君號「南櫻生」、我號「南蠻鐵」，每人都有一種耿介不齒當世，銳氣沖天之勢，而我終於被捲入一行之渦中，忘其憂患，欣然登程。臨行之際，原田君以長篇送行，南斗、南萬二君亦以詩和之，但均已忘卻不能記憶，所搭爲美國郵船蓋立克號，一路駛向香港。

第二次暹羅遠征

船抵香港，正値當地黑死病流行，各國船隻皆不得在此搭載乘客，何時解禁，亦難預知，一行對此咸感困擾，而興行路難之嘆。

對途中遭遇困擾，在我等雖亦預期，但此事出之意外，除了銀行行員兼日暹貿易家的八戶君外，其他四「南」，無不均爲窮措大，如果十日仍難成行，則旅舍飲食，均將成爲問題，其陷入進退維谷之窮境，實屬明如觀火，於是南斗星以其意氣冲天、口沫四濺的強烈口調，說是不如改取陸道，由廣東廣西橫斷經安南而入暹羅，此種前人未蹈之境，亦屬男兒快心之事……南天子以苦於船旅，對此亦表贊成，然我以有二十移民的責任問題，如循陸路前往，必致遷延時日，所以將南斗星的提議暫時擱置，主張先與船長直接商量，再作決定，一行對此亦均諒解，乃由我與南櫻生爲談判委員，乘小舟前往孔明號。

與船長見面後即將來意說明，請其務予方便，船長說是此船必須取道汕頭、新嘉坡，然後始至曼谷，故須多費若干時日，如對此認爲無妨，則可允准搭乘，然務須避免警察注意，否則多所不便。

回至旅舍，將此事告知諸人，均認不得不爾，當此窮境，實非考慮船期迂迴之時，衆議一決，乃乘黑夜上船。

一行原爲最下等的所謂統艙船客，從汕頭、新嘉坡繞航以至曼谷，船費僅止十二圓，其待遇之低，於此可知，船啓碇不久，黑雲陡起，天色突變，九龍港口高懸紅球，以警告沿岸船隻，果然不久暴風襲來，來勢之猛，出乎意料，頓使遊子的意氣爲之消沉：南櫻生如半死人；南天子如大病人；而曾以小舟在激浪中逐巨鯨，自誇不畏暈船的南萬里（平山周），也逐漸顏色蒼白，不能動彈；往年曾以水夫爲業大言不慚的南斗星（末永節），也頻搖其頭，不思飲食：唯有我健步如飛，飲食如常，這使四南生自慚形穢，頻呼佩服，船以風浪暫停進行，在海上漂流一晝夜，迨至風止，始再前進而抵汕頭。

然前途仍甚遼遠，行路難亦繼續不斷，所謂一難方去一難又來，即在今日，當我回想由汕頭至新嘉坡途中往事，仍不免爲之不寒而慄。

在汕頭有千餘苦力蜂擁上船，其騷然之勢，亦頗有趣，渠等爲爭一席之地，往往互相爭鬧毆打，亦有一種壯快之感。南斗星見狀拍手喝采，說是將來可以資爲大用，餘人也都有同感。但一等到渠等進擊到我等勢力範圍，來勢洶洶不可遏止之際，當時拍手喝采一再稱快的南斗星，忍不住大罵「清奴」（日人對華人蔑稱，至今仍有沿用，亦有稱「清奴老」者），竟欲拔刀相向，南萬里在旁頻呼「且住，且住！」按其右手，不令其刀出鞘，其慌張之狀，極爲滑稽；而我也覓得六尺長竿，正欲向前衝刺，突爲船長自後大喝一聲，將竿奪取，當時情景，亦殊可笑。

不久船位勉告安定，環顧左右，宛如豬群之在市場，此時南櫻生以微聲謂「遠征家之苦勞，唯遠征家始能知之！」其慘苦之情，溢於言表。

誠然，最初的痛苦爲轉身不得，接着是鴉片的臭氣，臭蟲的襲擊，放屁的惡臭；南櫻生不久又成爲半死之人，南天子頻以帶哭泣之聲，說是『受不了，受不了！』船在此際以受日前暴風餘波，隨著巨濤上下波動，嘔吐之聲，宛如戰場之喇叭，響徹全船，尤以苦力每當開飯時飽飲飽食，此際則又毫無顧忌的大吐特吐，原為肉豬市場的船艙，至此一變而為蔬菜店的拍賣場，原有猛虎之勇的苦力，倏忽之間已如乾癟的青菜，甚至隨地小便，以預先準備之竹桶抵住屁股，大聲放屁之後，悠然大便，不慎竹桶傾倒，大小便與嘔吐物像波浪一般地到處直流，再加以放屁及鴉片的臭氣，和赤道直下的暑熱，其痛苦實難言狀，南天子終於以鼻音說是『此命難保，此命難保！』；南斗星以寶丹（與仁丹及八卦丹同類之藥物，在仁丹未發明以前，日人均以寶丹為旅行常備藥物）塞住鼻孔，雙眼仍是炯炯發光；南櫻生依然是半死之人；而我及南萬里索性跑上甲板；當時夜色黯澹，細雨濛濛，在雨露中熟睡之苦力，宛如戰場上纍纍的死屍，觸目驚心，整個甲板，均為此輩佔滿，已無插足餘地，不得已在門首暫時佇立，喉乾欲裂，極思得一杯清水，以解暑熱，正嘆呼天無門之際，突然發現有一大籮新鮮蘿蔔，聳立眼前。此誠為天賜之物，不受反蒙其禍。於是左右顧盼，以迅雷不及的速度，加以盜取，細細咀嚼，甘芳無比，我與南萬里不禁有瀕死復甦之感。不經連日艱苦，豈能知蘿蔔之味，竟甘芳一至於此！然天無絕人之路，汕頭出發後第三日，船過安南海面之際，船長特為我等一行另闢別座，不准華人雜居，於是諸人咸慶重生，南斗星親為烹茶，飲之直如甘露，南萬里佇立船舷，口占一絕：

「茫茫宇宙古今同，獨倚舷頭感慨中，
雲起碧空曾不盡，潮生蒼海更無窮；

幽襟好照天心月，落髮任吹水面風，

不識明朝何處到？鵬程萬里一孤蓬！」

此詩所寫爲實在之境，且具眞實感情；此豈南萬里一人之感想而已哉！人生的感情，每隨其境遇而改變，此蓋具血肉之軀者所當然：半死人的南櫻生，其顏面滿溢喜色，其變化一何迅速；曾以微弱鼻音頻作垂死掙扎的南天子，此際亦一變而爲神氣十足；而南斗星之雄辯，南萬里之朗吟，都在瞬息之間，一變而爲喜劇俳優之演出。

自從蒙船長厚意，改善待遇以來，長崎四疊半的粱山泊生涯，又重新在船中出現，而南櫻生所携帶的商品罐頭食物，至此也無代價大銷特銷。

船到新嘉坡，千餘苦力如蜂出窩，一舉上陸，我等也上陸訪大井馬城君*於其寓所。渠即偕我等至扶桑館，以酒食極盡款待，渠左手擁其所謂美人，右手撫其疏髯，暢飮啤酒，並食生卵，意氣軒昂，爲述東方經綸，及蘇門答臘開拓計劃，血氣之盛，雖青年亦有不及，此亦旅中一大快事——不知此君目前仍有當年之豪氣否？

自新嘉坡至曼谷，船中成了我等獨擅之場，尤以天朗波靜，船行四日，凱歌聲中，進入曼谷。但天於我等仍有幾多悲慘之遭遇，行裝甫卸，即知二十人的移民中，有十七人病倒在床，據云自我去後，渠等全部與我脫離關係，追隨六人之後，前往從事鐵路工事，終於陷入此種悲慘的境遇，好容易逃返曼谷，其中若干且已至瀕死地步。我乃到處托人，重病者一律送入慈惠病院，輕病者則在所內施以醫療。接着又有虎烈拉併發之人，我又爲之送往醫院，除了擔任翻譯之外，並任看護之勞，一身之煩苦，至此已極，而況囊中羞澀，二日之間，又死去三人，但悲慘之事，並不止此！

人生如朝露，此言信然！當我回憶南櫻生的突然死亡，常興人生無常之嘆。此事至今我尚記憶甚深。抵暹第三日，一行應南櫻生之邀，出席其慰勞之宴，酒酣耳熱，磯永海洲君之「宿次歌」，柘植呑海君之「法界節」，南斗星之詩吟，南萬里之口技，一時衝口而出，興緻勃然，而我亦以得意之「祭文」，博得一座的歡笑，謹直的銀行員兼貿易家的主人，因爲不慣酬酢，僅能滿面泛紅，放懷大笑，頻呼「難得，難得！」因此諸人皆樂而忘返，縱談放吟，我亦忘其身心之苦，極盡歡愉，辭出歸寓，已逾夜半十二時，豈料此夜之主人，翌日卽爲他界之人！

翌晨櫻木商店工役送來一信，披閱之下，知爲呑海君之書，說是南櫻生昨夜三時嘔吐頻仍，身心衰弱，已至彌留狀態，今遣僕報余，盼速趕往；至則呑海君在廚房頻以紙片投入竈火，我詢此何爲哉？他說南櫻生命其將文書燒卻，想必已作身後準備，我乃急至二樓病榻，昨夜之面容已全消失，兩眼深陷，兩頰枯萎，已不再如現世之人，我一見爲之驚愕萬狀，而知其所患爲虎烈拉無疑，但強作鎭靜，問其感覺如何？渠勉開其目，微動其舌，一度潤濕嘴唇之後，以微弱的聲音，說是：「我已不中用了！此行蒙多方照顧，但已至最後關頭，至於歸國之際，擬以遺骨相託，不知可否應允，我爲此事所以亟思與君一見……』此在聽者的我，豈能不暗中淚下，但仍加強語氣，竭力安慰，說是：『豈能懦怯如此，嘔吐原爲暹羅常事，爲此大驚小怪，豈不招人訕笑！』渠頻搖其首，說是『已無脈膊，因無脈搏，所以決無生望！』我試按其脈，確如其言，且已僵冷而無體溫，唯有冷汗潛流。我仍故意說是『脈搏極為健旺。』口雖如此，心中卻明知已告絕望，於是暗中囑吞海君再請醫救治，並通知其他三南，我則獨坐枕邊，為其擦拭額上之汗，並以團扇搧之。渠以其無力之雙眼看我，要我取下桌上之信。原來此係其上其高堂之書，以鉛筆書寫，其下署有渠之姓名，蓋此為其訣別之遺書。我故作鎮靜，說是是否此書，渠卽頷首接取，更以鉛筆記入若干字句，然後封緘後交我，說是『死後請卽付郵！』我此際實已悲悒不勝，不堪再坐，適於此時醫生到來，說是不可能挨過今夜，而同行三南亦來，圍坐枕邊，以事看護。我乘隙前往病院，對危篤之移民，加以看視，然後再度趕來，而南櫻已成為他界之人！

此夜諸人均在遺骸之旁，海洲君亦趕來守夜，天方微明，卽去寺院付之火葬，翌日檢取遺骨，歸後不禁感慨繫之。嗚呼，昨夜以盛宴相款，盡歡方休之人，一夜之間，竟成了北邙一片輕煙，以同行同宴之我等，悲哀之甚，豈有已時！

慘劇不一而足，移民中亦有六人先後死去，醫藥糧食漸感恐慌，南斗星與南天子開始下痢，南萬里前往內地探險，到期不見歸來，移民公司對請求援助之信，遲遲不復，而我終亦為虎烈拉所襲，病倒在床。

我雖試以此係天命自解，但此為理想，就現實而論，仍有無法達觀之處，因無法達觀，所以心中極為不安，移民恐遭傳染，紛紛離去，我不禁感慨繫之，每當念及移民及南櫻的死狀，中心惴惴，危慮已極，而遠處犬吠，附近人聲，凡身邊事物，都成了我悲愁的媒介，此際我又恨天地之不仁，悲我身之坎坷，一時為寂寥之感所襲，雖欲排遣而不可得。

寂寥之感，不久又變爲無可奈何的夢想；我豈能就此死在異鄉？而不履大陸之土？……橫濱的二兄……故鄉的妻子……母親及大兄……無名的恩人…… 一時均湧向腦際，身心均有不勝負荷之感。一時欲思哭泣以解愁思，但此爲婦人之態；以顛狂發洩心理痛苦，又恐爲人所竊笑，此種名譽之心，雖在彌留之際，猶糾纏不離；煩惱如惡犬，驅之不去，以全身之力，思加抑制，終因疲倦而頹然入睡，入睡未久，又告驚醒，醒後再想，倦則再睡，睡而復醒，終至心氣昂進，漂浮在妄想之海，而苦惱煩悶無所排遣，最後甚至思以自殺了之，然仍能強自抑制，事實上我思發狂而理智不去，欲達觀於生死之外，而又無此修養；苦悶之無法解脫，自亦當然。

當時我手頭所剩，已僅十餘日金，付去診療費五圓，與患病移民及友人，雖欲啜粥亦屬不足，而我的病症，日本人一旦染上，按照過去實例，十死一生，故我已爲數理上之死人，索性服從此種命令，不再延醫診察；但在內心仍對生命懷有執着。看到海洲君悄悄地進來，又大踏步地出去，認爲無情輕薄，心中至感憤懣；但未到十分鐘的時間，他又帶了醫生進來，爲我診治，此時我在內心之慚愧感激，眞是無法形容。柳田君因看護疲勞，偶然睡去而鼾聲大作，我又認爲此人無情，而暗自憎惡，但看到他有時醒來，偸偸地爲我切脈，按摩我的足脛，不時發出愁聲之際，我又不勝悲愴感激，服藥三日，一無效果，遵照柳田君的提議，爲「永別之杯」，與我永訣，我就將以冰冷凍之黑啤酒，一飲而盡，其爽然之味，至今回憶，猶有餘韵。事已至此，我始能脫卻苦悶，到達萬緣俱寂的境地，於是不覺酣然入睡，迨至醒來，突覺神氣爽然，柳田君謂我的臉色突轉活色，我終於不死。二日後扶杖往訪海洲君夫婦，渠等大爲吃驚，由於渠等勸告，開始進牛肉及麪包等物，此爲病後最初之進食，海洲、柳田兩君，實可謂我再造之人。

我病癒未久，在橫濱的二兄卽以書促我歸國，但我的健康並未恢復，而南萬里、*益田君一行也遲遲未歸，一般都說是已經成了毒蛇猛獸之食餌，此外曾經患病的移民大半逃往新嘉坡，殘留在曼谷的僅爲四五個病人，一俟病癒，亦擬追跡前往。如果就從此半途而廢，停止移民計劃，則世人勢不深究其中原因，以爲暹羅全部都不適殖民，而永遠將此一事業付之湮滅，豈非寃枉？因此我雖得二兄之勸告，仍未能卽作歸計。所以心雖已在橫濱，但義理人情，使我不得不爾。不久南萬里及益田君無事歸來，南斗星的腹瀉亦癒，於是聚合一堂，討論以後方針。南斗星認爲如果從此半途而廢，殖民事業固不待論，就是史理沙克侯的盛情熱望，亦將消滅無疑，豈非千秋恨事？但此等移民終難倚恃，不如我等四南大事振作，親執鋤鍬從事耕作，經過一個收穫時期的試驗，以定殖民理想鄉的基礎——對此意見，一致拍手稱善，事遂一決。

但當前的問題爲糧食；爲試作地；爲農具。爲了眼前的糧食問題，決定訴之於海洲君之俠義，由我及南斗星往訪海洲，加以訴說，渠聞言卽慨然允諾。至於試作地與農具，除了向史理沙克侯懇求之外，別無良法，我又帶了翻譯至侯邸訪謁，陳明我等決心及目前所需，侯聆言欣然允諾，並將其農莊亦假予施用。得此結果，一行歡愉之情，實非楮墨所能形容。從此勇氣百倍，脫卻西裝皮鞋，葛衣草鞋，手牽水牛，肩負農具，此種情景，宛如一幅古畫。遷移完竣，共以杯酒相祝，而帝力庵的新梁山泊，也從此落成。南斗星有一詩記此：

「負廓一茅堂，　躬耕志自高，　壁頹傾雨氣，　屋破見星光；

依我男兒俠，拯危天下狂，夜深瞻宙宇，斗動劍騰忙。」

又有風月窗之句：

「久為書劍客，磊塊鬱橫腔，志在澄寰宇，我當扶舊邦；
黃金誰得買，國士價無雙，高臥且閒適，結廬風月窗！」

不久殘留的移民亦來相歸，住入草堂，但此等意氣消沉之人，已不堪用，僅能鼓其餘勇，競食牛肉，唯有柳田君與我等始終勤奮工作。插秧須俟雨季，所以尚須等待若干時日，而海洲君創業伊始，其俠義雖令人可感，但其能力究難長期負擔我等食糧，於是為了另覓財源，我乃暫時與諸友告別，啓程返國。—却不料一生之變動，即與此行以俱來！

前此南萬里與益田君的內地探險，其主要目的在調查山林事業，歸後南萬里說是在一反步（土地面積單位，舊稱「段」，一反為三百坪，約九九一．七平方公尺）之間，有紫檀二三十株，益田君則謂每反有三百株，二者之間，報告大相逕庭，雖然如此，但原為不費代價之山林，將來開發，究為極有希望的事業，於是互相決定合作計劃，益田君就與我同船歸國，當時岩本*君亦病癒來暹，此次又加入我等之行，三人皆蒙海洲君的援助，購得至香港的船票，共登歸國之途。

嗚呼二兄之死

三人均爲有名的糊塗蛋，船中無聊，竟設高座唱起浪曲，講譯「祭文」，以慰旅情，這已足夠滑稽；到了香港，又因違反禁酒的誓約，而互相諉過於人，其場面亦甚可笑。接着是向領事舘的借款談判；旅舘費用的賒欠誓約，煤炭船的便乘商談，各以其所得意的方面，分別處理。好容易到了門司，又連夜趕往若松——回想起來，這已經是七年前的舊夢。

我之到若松訪問的野君的原因，是爲了踐履對亡友的義務，我遵照南櫻生的遺言，携其遺骨歸來，爲了旅費，所以到若松的野君處借貸，然後遄往長崎，將此遺骨送交亡友遺族。却不料我自身有關的噩耗，正等在我的面前！

當的野君一見到我，就圓睜雙眼，說是我是否已知其事，而專程趕回，我不解其所指何事，但從他的言語之間，可以看出事非簡單，我於是反問其意之所指。他說二兄（彌藏）現以病在橫濱住院，我聞言爲之驚愕萬狀，以爲人旣在橫濱，可知病勢非輕，於是告知的野君，擬卽趕往橫濱；而的野君又欲余少待，說是病況無關緊要，最近期內可以出院，不妨先以電報詢問……沈思稍久，又謂我的母親亦在患病，現在鄉間醫院醫治，目前恐已復原。兩事對我均爲晴天霹靂，言雖輕描淡寫，其含意之重，不言可知，我究應先去何地，極感迷惘，最後決定先行返鄉。

回鄉後見大兄*（民藏）大嫂、諸姪、以及我的妻孥均在家中，而母親及大姊則在醫院。家人對我的安然歸來，無不欣喜，然後告知母親及二兄病狀，說是母親在二三日內卽可出院，二兄也日見輕快。大嫂又取出信件二通，向我說明，說是此爲二兄向前之來書，其筆跡似甚衰弱；另一通則爲二日前的來書，筆觸粗而有力，根據來書，說是一星期前後，卽可返鄉，明日大兄正擬匯錢前往，以充旅費。我細觀兩書，筆勢雄壯，決非出自病人之手，函中謂其日內卽可復健，唯此後衰弱之身，到底不堪大任，擬卽返鄉歸隱大谷山莊（註廿一）（亡父別業之地）。與農夫爲伍，了此殘生，唯此一語，實爲我懸繫不安之處。豈知此爲其強自鎭定之虛言，所謂歸隱大谷山莊，實際係指與世永別？其歸鄉旅費，則指其喪葬費用？我等既非神明，對此自難察知，而深信其言，無不喜形於色，我在鄉里住宿一宵，翌朝與大兄同去熊本病院。

對於命運劇變前刻而不自知的人，其擧動往往幼稚可笑，我到病院奉省慈母，欣喜若狂，過去凡所遭遇的痛苦，一時間均成爲現在喜樂的資料。母親出其腹部創口，爲述病中經過，說到二兄病狀，知其卽將於四五日內返鄉，亦爲欣喜，我將別後遭遇一一奉稟，提到九死一生的事，母親驚駭不可名狀，頻謂一切災難已成過去，否極泰來，一家今後卽將吉星高照；同時以不勝感慨的語調，對我等兄弟之前途，加以期待與囑咐。母親說以爲二兄從此一去不返，而今知其四五日卽可歸來，兄弟三人，聚首一堂，爲三年來的首次，囑我此次不必急於外出，從容休養身心，然後徐圖發展，兄弟僅止三人，凡事宜互相商量，共同從事……二兄歸後，當邀村中戚友，擧行宴會，以爲三人病癒之祝。

在談話之間，大兄爲母親辦完出院手續，我乘間稟告母親，此行尚有亡友之遺囑，必須前往長崎一行，母親聞言不勝同情，欣然允准，並囑對其在病中來訪諸人，順道一一代往致謝，然後離開大兄與我，先偕大姊登上歸鄉之途，對於二兄命在旦夕，一無所知。

我與大兄同至車站送母親上車，然後同去親戚寓所，飲茶未半，突見故鄉友人匆匆趕來，一見我等，一言不發，出示懷中紙片，原來此係二兄病危之電報，係橫濱友人野崎君所發來，是誠晴天霹靂，我和大兄即雇車趕往車站，追隨母親之後，遄返家鄉。

翌日未明，與大兄出發至大牟田，改搭火車直趨橫濱，約有二晝夜之行程，愁腸百結，不克互交一言，到達橫濱後大兄始問究應先去醫院？抑去友人之家，我以事恐已遲，不如先去友人之家，於是雇車急往野崎君之寓所，方達門外，野崎君令妹已久在鵠候，一見我等，急將我等延入，從其擧動即可知二兄已凶多吉少，但以爲仍可趕及；及至進入大門，友人之夫人出迎，而其態度反甚沉着，令妹坐其一傍，似亦口帶微笑，我等見狀猶以爲病或已有轉機，接着下女上茶，友人之夫人仍無言靜坐，以與我等相對，我實無勇氣問其吉凶，而大兄亦祇是默然不發一言。但不久夫人突然淚如泉湧，垂其雙肩，以極微弱的聲音，說是：『實在不勝遺憾……前日清晨終於……依其遺言，暫停靈於品川東海寺……以等候君等……務必立即趕往……』

我與大兄急忙趕至車站，搭火車前往品川。

在品川站上有四五友人相接，我與大兄宛如綿羊之上屠場，隨着友人進入東海寺的別院春雨庵。數十親戚故舊，集合在此，院之一隅，有一白木長棺，此不待言，二兄即已靜臥其中。野崎君帶我及大兄透過玻璃罩，與亡兄相對。如漆之黑髮後垂，周圍長約寸許，緊閉雙目，兩腕交置胸前，在緊閉的唇間，仍可看到如雪一樣的前齒，正像隨時準備啓齒，與我等對談——此爲二兄之遺骸。大兄回首問我何以頭之周圍剃髮作此狀？我默然不知所答，而二兄今已成爲無言之人。（按此爲彌藏已剃髮作胡裝入淸之準備。）

野崎君取出一信，交與大兄，謂係二兄死後在其枕下覓得，封面書有上母親大人及胞兄等字樣，其下有其署名，拆閱之下，唯有國歌一首，詞曰：

『大丈夫用盡心機，好容易製成之梓弓，
　生前未發一矢，遽爾死去，
　事之可嘆，孰逾於此！』

嗚呼！二兄生前之如何急欲發其梓弓？恐除我及無名之恩人外，無人能知其詳，未幾野崎君復出一書，此卽二兄致渠之遺書，我至今猶能記憶全文，內容如下：

『弟死後請葬於品川東海寺亡兄之墓傍，費用日內將由家鄉寄來，萬一不及，請向親戚立花*（立花小一郎）或伊勢幸（渡邊元之寓居*）作一時通融，費用如有餘裕，請託禪僧誦經，不勝感禱之至。』

此夜與親戚知友，共在二兄遺體之傍守靈，翌日遵照遺言，以佛式埋葬之於亡兄伴藏（明治八年一八七五年卒）之傍。

葬式終了，我與大兄共返橫濱野崎君之寓居，野崎君在二兄病中以迄死亡，始終以骨肉雖亦不及之厚誼，任看護之勞，而二兄之遺物，亦承其取至其寓代爲保管，大兄見及野崎君取出之遺物，殊現驚異之色，因其服裝用品，多爲中國式樣，我以爲二兄對我或有遺言，在其書册雜物之間，到處尋覓，不僅一無所得，而且其生前深藏之各種文件，亦無影踪。據野崎君告知，二兄因知故鄉老母亦在病中，故竭力不告己之病況，每發一書，必謂病已恢復；唯直至最後，亟盼我能歸來，幾乎每日必數度詢問我歸期。我詢以二兄曾否爲野崎君述及與中國志士謀面之事，野崎君謂並無所知，僅有一次，見有身穿西服之華人（即陳白*）來訪，詢之二兄，答謂係中國學生，並非何種特殊人物。於此可知即對老友如野崎君，亦隱諱不言。旋至醫院，據看護告知，二兄於逝世前三日，將所有文件收拾清楚，一併燒燬，其愼密週到，一至於此。而我從此如失去手杖之盲人，茫茫前途，愴痛曷極！

與大兄歸至故鄉，此處又成爲眼淚之國，無可奈何之世界，我處身在此眼淚之國，無可奈何之鄉，每日刻骨剜肉之心情，自責一身之罪孽，不禁熱淚泉湧，陷入更深一層無可奈何之境。以爲當時如不矯情稟知二兄嚴守秘密，則或其不致鬱鬱終日，得病而逝。

我曾遭遇幾多之艱難，及幾多之不幸，因之失望沮喪，亟思終生隱居，成爲山中之人，甚或以自殺了此殘生，然徒以尚有一片志望，而將我從窮地救出，此一片志望，實爲二兄所賜，亦唯賴二兄始能維持，我每當心緒萎縮，意志消沉之際，對我不斷激勵，予我以一道生氣的，則爲二兄之書簡，即使與志望無關之事，每接二兄手書，胸中感情輒爲澎湃，故實際言之，二兄實爲我活力的源泉。

另開新生之路

我活動的源泉既已凋竭，而又進入淚之國與無可奈何之鄉，我實茫然自失不知所爲，在暹諸友當必以我的不負責任而感憤怒，而渠等業已陷入非常之困境，亦屬必然，我對此並非不知，但由於已無自立的勇氣，有時雖亦試圖振作，但終難重振求生的勇氣，在暹友人來函報告近狀，說是移民中已有一人自殺，帝力庵已至無可支撐地步，我得信後勉爲籌措百金，以應一時之急，不久南天子歸來，接着南萬里亦接踵而至，均將帝力庵之慘狀爲我說明，在此情形之下，實不忍袖手旁觀，閑居在鄉，乃與南萬里相偕前往東京。

入京的目的，係在講求維持帝力庵之策，並協助益田君，使之確立山林事業。不料一條導火線將我等原有思想破壞無遺，使我等立卽轉向於中國問題。而可*兒長鋏君實爲此導火線的引火之人。

可兒君爲我同鄉友人，曾受知於木翁（犬*養毅），目下正寄食木翁之家。一日可兒君來訪，一再稱道木翁之爲人，力勸我等前往一談。我對改進黨原無好感，此種憎厭之情，實來自先天，亦可謂得自遺傳。我因醉心於「自由」的文字，所以對於「改進」兩字，表示憎厭，此爲理由之一；當我孩提時代，卽聞大*隈以貪汚所得之金錢，建造宅邸，此種世間的傳聞，對我影響極大，此又爲另一理由，總而言之，我極端討厭改進黨，而木翁現爲改進黨之人，欲我進而往訪，豈非荒謬，所以我對友人勸告，一再堅拒，然可兒君仍不絕望，幾次三番地極口稱賞木翁，盡其全力勸我一晤，我爲其熱情所動，終於某日偕南萬里訪木翁於其寓邸。此事誠可謂之天緣，因我今後方針之有轉機，實賴有此。

人類原爲長於批評的動物，每當初見之人，瞬息之間，必在心中，擅加黜陟，換言之，當彼此目光接觸之瞬間，卽予對方以善惡是非之判斷，此卽所謂直覺的判斷，世人對於木翁均以策士目之。所謂策士，本來就有一種使人憎厭的意味，但奇怪的是，當我初次與木翁相接，心中絕無絲毫憎厭的感覺，木翁左手拿着煙缸，右手拿着煙盒，飄然地從裏面出來，這情態頗帶有幾分「仙風」，接着低頭寒喧，箕踞而坐，悠然地吸着紙煙，一種飄忽洒落的神情，使我直覺的斷定，此人大有苗頭！

渠含着冷靜的微笑！問我『暹羅如何？何以興趣冲冲一至於此！』言下似多少帶有幾分嘲弄之意，但奇怪的在我的胸中並無半點不快的感覺，我答以殖民與山林之事，渠卽一口斷定，說是此種事業毫無前途。我更想用我所有的資料，加以詳細說明，他却毫無傾聽之意，連搖其頭，頻呼『不行，不行。』我爲此正感憤懣，他就笑着說：『根據紙上計算，卽認爲是事業可以成功，此爲妄想，殖民事業我曾有過經驗，我曾一度想在日本國內的北海道殖民，結果尚且失敗，以人身買賣爲目的的公司，（意指移民公司）或尚有利可圖，但在你我則難乎其難，不若早爲中止。至於山林事業，看似簡單，但看你們的面相，豈爲從事木材商的類型？首先你們雖有計算，但對方未必承認，你們恐亦無多大資金，可資運用，如果如此，則又必須仰賴木材商出資經營，但木材商一看到你們的尊容，必定避之若浼……』

說着呵呵大笑，我等雖欲惱怒而不可得，個中妙味，使人不可思議。我再度想就紫檀、紅木均可無代價獲得之事，加以說明，渠並無進一步傾聽之意，祇是低頭沉思，不久就說：

『第一，你認爲可資商量的木材商想尚未覓得，萬不得已時，背水（中村彌六）*商店或可與之一談。好吧，就讓我爲之介紹，不妨前往一談。』

說着就取出筆硯，寫了一封介紹書致背水將軍。

我與南萬里卽日往訪背水將軍，投刺未久，出來的是一位身材高大，顏面扁平，身着綾絹，眼戴金絲眼鏡的紳士，卽以暹羅木材之事相商，渠爲行家，於傾聽我等談話以後，就挖根掘底地詳加詢問，接着從木材商的狡獪說起，並穿插其自身在此一方面的經驗談，最後說是此種事業，決非毫無經驗之人所能從事，我與南萬里聞之頗感不快，因爲其在言辭之間，頗帶諷刺與小覷。結果是「無所得，廢然辭出。

翌日我復偕南萬里往訪木翁，渠見面就問:『背水怎麼樣?』

我等當答以『海濶天空的聽了一大堆所謂經驗之談，而結果一無所得!』

木翁就笑着說:『半商半紳之背水，宜當如此，不帶政治性的商業，渠之不願插手，自所當然!』

接着突然發問:『君何以蓄髮至此?豈非不便?』

我故意答說是爲了好奇。但木翁似乎並不深信，在他的臉部表情上，可以看出他滿懷狐疑，在此刹那之間，我內心不勝迷惘，直想把秘密至今的目的，一舉爲之傾吐，但最後還是忍住不發，正在猶疑不決之際，木翁又發奇言:

『看你的樣子決不是賺錢之人，不如儘早中止!』

我說是『苟不能賺錢，則我的目的終難達成。所以雖明知賺錢非我所能，但也不得不做，我的煩惱，就是在此！』

木翁於是稍稍加強其語調，說是：『賺錢爲一生之事業，而欲先賺錢然後從事天下大事，在程序上像極順當，但如意算盤，豈能得此！總之，非本行之事，以中止爲是，然後趕快回頭，從事本身專門事業，天下之事，可以分工爲之，換言之，從賺錢人手中，取用卽是！』

木翁此言，直如已洞燭我的心事，使我暗自嘆服，而可兒君在旁頻以膝蓋觸余，我遂將我有志於中國之事，和盤托出，並求其能助以一臂之力。

他聞言立卽應諾，並謂『暫時不妨在家晝寢，靜待我的消息！』

一語九鼎，使我因二兄之死而消失殆盡的志望，遽告復活，我因此從失望的山谷脫離，而重新進入希望之天地。木翁實不啻爲我此心再生之母！

先是，我與南萬里下榻日本橋之某旅館，兩袖清風，旅館費用無法照付，乃遭放逐轉入內幸町的一家小客棧，蟄居累月，不勝倦怠，日唯以酒遣愁，不料酒神魔力所至，後進而作南品北芳（註廿二）之遊，因果報應，我終於身染惡疾，南萬里爲我介紹其友人醫師前來醫治，醫師診察之下，謂須入院施行手術，時既不利，病名亦惡，我實已至日暮途窮之境，無法之中，乃決意上書先輩雲翁（*頭山滿），詳述梗概，乞其援助。翁卽贈以四十金，乃得入上野櫻木病院治療，關於此事，我對木翁秘而不宣，蓋恐其因此生厭惡之情——此事出之狡猾抑或膽小，雖非可知，但用心決非純潔，則爲事實。

當時呑宇君（*清藤幸七郎）亦來東京，相互披瀝肝膽，重溫舊情，並承日夜在旁看護，我之主要病症雖非難治，但不意一時數病併發，幾至危在旦夕，結果終爲木翁及其夫人所知，乃蒙厚賜，當時如無二三知己之援助，以及雲木兩翁之恩顧，我的生命或已早不存在。

再度進入夢寐之鄉國

我的病逐漸痊癒，而木翁之好意，終得結果，我與南萬里（平山周）、長鋏*（可兒長一）二君，同受外務省之命，前往中國視察秘密結社之實情。但此時我猶在醫院，聞命後即請主任醫師准我出院，前往外務省訪晤某長官，整理行裝後正擬出發，不料病又重發，一時祇得中止其行，先由南萬里、長鋏兩君啣命出發，我於是孤居在小客棧的二樓，不久復遵醫囑遷往大森杜門靜養，以期健康之恢復。

不久健康恢復，一切出發準備完了後，就歷訪二三知己，當我到達*小林樟雄君之處，見座上有客一人，一見到我，就喜色滿面，說是我體態堂堂，極像我的哥哥。此人年約五十左右，短短的頭髮已經全白，軀幹短小而帶輕敏之風，我實未知其爲何人，坐定後小林君爲我介紹，說是此爲*曾根俊虎君，曾爲亡兄*八郎弟兄之交，近聞我在東京，亟欲與我一見，故特請其先來等候，我亦久聞曾根君之名，當即向之一揖，然後自行介紹，曾根君不勝欣喜之情，娓娓爲述往事，接着又興緻勃勃的討論現勢，我也像見到亡兄的影像一樣，問長問短，半天的時間就很快地過去，臨行之際，曾根君謂渠有老母，年已八旬，後日擬以壽宴相祝，希望我與小林君同去參加，其時且將介紹一中國人與我相見，此人在我出發赴華之前，能與一見，將來當有用處。我欣然應諾，但不知此一中國人究係何人？

人生因緣際會，最屬奇妙。我及時前往大森曾根君之寓所，在客堂正中就看到一幅掛軸，細讀之下，知爲死於明治八年戰役的我的長兄的筆跡，接着曾根君又取出一封紙色蒼然的書簡，此亦爲亡兄手蹟，係在明治六年一群馬賊在中國邊區蜂起之際，寫致駐在清朝的曾根的信。其中有一節內容如下：

『日前接得馬賊蜂起之報，不知爾後情況如何？敬請即爲詳示！弟擬放棄一切，即日趕往大陸，至於島國之事，一無足提，唯望早日赴華，呼吸大陸空氣，臨行不勝企佇之情……』

我讀後與我目前處境相對照，實不勝其今昔之感。宴後主人曾根君復導我至別室，低聲告我原欲介紹之華人，今日因事未來，我如有暇不妨按址前往一訪，說着取出名刺一枚，我接看之下，原來是曾根君爲我預先寫就的介片，正面寫的是『陳白仁兄』，反面則記有陳白在横濱的住址，陳白其人，在我實未前聞。但在我心中常有尋訪二兄一度遭遇的華人，與之傾談之意，故在潛意識中，希望曾根君所介紹的即爲此人。我謝了曾根君的厚意，就辭出返寓。

當時南萬里、長鋏兩君已完成了華南沿岸的巡遊，目下正在香港，將以若干時日，探查廣東地方之狀況，專等我的前往，我接信後亦亟思克日趕往，就帶了行李，由東京前往横濱，爲了訪晤曾根君所介紹之華人，我在横濱住入旅舘，行裝甫卸，就匆匆按址尋訪，覓得後投刺求見，不久出現在門首的，是一位眉目清秀的紳士，一見到我，面現驚訝之色，接着熱烈地和我握手，頻說是『難得，難得。』我在心中已確知此即其人，因其仍有疑訝之色，乃即問其是否曾與二兄相識？渠聞言又取出名片，仔細端詳，突然似有所悟，拍手說是『原來如此，名字中有一字不同，我以容貌酷似，以致錯認，然則君爲其弟。』說着就問我二兄消息，我告以實情，渠聞言仰首嘆息，說是『眞出乎意料之外，我與令兄曾有再度傾談之約，其間一再尋訪，終以未得住址，未能如願，分手以來，無時不以其近況爲念……』一種茫然若失，不知從何說起的感情，充分表露在其言辭之間。我卽將二兄所以避不見面之原因，加以說明，並將與二兄相約之志望，以及我對此事之後悔，一併吐露，渠對此不勝感慨，一再拍案說是此是天命，而將談話中心逐漸移向今後的問題。

我與陳白君一如舊知，此皆二兄以及長兄舊友曾根君之所賜。雖云如此，陳白對其會中內情，仍不坦白說明，僅僅告知孫逸仙爲其黨之首領，隨卽取出小册子一本，指着封面，說是此卽其人。此小册子題爲 **Sun Yat Sen, Kidnapped in London**（註廿三），係孫逸仙記述其在英國身遭清朝公使館幽禁之經過。我於是始知陳白爲興中會之一人。並推測孫等於明治廿八年（一八九五）在華南舉事失敗（註廿四），逃亡海外，陳白亦必參與其事，未幾卽證明我此種推測完全正確，渠於談話之間，洩露了個中機密，同時渠對我華南之行，極爲贊成，並以介函一封，介紹其在華友人何樹齡其人。雙方談話意有未盡，而航期已迫，不得已約以再會，匆匆搭船前往香港。

我到達香港，長鋏已他去不在，南萬里因等我不勝焦急，正擬搭船東歸，我到旅舘得此消息，卽趕往南萬里所搭之船，將其再度邀至旅舘，以杯酒共談別後各情，並商議此後方針，決于翌日前往澳門，以便尋訪陳白所介紹之人。

在我未到香港之前，南萬里已一度至澳，結識張玉濤其人，故我等抵澳後首訪張君，與之締交，渠於何君之居所，意辭之間，似亦有所知，渠情意懇摯，設宴邀集同志，對我等竭誠款待，凡其所說，亦均能切中時弊，足以鼓動志士之熱血，但當我等詢及秘密會中內情，渠却噤口不言，再三追問，始提筆寫了以下文字：

『外有孫逸仙先生，內有康有爲先生，中國之事，尚不能謂爲已無希望！』

問其何君住所，最初說是與之並無往來，繼則說是聽說現在廣東某處。其用心之週密，於此可見。

此夜卽與南萬里住宿澳門某洋式旅社，翌晨與張君等二三人共進早餐，晚間搭輪前往廣東省城（指廣州市），此行目的自在探訪何君。

當時中日戰爭（甲午戰爭）之餘燼未熄，而廣東地方又承孫逸仙擧事失敗未久，人心極爲不安，偶然遇有可談之人，亦無不諱莫如深，令人無法捉摸實情，然我仍認爲陳白一信，必能有所作爲，所以專程至廣州往覓何君。

翌晨船抵省城，投宿於沙面（當時爲廣州之英租界）女皇飯店，早餐後雇轎至某街往訪何君，出來應接的是一個短矮瘦削，一見卽爲神經質之人，此卽爲陳白所介紹的何樹齡其人。我等低聲告知來意，並將陳白之信交與，渠左顧右盼，隱談密誦，然後偷偷地打量了我們一番，卽取筆寫了以下數字：

『兩位現住何處？余當奉謁聆教，此間不便暢談。』

觀其擧止，似恐惹人注目。我等乃將旅社地址告知，然後辭去。

返旅社後不久，何君卽來相訪，其憤慨於淸廷之腐敗，悲國運之孤弱，言辭與張君如出一轍，當我等問其改善方法之際，卻遑顧左右而不敢言，僅僅強調中日兩國唇齒相依，希望日人能以俠義出之，凡其所言，均極浮泛而難得其要領。接着又辯解說是渠與孫逸仙一無相知，與陳白亦不過爲泛泛之交，其懦怯之情，令人失望。

我乃進一步說明中國之現狀，告以改善之方，唯賴革命，冀以觸發渠之胸臆，然渠一無反應，渠之表情，似恐怖，似遲疑，而其心中又似別有所求，在其曖昧的談話中，僅透露會員一人之姓名，說是『此人爲香港之區*鳳墀，原任興中會會計。』

我等欲其備函介紹，渠又說是與之並無往來，並一再堅囑晤面之際，務勿提及渠之姓名，祇要前往××會堂，即可覓得其人。

此亦不失爲黑夜之螢光，値得賴以前進，於是復搭船回至香港。

××會堂原爲耶穌教的傳教所，我與南萬里到達之日，適逢星期日，正有會衆靜聽宣教師的演說，我等亦混在會衆之間聽道，但我等聽道並非爲了尋求天國，而是爲了獲得一革命黨人，與之共談天下大勢。禮拜完了，人亦散去，適見澳門之張君亦在，乃詢以區君之事，渠乃指向尚在堂內一人，即裝作與之並無關聯，然後匆匆離去，我等知其苦衷，所以也不勉求介紹，即跟着其所指示之人，步下樓梯，乘無人之際，輕曳其袖，出名刺求其一談。渠欣然同意，邀我等至室內坐定，然後問我等來意。

年約四十，半老，皮膚黝黑，身材適中。肥胖，眉毛淡薄，雙眼細長，不失爲一溫良的紳士。我等不敢貿然回答，與南萬里二人，正如獵人之接近鳥獸，戰戰兢兢地商量作答內容，然後取筆以極短的文句，告知來意，說是：

『鄙人等短才淺智，雖無濟世之大略，然對目前之危局，不敢坐視，故來求道於友邦之士，不知先生將何以教之！』

他的回答是中國人慣用的唇亡齒寒論，但對其自國之弊政，官吏的腐敗，其憤慨之情，較之何張二君更見激越。我等乃將中國革命論提出，問其意見，他突然拍手叫好，並說如蒙日本豪俠之士加以援助，則事之成功，可以拭目以待。接着將年前密謀舉事，卒告失敗之經過，加以說明，並語及首領孫逸仙之近狀。且謂『兩位如志在協助吾黨之事業，則宜急與孫逸仙取得聯繫，渠已於前月發自倫敦（註廿五），不日當可到達貴國，其所以至貴國之原因，蓋在求助於貴國之俠士。』我等聞言爲之躍然心動，乃卽約以再會，返至旅社，與南萬里互相商討，決定歸國，以俟孫逸仙之來。

翌日區君偕其同志二人來訪，談未多時，卽行辭去，臨行謂今夕將與三四同憂之士聚談，盼我等亦能參加。屆時與南萬里前往××會堂，至則堂上已備酒肴，以待我等，於是圍坐痛飲，劇談激論，聲震四鄰，豪快不可言狀，直至深更踏月歸寓，再度與南萬里舉杯相賀，然後入睡。——耶穌堂之酒宴，在我實爲空前盛事。

當時嶺南士林，與孫逸仙雁行齊名，另有一人，此卽康有爲是也。渠等思想主張，原無不同，蓋兩人均主民權共和之說，但孫基於泰西之學，康則發自漢土舊學，一受耶穌教之薰陶，一受儒教之培育，前者質，而後者華；質則重實行，華則喜談論。兩者見地雖同，而素養性格則相距如此，故孫爲革命之急先鋒，康爲教育家；革命之急先鋒已一度舉事，事敗而亡命海外，人咸以爲再舉已有不能。教育家之康有爲則依然在其私塾，（卽萬木草室，詳見後述）振聵發聾，創其自由共和之說，並以如椽之筆，痛論時弊，前途似仍有未可限者，人心之逐漸歸向於康，蓋非偶然。我等因之亟欲與之一見，但以其正值北上，以致未果，於是決定中止一切，先行歸國，所謂『擒萬卒不如得一將』——然不知孫逸仙究爲何等樣人？

興中會首領孫逸仙

孫文，字逸仙，廣東香山縣人，父祖世世以農爲業，孫幼時亦常荷鋤從事農耕，十三歲時應僑居布哇（夏威夷）長兄（孫眉）之召，前往布哇，其長兄早歲移民布哇，辛苦力作，已爲多數移民中成功之一人。孫文到布後卽入美人所經營之普通學校入學，不久受其感化而爲耶穌教徒（註廿六），因此觸長兄之怒，被逐返國，再度從事農業，時年十七。里人深惜其才，爲之醵金送入廣東省城之醫學校就學（Canton Hospital ，漢名廣州博濟醫院），在院一年，於香港英人所創設之香港醫學校（香港西醫書院）創辦伊始，卽轉入該校，修學五年，以優等之成績畢業，然後至澳門開設藥局，取資於富豪而施療於貧民，名利雙收，極得一般好評，而因此遭當地洋醫之忌，受盡排擠迫害，當時適有中國青年黨在澳門成立（註廿七），孫亦加入，時以其平生志望，加以披瀝，對會之前途，多所警惕，衆皆服其抱負，公推之爲首領，此卽興中會之起源。

其後修養愈深，識見愈廣，而憂國之情，亦與時俱增，終於斷然中止行醫，虎嘯於一隅，當明治二十七八年戰役（中日甲午戰爭），以爲有機可乘，着手購買武器彈藥，諸事準備方告完了，而馬關和議業已開始，雖時機已有失之過遲之憾，然在騎虎難下之情勢下，仍集其兵力於汕頭、西河、香港三處，渠本人則設總指揮部於廣東省城，計時發令，開始進軍，不料機密洩漏，遭遇官兵逆襲，倉卒之間，僅以身免，逃往澳門未久，又至香港，然後偷渡前往日本，從此卸去胡服，剪除髮辮，改着西裝，轉航布哇，未幾又由美國前往英京（倫敦），一度爲清廷官吏所賺，在公使舘中身遭幽閉，其生命已如風前殘燭，本賴上天祐此英傑，事洩於外，經其師友熱烈奔走，及內閣大臣路斯培黎侯爵之抗議，九死一生，得以脫險，乃自執筆將其經過著爲文字，交由英京出版社出版（按卽爲倫敦蒙難記），暗示感謝與告別之意，然後辭別英國，轍同一片耿耿之志，來至日本。

我等自香港出發，航行一週，當夕陽已薄西山之際，船抵橫濱，先至旅社投宿，沐浴晚餐，待至日暮，我就獨自前往陳白的寓所。前次曾經見過之獨眼赭面的下女出來相迎，說是主人已於二三日前前往某處，問其係至何處，下女答稱恐爲台灣（註廿八），再問其是否一人留守在家，答稱尙有客一人在此住宿，問其此客是否在家，則答稱黃昏外出散步，尙未歸來。我心中暗自忖度，此客或爲孫逸仙，亦未可知，所以又問此人從何地來此？何時到達？純樸無邪的下女，其囘答宛如天女之音樂，傳入我的耳鼓，她說是因爲言語不通，無法知其詳細，但好像是從美國來此，到此約在一週以前。我聞言歡欣若狂，且已急不及待，乃請下女前往尋覓，我則在門外等候，直等到脚痲腰痛，下女久不歸來，到了十一點鐘，下女始氣喘喘的囘來復命，說是終難覓得，我無奈之中，向下女道謝後，就返旅社，將事之經過告知南萬里，然後喚酒買醉，酣然入睡。

翌晨一早起身，趕往陳白君之寓所，再度與伶俐懂事的下女相見，問其此後情形如何？下女說是此人尙在睡覺，是否須將其叫醒？我卽加制止，於是就在庭前徘徊，以待其人醒來，正當我陷入沉思之際，突然聽到開窗之聲，擧頭觀看，見有身着睡衣的紳士，探頭下視，見到我後就點首爲禮，以英語請我進內，我注視之下，從過去曾經看到的照片印象，知爲孫文其人無疑。我乃向之一揖，進入大門，卽被導往客廳，憑椅而坐，渠亦將椅子向我移近，和我相對而坐。渠既未嗽口，亦未洗臉，完全是起身未久的情狀，我對其態度如此隨便，不免吃驚，且對其有一種輕躁的感覺，於是就取出名刺，各事寒喧。渠謂由於陳白的介紹，對我知之甚深，寒喧未久，卽問我以廣東的形勢，我就將對該地形勢尚無暇熟悉以前，匆遽歸來的理由，加以說明，並對今日之得以覿面，表示十分欣喜，渠亦一再根據陳白的話，把二兄及我與陳白相知的經過，加以道及，並謂今日之會，實爲上天冥冥中之安排，一如對我已以此心相許，不再另設城府以爲提防。我內心之欣喜於此可知，但對其動作擧止之飄忽而少莊重，則難免稍感失望。

不久下女來告，說是盥洗之水業已準備，孫乃暫時辭去，當其盥洗之時，我一人坐在客廳陷入沉思；以如此人物，不知能否擔負四百州而擧大事？在四億萬衆之上建立政權？我之志業，是否能藉協助此人，而得達成？我之內心，試欲以人之外貌，以問鼎之輕重。

不久渠再度進入客廳，其頭髮業已梳整，衣服亦已更換，當其憑几而坐之際，其風采不失爲一堂皇的紳士。但我預期的孫逸仙並非此一類型之人，所以我對之仍有不足依恃之感，在我想像之中，孫應更爲魁偉厚重。——事實上我已陷入東洋「觀相學」的舊弊而不自覺。

我先問其『閣下以中國革命爲志業，我曾已有所聞，但仍未知其詳，願就閣下之所謂革命主旨以及方法手段，多所聆教。』

孫徐啓其口，說是『我深信人民自治爲政治的鐵則，故在政治精神上採取共和主義，我以爲僅此一事，已使我有不得不從事革命的責任，何況淸虜執政於此已三百年，以愚民爲治世之第一義，以吮取人民膏血爲官吏之能事，以致積弊叢生，導致華夏今日之衰弱，大好河山，任人宰割，有心之士，豈忍袖手旁觀？是以吾黨小子，不揣簡陋，欲乘變亂舉事，不幸事敗以致蹉跌。』

原來靜如處女的孫，此際突然變爲疾如脫兔，不僅如此，其一言重於一言，一語熱於一語，最後終於如猛虎之咆哮於深山，大有不可一世之概。

接着又說，『人或以爲共和政體不適宜於中國野蠻之國，此實不知實情之言，其實共和爲我國政治之神髓，先哲之遺業，我國人之所懷慕古代，實由於三代之治，所謂三代之治，實最具共和之精神，莫謂我國民無理想之資，莫謂我國民無進取之心，此種懷古慕古之情，正足證明其有極大理想，且爲向前邁進之徵兆。試觀淸虜惡政所不及之僻地荒村，彼等事實上均爲自治之民；立尊長以聽訟，置鄉兵以禦盜，其他一切共同利害，無不由人民自行商議而加處理；凡此種種，豈不足以證明其爲共和之民？今如有豪傑之士揭竿而起，驅逐淸虜而代以善政，約法三章，中國之民正如大旱之望雲霓，渴仰謳歌，無不以其愛國熱忱及進取之心，奮起呼應！

且共和之政爲政治之鐵則，對於中國之民既甚適合，故不僅有其必要，且於革命之實行，亦多便利，證之中國歷史，國內一度亂起，地方豪傑，無不紛紛割據要津，互爭雄長，往往綿延數十年而難完成統一。無辜之民，受禍之深，實難言喩。當今之世，列強又難保不乘人之危，以收漁利，故避禍之道，唯有以迅雷不及掩耳之手段，實行革命，同時復使地方有能之士，各得其所，以具聲名威望之人，出爲各地之雄，中央政府善加駕馭統制，則可望避免紛擾而致太平，所謂實行共和革命，可以多得便利，意卽指此。』

渠以一種無可形容的悲壯的語氣及態度，更進一層地作以下之談話：

『今以我廣土衆民，爲人俎上之肉，如委之於餓虎之口，必致以其蠻力雄視世界，如落之於有道者之手，則賴以擴其人道號令世界。我以世界之一平民，就人道擁護者之立場，猶且對此不忍坐視，何況我復生於斯土，痛癢相關，豈能袖手旁觀？我雖自知才短識淺，不足以當大事，但今日之事，急如星火，故不揣簡陋，以爲革命前驅，以應時勢要求，如天祐吾黨，有豪傑之士前來援助，我當以我現今之地位讓賢，而爲其服犬馬之勞，如無豪傑之士來援，我當奮其全力，以當大任。余深信爲中國蒼生，爲亞洲黃種，爲世界人道，天必呵護吾黨；君等之來與吾等締交，殆卽爲是，朕兆已顯，吾黨謹多奮發前進，不負諸君之厚望，亦望諸君出其全力，援助吾黨之志業。救中國四億蒼生，雪亞東黃種屈辱，復世界人類平等之道，唯賴我國革命之成功，此擧如能成功，則其他問題，無不迎刄可解！』

渠所言簡而意賅，一句一語，均貫理義而挾風霜，又以如火之熱情，充溢其間，雖非辯舌機巧，然無造作文飾，滔滔然發舒其天眞，令人宛如傾聽自然之音樂，革命之呂律，在不知不覺之間，爲之感動首肯。談話完畢，其表情一如小兒之天眞，村姑之純樸，在其心胸之中，已無一事凝滯。

至此我不禁羞愧不安，暗自懺悔，我雖具二十世紀之思想，而仍不脫東洋的舊套，每喜以外貌論人，因此之故，豈能不自誤誤人？如孫逸仙者，實已至純樸天眞之境，彼其思想何其高尚？彼其識見何其卓拔？彼其抱負何其遠大？彼其意念何其切實？在我國人士中，能如彼者果有幾人？是誠東亞之瓌寶，我於此時已以此心相許。

我卽告以尚有同志南萬里（*平山周）其人，然後以陶醉彷彿之心情，囘至旅舘。立卽偕同南君，再度前往孫君寓所，相與圍桌暢談，話題極爲廣泛，談人物；談日本之政黨；談歐美之國是；談中國之現狀；談宗教；談哲學；話遇投機，情亦自濃，縷縷綿綿，無有盡時，直至薄暮，始與辭囘至旅社，未幾又離旅社而趕往東京。

到東京後先謁木翁（*犬養毅），告以孫君之事，渠頻謂『此係一大收穫，甚願與之一見』。然後再至外務省謁*小村次官（按卽小村壽太郎），報告經過，渠欲我等先擬報告呈閱，我等卽告以『已將秘密結社之「實物」捕捉到來，務必直接與之一談。』不料小村聞言大驚，說是『此事豈能如此草率！』

但官員爲官員，我等爲我等，儘管官員畏如蛇蝎，我等應爲之事，豈能因此中止！終獲木翁平翁（*平岡浩太郎）之隆情，在東京租屋一所，以南萬里所聘語學教師名義，迎孫、陳兩君，共居於此（註廿九）。

當時我以家境衰落，家人已至無法糊口之境地，乃將一切託咐南萬里君，先行返鄉，蒙長崎無名恩人之厚意，曾出資由妻主持一煤炭販賣店，但因不善經營，數月之間，虧損一空。直至今日，對恩人此種厚誼，猶一無報償之方。

不久接筑前*的野君來電，說是『有事相商，速來一談』。至則渠謂卽將創刊報紙（註三〇），欲我暫時留下，爲之襄助。古島一雄君亦已由東京前來，主持此事。我則以額外記者名義，加以協助，所謂額外記者，事實上爲凡事都做的記者，舉凡翻譯、採訪、發行、校對，甚至折疊報紙，無一不做，誠爲未曾前有之勞動。但的野社長常作不平之鳴，說是額外記者之耗費，社中實無人可與倫比！此言或亦有其眞理，雖無固定薪給的我，但却胃量過人，能食善飲，且問花尋柳，多所浪費。

在筑前留居數月，因東京急電催促，乃於借支旅費後匆遽北上。

每當今日追懷往事，未嘗不對木翁厚情，感極而泣——我抵京往謁，翁卽親以數千金一擲而出，說是『好容易弄到若干資金，在短期內活動之資，當不虞匱乏，希卽出發，今後無官方之牽連，從事此一運動，反可多得自由！』

此爲何等之高義？何等之厚情？於是相商將東京寓所先行處理，移孫陳二君之居於橫濱，然後偕南萬里克日出發，前往上海。

素人外交家

當時清朝皇帝接受康有爲之意見，準備銳意改革國政，而當道的守舊派對此表示反對，北京政界形勢漸現不穩，我等兩人到上海後卽分道揚鑣，南萬里前往北方，我則前往南方。

我先到香港，在東洋舘投宿，卽與舊知諸友相往來，暗中並與興中會及三合會中之人物相結交，以觀察其形勢，並承友人宇佐穩來彥君之介，得有機會結識菲律賓之志士。

我之志在大陸，而抵港後卻與菲島人士相交，深夜自思，實覺不免多情，但我對此竟難抑制。事實上我一旦爲感情所動，也從來不想加以抑制。最初與彭銳君相見（後爲菲國獨立軍之外務總長）渠慷慨激昂，屢次以手擊案，說是『世間最傷心者，莫過於爲信賴之人所欺，我國的現狀卽屬如此，君當知曩昔美國爲與西班牙啓釁，欲我等內應以相援助，相約事濟後准許菲島獨立，我等確信其言，故不惜犧牲生命，奮力作戰，滿以爲一旦戰勝，必可自主獨立，不料西班牙敗後，以暴易暴，我等竟又遭美國侵吞，曾爲自由而與西班牙作戰之我等，於是又不得不爲爭取自由，以與美國作戰，蓋受欺如此，除戰爭外豈有他途！君等爲俠國之友，當必能憐其心志，加以援助！』

其悲憤之情，溢於言表，實令人不忍卒聽。

相交漸深，談話亦更熱烈，彼謂亞*基乃德 Emilio Aguinaldo 有意與日本通其款曲，而此亦爲菲島多數民衆之意嚮，其言外之意，欲得日本政府之援助，至爲明顯。我以茲事體大，卽告以對亞氏日本之行，極爲贊成，如政府不能協助，則在民間必有其人。彼謂亞氏赴日之意已決，但爲安撫部下，戒其輕擧妄動，目下正在內地，約在一週以內可以來此。於是我就留港與彭鋭君等候亞氏之來，結果終未如期前來，我乃將一切未了之事託付宇佐，單身前往廣東省城。

在廣州與興中會諸人日相往來，交誼愈篤，同時復得友人田野橘次君之介*，與康有爲一派人士，亦有交際機會，康君時在北京，身爲王佐，望重四海，其黨羽之氣燄，亦有不可一勢之概，但孫黨以及其他一般人士，均以變節漢目之，對其擧動極爲憎惡，咸以康視共和之主張爲敝屣，而投降夷王，因之兩者對抗傾軋，勢成水火，我在兩者之間，發揮我天賦的交際手腕，自以爲雖歐美的職業外交官，亦難與我比擬。

某日我應省城革命黨員之邀，至其議所宴敍，酒池肉林，劇談痛論，頗得浮生半日之快，酒酣耳熱，座中一人突謂『我等雖有志於革命，但對軍事知識一無所有，擬請閣下一探省城軍營之情況，不知能否勉爲一行？』我當不加思索，卽予允諾。但謂：『余之容貌如此，而又不通粵語，是否能避免官憲耳目，達成預期目的？』

座中有×××其人，慓悍輕疾，一見具有風霧凌厲之氣，顧謂余曰：『以閣下之風貌，一旦進入軍營，其遭官憲之疑，可不卜而知，閣下蓄有長髮，須將周圍剃去，組成髮辮，脫卻和服而易胡服，余現隸屬軍籍，携有門鑑（通行證），願爲閣下嚮導，如過官憲詢問，余當代答君隸籍山東，不解粵語……』，我聞言拍手稱快，於是卽召黨員中之理髮匠前來，剃去周圍長髮，組成髮辮，衆人仔細端詳，認爲毫無問題，但對我的滿腮鬍髭，又復提出異議，認爲極爲不妥，我告以可一併剃去，但衆人中有人認爲如此美髯，剃之可惜；或謂不妨剃去一部，而留下下髯；或謂不如一掃而光，免留痕迹；議論紛紛，莫衷一是。當此之際，理髮匠卻不動聲色，操刀一舉將我下髯剃去，而留下一莖頦下短鬚，至於上唇，原封不動。於是是非之論又起，理髮匠收刀在鞘，屹然不爲所動，指着我的頭說是：『好了，好了，千萬不可再改！』說着就一去不返。衆人對其強情亦引以爲喜，結果祇得尊重渠之意見，不再更改。

接着會中一人至市肆購得胡服一襲，衆人又七手八脚，爲我穿着，然後環視端詳，大呼『善哉！』舉杯爲我祝賀。相約明日與×××同至軍營。然後乘轎返至旅舍。

當夜田野君來訪，不久梁×君來邀我等往遊花船，我卽以胡裝前往。歌妓相侍者數十人，最初深信我爲來自山東之貴客，極盡款待之能事，及至「情愛漸熟，將爲一夜之契」，適有一妓以水煙相敬，我力持鎭靜，但以用力過度，竟將煙水吸入，妓輩一時起疑，知爲喬裝，於是計略敗於一旦，一時成爲笑柄，直至午夜，歸與田野君盡歡共返宿舍。

回至旅舍，見有電報數通，來自香港友人，謂有急事須卽歸去。雖不知究爲何事，但從字裏行間，可以推知形勢似甚嚴重。翌晨早起，以書告知×××，請其將探察軍情之事延期，卽與田野君遄返香港，與友人晤面未久，卽知根據北京電報，改革派中途蹉跌，皇上有遭毒殺之訊（註三三）。同時接南萬里自北京來信，信中亦顯示紛擾已現端緒。互於對照印證之中，可知此事決非傳聞。談話未竟，頻聞街頭販賣號外之聲，續電紛至，人聲洶洶，雖一時無法判明眞相，不穩的情勢已無可疑，於是在我的旅舍裏來客驟增，有孫黨，亦有康黨；孫黨的人說是應乘此良機，立卽行動；康黨則力辯此係傳聞；不久又有電報，說是康有爲已遭逮捕，一說業已逃亡；接着電報如雪片飛來，市間傳聞也如浪濤之迴蕩起伏，令人一時如墮五里霧中，然北京業已陷入混亂，且與改革事件有關，則爲無可置疑之事。如康之安全發生問題，則直接受其影響者爲其家族，以及其講學所在之萬木草堂。我卽與田野君商討應急之方，決定先由田野君漏夜搭輪趕返至萬木草堂（註三四），先將消息告知重要幹部，俾作逃亡準備，我則留港繼續探聽消息，在未得電報前，萬木草堂應仍維持平靖，一遇危急，如數十人之生活，我可負責照顧，於是相互以啤酒乾杯，握手告別，田野君卽昂然單身返至省城。

翌晨草堂之學生四人來訪，無不驚惶失色，狼狽萬狀，我雖明知其中原因，然仍未敢說穿，僅詢以來意何在，彼等說是欲見田野先生，我答以已返萬木草堂，渠等聞言不知所措，我乃加以撫慰，告以可卽住入我的旅舍，彼等始現安寧之色。此夜田野君又率數十學生返港，說是康有電囑迅速逃亡，我的旅舍一時人滿爲患。

我在日之時，居家一貧如洗，過其窮措大之生活，但由於先輩友人之援助，每來中國，則散財如土，一如豪紳，一旦財盡，則又倉皇歸返日本。因此人多笑其所爲，而加非難，殊不知此爲我特有之方法，唯其如此，我乃得於極短之時期內，在一般中國人士之間，樹立信望，其實此皆先輩友人之所賜，但此次事變，以事出意外，又適當囊中空虛之際，所以祇得暫且利用旅社對我之信用，以應目下之眉急，然究非持久之策，乃搜索囊底，益以田野君所有，作爲電費，發急電向木翁告急，至此我實已囊無分文。

我的生性原甚怯弱，當此身無分文之際，悶悶之情，如坐針氈，而衆人復紛紛以革命詢余，同一問題，同一回答，一日之間，必須反覆數十百遍；加之革命派的志士復紛至沓來，以爲時機已至，必須即日舉事，其中更有責我援助康派，甚至以怨言相向，忙中加忙，胸中煩惱，莫可言狀，當時如無宇佐君爲我協助事務；旅社的田中夫婦凡事安慰；以及酒與雪令女史的存在；則事之煩悶苦惱，實將令我無法忍受。雖然如此，但個中仍別有天地，其樂趣決非局外人所能想像。

不久又得一電，說是康有爲已由上海出發，前來香港；衆人對之均表懷疑，我亦不敢遽信。但原已萎靡不振的康門子弟，得此卻大展愁眉，而不久事實復證明此電正確，康有爲確已安然搭乘英國郵船，且在英國軍艦保護之下，安抵香港，其門生之歡愉，不言可知，康在香港政廳保護之下，居住於警署樓上。

其門生無不爭先恐後，欲見其師，但香港警察局爲防刺客，限制極嚴，僅准代表兩人往見。此二人於會晤康有爲後來我處報告，轉達康對我所予其門生照拂之謝意。此後數日，此二人經常往返於兩者之間，有時故作議論，意在探測我的意見。蓋康以爲我屬孫黨，故不敢將其秘密盡情披瀝，而使其門生先行探索我的胸臆！康之爲策士而多疑，可於此種處所見之。因此我率直對其門生，告以我之意見，內容大略如下：

『康認以一紙上諭，即可一掃中國之積弊，其愚實不可及。蓋積弊之由來，在於人心，故欲使改革之上諭能生效果，必須具有罷免權臣之實力，所謂實力，即爲兵馬之後援，康君於此一無準備，僅賴君權以一帋上諭，了此大事，安得不敗！』

弟子兩人聞言又謂：『往事不可追，目前問題，究應如何處置？』

於是我竟成了革命的鼓吹者，滔滔地說出了我心中的意見：

『目前如有罷免權臣，實行改革之決心，則必須準備兵馬，實屬毫無疑問，然所謂兵馬之權，操之權臣，非談論之士所能有，唯中國所有秘密結社，均以倒清扶漢爲旗幟，故不妨求實力之援助於彼等。然余思念至此，以爲中國目前之境況，改革一舉，實近幻想。蓋中國改革之難，實遠較革命爲甚……』

弟子至此進而問我革命之方法爲何？我當答以：

『如君等所言果確，貴國皇上爲世界無比之英主，以國君之地位而欣聞共和民權之說，則皇上實應首先自動遜位，以一平民之身份，服從共和之主旨，使其國民自行推選衆望所歸之人，然後沐其德化。當此之時，更不至再有哥老（註三六）、三合、興中、白蓮（註三七）社之爭執；滿漢感情之隔閡；權臣弄兵之可能。此實千古無比之英斷，亦爲挽貴國狂瀾於未倒之上策，皇上與康君，何不進而效古人之所爲？然皇上退位之事，言之雖易而行之實難，如萬不得已，康君應自與民間志士相結，通過渠等關係，與義軍於中原，氣勢稍盛，卽迎皇帝出爲號召。欲不流血而一掃積弊，直如挾泰山以越北海，結果豈能成功！』

彼等聞言不敢再發一言，乃將筆談之紙片納入懷中，飄然引去。

當時我對康君視之甚重，而其同志中，亦多少有若干英傑，故利用此機，思欲其與孫黨相結，更與哥老、三合等會暗通消息，然後一舉起義，完成大事，爲使康君預先推知我的意見，所以特向其二弟子諄諄言之。

然從康君當時處境而言，則我對渠之希望或爲強人所難，亦未可知，彼以草莽一介書生，感於皇上之殊遇，拋棄過去之主張而臣服清朝，至有今日，而欲三易其說，一變而爲革命黨員，在彼實有不能，此在皇上與彼之情誼以及事之經過而言，至爲當然之事，同時革命黨對康亦素以變節漢目之，除非康移樽就教，乞憐於革命黨，則欲康以主動地位與之携手，決無可能，所以康之無意於此，至爲明顯。尤有進者，康當時猶且自負其盛名，及皇上之知遇，仍思利用改革之助力，使情勢急轉，再度掌握政權，以遂其初志，此種心理，實亦未可厚非。但既無內援，且此身已無立足之地，而仍思挽回大局，誠不知從何說起。

彼亦深知已無內援，但仍以爲仍有更大之後援，可以獲得，此卽所謂外援。由於英國軍艦護送其出走，更使其增加此一自信，但究應仰賴英國抑或日本，則爲其胸中猶疑不決之事，彼確信此二國之可信賴，其目前難以決定者，究應以何國爲先，未幾彼似已決定先求援於日本，由其二弟子來告，謂其師似有赴日之意，然此二人仍謂此非其師直接之言，而爲彼等之推測，接着又謂其師有意請日本領事前往一晤，然又謂此非其師之傳言，言辭極爲閃爍，此種中國流之「華法」，在與直情逕行之孫黨、洒落豪邁之三合會派交際之後，令人味同嚼蠟，殊感不快，且有一種隔靴搔癢之感。但我對康仍甚同情，欲將其携往日本之念，亦甚深切，因之對渠之所爲，更感焦躁不滿，我爲解除渠等如謎的言辭的困擾，特與宇佐君同去日本領事館，訪問當時之領事上野君，告知上情。

以外交官頭腦必須冷靜爲圭臬的上野領事，對我等要求不肯輕易允諾，第一日的會見終於無結果而散，翌日再度前往，重作懇請，仍不應允，我要求借用密碼，亦爲拒絕。至此我實已萬念俱絕，但仍強自抑制，於第三日重行前往，適遇領事外出未在，由其夫人出而接待，並謂如有急事，渠願恭聆轉達。我乃將康君之經過及現狀，加以說明，以激發其同情心，然後將康君意欲赴日之事，託其轉告，然後辭出。翌日領事送來一信，披閱之下，說是急欲與我一談，匆匆趕往，日前冷如冰霜的領事，此際突轉熱心與同情，說是願以個人資格，訪問康君，夫人之力，可謂大哉！

翌日領事以所謂個人之資格訪問康氏，適以事相左，未得相見，因此領事未免不快，幸康君適時遣其門人前往道歉，求見之意更切，數日後康君由警備遷往友人之家，領事乃再度往訪。自此以後，渠對康之同情，與過去判若兩人，於此亦可知康確亦有其感人之力，而其赴日之意，似亦決定。

數日後二弟子復來，以所謂皇上密電副本（世間對此電眞僞看法不一，筆者亦未知其詳）出示，說是係奉康君之命請我一閱，其中一通係致日本公使矢野君者*，內容爲○○○○○○○○○；一通係致當時外務大臣大隈伯者*，內容爲○○○○○○○○○○○○○，我卽至領事處與之相商，彼聞言卽欣然允諾，辦妥一切事務手續。數日等候，仍未見復電到來，門弟子日來催詢，我實答覆無方，於是彼等漸現失望之色，且在言語之間，微露不滿，康君之意，亦必如此。不久矢野君覆電到達，僅謂電報無法盡意，將以專函相告，等待十餘日，始來一書，此係矢野君對領事之訓令，我等閱後不免失望，然仍對康君支吾其辭，顧事至此已迫不及待，乃再電大隈伯請示，未幾覆電到達，說是『康有爲如○○○○○○○○○』。

我乃卽囑宇佐君轉達康君、宇佐歸來謂康君大有喜色，決定前往日本，且謂康亟欲與我一見，我本亦有此意，其遲遲未行者，實因對康扭扭揑揑的策士作風，不滿所致，因此自抬身價，不主動往見，此所謂以策士對策士，半斤八兩，不相上下。

翌日康之弟子二人來告，『康先生欲我等轉陳先生，本欲專程奉謁，唯以行動制限，不克如願，深願先屈駕一行，俾得暢談。』

我與宇佐君乃同往其寓訪問，至則見康敝衣垢面，雙眼閃爍而帶愁容，其狀至足同情。我謂：『足下爲天下而勞苦如此……』彼對我「俠士之同情」表示謝意之後，卽謂『此非互作寒暄之時，願卽以天下之問題相商。』

在此瞬間，康之擧止轉見洒落圓滑，使人對其優柔多疑的策士印象，抹卻不少。

康從北京政變之起源起筆（按係筆談），及至失敗之變遷經過，加以敍述，滔滔數萬言，實有一瀉千里之勢。且其文筆優美，論理明晰，使人足爲首肯。而其結論則歸罪於西太后一人，認係東亞之禍首，今日之急務，斷在剷除西后，我詢以如何始可剷除西后？彼謂可請日本之所謂「壯士」，奮其博浪之一擊，並以維新當時之事爲例，如津田三藏（按在天津刺傷俄皇太子之犯人）、李鴻章負傷事件（李在下關從事對日講和交涉中，爲日人所刺，面部受傷）朝鮮王妃事件（甲午戰爭後，日本浪人與軍人殺害閔妃事件），認爲其意氣之壯烈，千古無比，最後吐露欲藉此等壯士之力，以除去西后，且欲我預作判斷，能否成功。我答以此事甚易，但如將此意告知日本壯士，則等於表示足下之無力，足下久在草堂從事作育英才，而乃三千弟子之中，豈無一人荊軻？如誠無其人，而西太后一身之重要，確如足下所言，則余當樂於效命，剷除西太后，一人已足，豈宜煩勞多數之人？我在此處，在不知不覺中，學了外交家之口吻。渠聞言極有慚色，不敢再提此事，而以話題轉向其他，但從此筆鋒遲鈍，理路亦難明晰，我在此乃辭出返寓。

二日後有康門子弟×××者來寓，適我有客在座，此君以左手持手帕掩面，右手招余，我在狐疑之中，隨其進入別室，彼滿面泛紅，兩眼垂淚，見我卽謂渠已決心北上，此行決無重返相見之期，一旦風雲起自北方，卽爲渠捨生之時，今已與康先生泣別，當此臨發之際，康先生特囑來我處拜別，其對我信賴之重，於此可知，務請對康先生加以援助保護，以挽救中國之前途，實不勝馨香祝禱之至。言畢卽離開椅子，向我跪下，淚流滿面，而作三跪九拜之禮。我於此實不勝感動，乃囑備酒肴相對泣飲，然後握手而別。

薄暮×××亦來，乃爲×××同行之一人，仍以手招余引入別室，謂渠之來意想已由×××面陳，不擬再作多言，唯望對康先生加以保護，對中國加以協助！言畢亦潸然淚下，此時此景，實非理智所能控馭，我僅能對渠勉加安慰，告以死易生難，此行渠等如能達成壯志，請逃亡日本，毀身「玉碎」，未必卽爲豪傑之事，彼唯以淚眼相對，不能再作一語。田中君之夫人極爲解事，於此際以酒肴相進，乃共擧杯握手言別。我出至陽臺，下望街頭，見其以巾掩面，踉蹌步向碼頭，搭乘小船前往輪船，目擊心傷，不禁伏几大哭，此際有人微叩我之雙肩，回首反顧，則爲雪令女史與駒子夫人，乃同至室內，以酒相勸，慰藉萬端。未幾長門武藏君亦來，力勸我去青樓，長門君爲耶穌敎徒，爲一篤行君子，居常勸我等力戒酒色，而今夜竟一反過去所言，令人不勝駭異，當詢其何以如此？長門君謂當此時會，天亦許之！說着卽牽我之手，欲我外出。其實渠等並不知我所謂悲傷之由，亦不向我探詢，而千方百計，加以慰藉，其至情實令人不勝感激。然我當夜終未外出，而與雪令女史盤桓終宵。

翌日康君復遣弟子二人邀我前往寓所，至則以筆告我『有大事相商！』我詢以何事，渠謂清廷將以李盛鐸*代黃〇〇（註三八）爲駐日公使，實爲包藏禍心之舉。

彼謂李盛鐸*爲榮祿*之心腹，康之敵人，今代黃〇〇而爲駐日公使，實爲偵知康將赴日而預加佈置，其意在殺害康君。故希余將此事電告大隈伯，對李勿加接受，否則渠唯有中止赴日之行爲而暫去英國，並謂英國對渠如何如何，且一再慫慂渠去英國，而渠負此厚意，而去日本，蓋以日本爲同種兄弟之關，且多壯懷激烈之士；今如李盛鐸赴日爲清廷公使，實爲中日兩國不幸之事，亦且關係渠一身之安危，最後並問我將作如何處置？

康之辭令雖甚巧妙，然唯其過於巧妙，反使我有一種不快之感。乃卽答之曰：『足下之意自可代爲轉達大隈伯，但拒李使日一節，事屬難辦。足下如爲顧慮一身之安危而發此言，則似無此必要。蓋日本警察之嚴緊，舉世無與倫比。足下對於英國厚意似有不忍背棄之處，故如一旦足下拂此厚意而去日本，則英國難免不生嫉妒之心。以我之見，貴國與日本原有不可分之關係，爲貴國之計，足下之去否日本，實無關係，日本國民無不期望貴國之改善，對於足下之同情，亦不因足下之去否日本，而有不同，果爾，則不妨先應英之厚意，而去英國，然後再至日本，亦不爲遲，此於大局不僅不至不利，且亦爲避免英國猜疑之一手段，故我毋寧欲勸足下，先去英國。』

康聞言陡現窘態，乃謂余曰：『余赴日之意早決，但為李盛鐸之事，門生爭相勸止，今幸足下在此，擬卽召集諸生，開一小型「國會」，以決定此事。』

接着卽召門生數人加以商議，其中一人認爲康君赴日極爲危險，我卽面斥其非，說是『康門子弟何以懦怯如此？如君等之師果死於刺客之手，諸君卽當代之而起，以繼其遺志，否則不如困居於此，終生無所事事？』

康君聞言拍手相應，謂『得足下一言，余志已決，諸生對余赴日之行不必再作阻止。』於是事遂一決。

決定後康君赴日之心甚急，且望我等亦能同行，我與宇佐君當卽同意，並探詢最近之船期，大致決定搭河內丸前往，然後辭出。回到旅舍，得有一電來自東京，拆閱之下，知爲木翁之匯款通知，是誠天佑，如無此款，我等與康君之約，實屬難以踐履。

康有爲赴日

康君之意既決，阿堵物亦來，乃與宇佐君共訪領事，告以康君之決意，領事亦大爲滿意，更由宇佐君與當時郵船之支店長三原君交涉，予一行以便利，三原君亦奮其俠氣，決定託故謝絕日英兩國之旅客，定期將船泊至港外，我等一行則待日落，由小汽輪駁送上船，其用意至爲週到，至此諸事悉已安排妥當。

然我以居住旅社，無法秘密將行李運至船上，幾經考察，思得一策，乃召平素信賴之旅館職員田中君前來，告以必須秘密赴日一行，請其對外聲言係去澳門，於是付清賬款，田中君原爲江戶兒（註三九），一諾千金，卽與其妻爲我辦妥一切事務，然後至酒樓擧行離別之宴，宴後復與宇佐君同去青樓，與雪令女史共渡離港前之一宵。

翌日清晨宇佐君卽由青樓至康君寓所，爲康君整理行裝並任夜間前往碼頭時之引導，我則仍留女史之旁，靜待時刻之到來。其間田中君及其妻先後前來，此二人雖已知我有日本之行，而女史則未前知，田中夫婦出具酒肴暗示惜別，宇佐君所寵愛之菊香女史亦來共席，問我宇佐是否亦同去澳門？並反顧雪令女史，謂澳門近在咫尺，二三日內不妨同去一遊。渠等見我面有喜色，故均欣喜逾恆，而田中夫婦知其內情，離別在卽，心緒似甚鬱鬱。——此等人物，實爲我平生難得之良友，彼等雖不知我的志望所在，然一以我的喜憂爲喜憂，當我與菲島志士相對而泣之際，渠等亦均在旁涕零不已，對我百般慰藉，以爲此於國家（

日本），必已遭遇不利之事，當我奔走於孫康兩派之間，一再憂勞拂逆，渠等亦與我共其憂勞，勸酒解愁之外，復劈密橘以相慰勞，蓋渠等以爲我爲國事奔走，必已遭遇困難；有時我懷念故鄉，爲慈母及妻孥而煩心，渠等復爲我分其愁悶，頻以團扇搧我，使我早入睡鄉，蓋渠等必以爲我爲國家大事，以至於此；我左思右想，轉覺此身所繫甚重，不覺大聲呼快，而渠等亦爲之歡欣鼓舞，載歌載舞，蓋渠等以爲我必已爲國家大有所得。

此等人物，其心之純，實令人不勝感嘆！而我卻一事無成，一再辜負渠等雅望。人或謂菊雪兩女史以青樓鬻春爲業，然天下自以志士爲己任之人，能不爲財勢折節，究有幾人？人或謂田中夫婦不過爲旅館之下男下女，然今日以有志家自鳴之人，能忘一身利害而慷慨赴義者又有幾人？我深信當今之世，爲彼等之具有愛國心者，實不多覯。天涯知己，我實得天獨厚。但迄今一事無成，有負彼等厚望，誠令人不勝慚汗。

我與此等知己好友舉杯暢飲，暗寓惜別之意，胸中豈無所感？然在酒意未濃，餘情綿綿之際，而時鐘已報四時，出至樓頭遙望港灣，船已升火，碇亦半啓，且已開始開動，田中君見後大驚失色，以爲已誤船期，然我卻笑而不言心自閑，以悠然之神態，重返酒席，更以斗酒自勞，以待日落，然後更衣告別，諸友送至門外，醉步蹌踉，循石路到達碼頭，由小汽輪駁送至河內丸。

康君一行九人，連同我與宇佐君共計十一人，相聚於甲板共以杯酒相祝，並三呼萬歲，此時船已排水前進，離陸漸遠，進行益速，暮色籠罩中，香港諸山已無影踪、不知亡命之士，此夜之感慨究屬如何？我以思念雪令女史，終宵未得入眠。

航行三日，琉球之一角在望，康君賦詩一首，以誌其感。

『海水排山通日本，　天風引月照琉球；
獨運南溟指白日，　黿鼉吹浪渡滄洲！』

第五日夜半，船泊神戶港外，蓋以黑夜不便入港所致，於是一行各自就寢，我亦於飲酒後開始入眠，不料就寢不久，即有船員前來叩門，謂有人求見，接見之下，知爲外務省××及警官××兩君，據云奉命特來相迎，且須乘暗夜上陸。於是叫醒康君以及一行諸人，告以原委，轉搭水上警察署之汽艇到達碼頭，導入警署二樓，坐待天明，同時復爲康君更易西裝，待東方既白，乃三三五五，分批到達車站，搭車直駛東京，車抵新橋，南萬里（平山周）君來迎，彼已自北京帶同梁啓超君，於一週前到達東京（註四〇），梁君爲康君之得意門生，我與南萬里於渠等遭逢國難之際，分別伴送來歸日本，可稱之爲天緣，爲奇遇；一行被引往旅館三橋。

翌日孫逸仙君來訪，欲因我之介，而與康君相見，康君託故謝絕。夫孫君之所以欲見康君，雖其主義方針各不相侔，唯對康之處境不勝同情，故欲以一度相見，以慰其託命異鄉之情，其用心實古道照人；雖云如此，而康君之避不相見，亦有理由，蓋自清帝眼中，孫君實爲罪不可逭之逆賊，且正懸賞以求，而孫君之視清帝，亦具不共戴天之仇，隨時伺隙欲加摧毀。康君舉事雖已挫折，而亡命異鄉，然仍夢想挽回大局，再使皇上親政，而爲之主宰，以建空前大功，故無論就義理人情，以及避免嫌猜之利害立場，其不願與孫君會晤，實亦未可厚非。然在我邦人中，凡有心之士，無不對此惋惜，且有人一再盡其心力，企圖促成二者會見，然卒無可能。不僅如此，在兩者黨羽之間，竟復因此演成互相反目之醜態，最後甚至揑造事實，以文字中傷孫君，兩者關係，反因此日見疎隔，實足令人遺憾。

當時康君之胸中，尙另有一夢想存在，而此一夢想，亦爲其不願與孫君接近之另一理由，此乃彼之自負心是也。在彼意念之中，對我仍竊有所期，以爲以我之地位，往說外務大臣，必能博得同情，派兵北京，對守舊黨予以牽制，而使之挽回勢力。此種自負心實出自渠對我之信賴，其實此爲一種盲目的過信，而過信之反動則爲失望，則爲怨恨，此亦人類自然之理。大隈伯得以迴避此事，而維繫其今日聲望之原因，實應歸之於當時內閣瓦解之所賜。大隈內閣瓦解，山縣內閣成立，而對康君遇之至爲冷淡，於是彼等益傾心於大隈，然大隈已非當權之人，豈能侈談回天之術？同時過去群以康君爲貴客而爭相接待之我國人士，至此亦對康之人物不再發生興趣，而加疏遠，此雖由於康君本人亦有缺點，然我邦人之趨炎附勢，暴寒暴熱之根性，要爲主因。在此期間，唯有木翁始終盡其高義，*柏原君出其厚情（註四一），兩者之古道熱腸，實足有多。至此，康君終因在日無所作爲，不得不離日前往歐美。

從來論斷英雄豪傑，爲數甚多，然所謂英雄，所謂豪傑，實皆出自比較的判斷，如求完善如神之英雄豪傑，則世界古今之英豪，率皆爲童穉，爲禽獸，然禽獸較之昆蟲，究較上乘，兒童比之禽獸，亦多智慧，世之英雄豪傑，亦可作如是觀。如彼李鴻章者，人皆稱之爲東亞之英豪，然渠對世運大局，究有何種貢獻？人或謂其對「髮賊」（太平天國）之戡定，有其貢獻，我則以爲非是，如洪秀全能如其理想而建立「

太平天國」，則其結果又如何？中國國民或不至陷入今日之地位，亦未可知。人或謂渠在馬關條約時以巧妙手段，欺瞞伊藤，使之歸還遼東；誠然，伊藤之爲渠所賺，固爲伊藤之愚，然因此而導致更多之列強，豈非李之大愚？李對清廷或有延命之功，然使中國之國土，陷入今日之慘狀，其罪實無可恕。故彼對世運大局，究有何種貢獻？有之，僅爲混亂與國難，然彼仍不失爲中國之英傑，其故安在？此實以在渠之上，更無傑出之人，在比較的判定上，仍不失爲中國之英傑而已。

康之爲人，就其個人言，原無超衆之處，此實由於其度量之狹隘，見識之未熟，經驗之不足所致。然以草莽一介書生，得受皇上知遇，則爲事實；說動皇上，使興中國改革之志，亦爲事實；輔佐皇上，發其變法自強之上諭，亦爲事實；因此四百州（中國）爲之震動，使「李爺」在清廷之力，喪失淨盡，亦均不失其爲事實。不幸事敗，所有計劃雖付流水，但事實究難否定其爲事實，且旨在進取改善，亦爲事實。我就此一端，認爲李不及康，李爲小而康爲大，蓋康之志，對於世運大局，確有貢獻，而康之自負，殆亦如此。

今有人目康爲「小」，實因昧於中國之現狀，不知作比較的判斷。中國人物之貧弱，未有如今日之甚者。稍通中國國情之人，因此棄之不值一顧，而野心家則乘之而大加利用；眞能爲人道懷蒼生之志的，所以不能因時而興，其因蓋在於此。或謂張劉之徒，日本忠實友人，大可利用，實則彼等一無所有，僅能隨勢利轉，以保其位，故與此等人物携手以策百年之計，是猶乘駑馬而行千里，其愚實不可及，至於其餘清廷顯要，更不足論，於此亦可見康之地位，在庸碌衆生中，自亦不失其爲中國之豪傑。

康君之初來日本，世人無不爭相接待，我因携之同來關係，亦同時爲所款待，而我竟亦自鳴得意，酒肉徵逐，無有已時。我之應某子爵之招，往遊「待合」松榮（註四二），而與藝妓留香女史相識，亦在此時，我本爲身無一文之窮措大，然松榮之女主人極盡招待之能事；我身御垢衣，有時汗臭衝鼻，而留香女史不以爲意，特加青睞；我實不解其原因所在；心雖不知其中原因，然低迴徜恍，宛爲戀花之蝶，日夕徘徊于松榮及留香女史之傍，不欲須臾離去。爲時日久，旅舍費用積至數百，而「待合」之欠款亦數目驚人，但「待合」之女主人猶隱忍不言，而旅館的催款卻急如星火，此時康君已租屋轉居（註四三），南萬里亦作湖南湖北之遊，於是人影漸稀，所留居一處者，唯我與呑宇君（淸藤幸七郎）而已。

呑宇君原爲我舊時盟友，雖以中途意見不合，各自分手，然思念之情，常存胸底，其後呑宇君落魄江湖，處於孤立之境，先輩*小山雄太郎深惜其人，除賙濟其一家生活外，並斥資使其遊學。呑宇深感其義，蟄居箱根山寺，潛心讀書，磨練志氣之外，並以樂天自處，及聞我携康君來日，即至三橋旅館相訪，徹夜傾談未來之事，多所期許，渠以見我處於窮困之境，不忍遁歸山寺，於是相互謀議，試圖脫出重圍，結果卒難成功，而催索益急，二雄困憊之甚，與日俱增，萬策俱窮之中，我乃提出一方，說是：『聽說木翁現正養疴大磯，不如前往暫避，徐圖善後之策！』呑宇君亦爲首可。乃將我兵兒帶（按爲和服繫帶之一種，原爲薩摩兵隊所用，故有是稱。）賣却，得銀三圓，大模大樣裝作無事地脫出旅舍，急遽倉皇，步向新橋。所謂旅館之倒賬潛逃，行來亦非難事。

行經數寄屋橋畔，忽見右方有一雙人拉之人力車飛馳而來，車上之人揚手囑停，並以手招呼我等，近視之則爲舊友井上良雄君，彼先問我等行將何往？我等以實告，彼謂目下離除夕尚有數日，發揮「手腕」，正値其時，渠正如此如此，開拓「戰鬥」，成功卽在眼前，我等可同至其寓，等候吉報，情意之厚，溢於言表，我等乃遵照渠之勸告，旋踵轉往三田井上之邸。

所謂邸者，實亦僅有其名，不過爲一狹小之容身處而已。而主人公之井上君，雖出身華胄，曾不以家世爲意，直逕行，一以傲世對人，喜與逆流相抗，有錢到手，則外出痛飲，無錢則在家晝寢，以待客至，卽以除夕迫在眼前，猶且驅車街衢，毫無半絲焦急之態，實則家中既無餘財，米櫃屢空，（昭和三十一年〔一八九八〕）除夕日近，債鬼盈門，我與吞宇君見其夫人竟能應付自如，渡此難關，其手腕之高，令人不勝欽佩，當此之際，唯有祝禱上蒼，使在外奮力「戰鬥」之主人公能馬到成功。

終於到了除夕，主人公未明卽趨向「戰場」，日落西山，而猶未見歸來。及至時鐘已報十時，忽有一電到達，說是速作「困守」準備，原來「戰事」失利，已無成功之望，諸人對此，唯有相視而笑。井上夫人亦以苦笑相向，未幾斂笑肅容，謂我等曰：

『眞是抱歉，請將各位所御衣服暫借，當至一六銀行（按卽當鋪之戲稱）借款！』

於是諸人解帶將垢臭薰人之衣服悉行脫下，僅賸浴衣（日式內衣）一襲，瑟縮潛入坑床。夫人將此一一折疊，再加上渠之華麗禮服，一併包入包裹，親偕其食客某君同去當鋪，然後購買食米淸酒，匆匆歸來，諸人見之無不面現生氣，立卽圍爐煮酒，共作牛飲。

夫人將門戶加鎖，然後發令：

『請各位放聲高歌，務使催債者聞之辟易！』

於是諸人乃出大聲，胡亂歌唱，遇有債鬼叩門，則更提高嗓子，高歌急吟，以掩其聲，此種急智，實為驅逐債鬼之妙策，行之十分有效。不久主人公亦醉步蹌踉，悄然歸來，於是群作長夜之飲，此一別開生面之除夜宴會，至今回憶，猶覺滑稽。

我等已僅賸浴衣一襲，幾與裸體近似，自無外出可能，但食有麵，飲有酒，取暖有炕，醉則歌，倦則睡，醒則各自取樂，戲謔打諢，以消永晝；人能至此，可謂另有樂地，然我當時則尚有一他人未有之痛苦，依違於夢魂之間，此一痛苦，實由於無法與留香女史相見所引起。我雖以戲謔打諢，冀圖消此痛苦，但潛意識，仍念念不忘於此。井上家食客某君，出其手册謂余：

『君在兩小時內，已呼留香之名達二百八十五次！』

我之迷戀女史，竟爾一至於此！然因此亦使此食客得有兩小時之消遣，則我之昏沉亦非無功。我對女史迷戀如此，然不知女史對我之眞情，究屬如何？此事尚須俟之異日，始可明瞭。

如此徒食無聊，竟達三週有餘！適有友人某君來訪，乃請其特開方便之門，將我等所押衣服自一六銀行中贖出，好容易重返老路，安步當車，前往大磯。

在大磯為木翁之食客，為時週餘。其地風光明媚，足以養性，酒肴之豐，足養口腹，且得娓娓清談，足以養神。處身其間，實有樂園之思，此與井上「邸」籠城生活，自不可同日而語，然木翁正有病在身，且知其經濟亦至困窮，故不忍久客其間，以相貽累，乃託辭辭出，前往箱根，住入香宇君之舊巢寶泉寺。此處費用既廉，且對呑宇君信用至篤，足以暫寄此身！

兩人相對以濁酒取暖，倏忽之間，已罄數瓶，正以微醺欲睡之際，突接一電來自東京，謂『朱鷺死去，火速來京』。朱鷺爲「待合」松榮女主人之名，我接電茫然若失，以爲此人必因我之積欠而無法支撑，以至自殺；果其如此，則其罪在我，所以漏夜偕呑宇君前往小田原，翌朝搭首號火車直駛東京，以疑懼逡巡之心情，匆匆趕抵松榮。

不料到達後女主人仍尙健在，見我等至，竟嫣然作態，笑謂余曰：

『抱歉抱歉！我爲欲試閣下之心，所以發出急電，今試驗合格，卽令將此店全部爲閣下耗費淨盡，亦所不惜。』

心中既有弱點，乃爲一婦女所戲弄。我於是知處世之秘訣，在不以弱點授人。然余明知而故犯之，而且愈益陷入深淵，致使女主人不勝其累，終將松榮倒歇。事之所以至此，雖亦多少尙有別情，但由於我與留香女史之愛情，則爲最主要原因。其後松榮女主人卒至落魄，無以爲生之餘，流爲無藝之藝妓，以低級舞蹈，爲其餬口之術，其所以致此，實皆我之罪孽。渠於山窮水盡之際，雖曾一度囑流氓向我威脅，然我對其所爲，豈能有所怨恨？蓋我深知事既出之於己，自應歸之於己，所謂自作自受，乃爲當然之事。邇來我仍一蹶不振，無法對女主人有所報償，彼如能獲知我的現況，想亦不至對我銜恨徹骨。

由於僞造之電報而呆若木雞的我與呑宇君，一見女主人携來多數酒肴，感情上早有幾分醉意，及至勸頻仍，終於酩酊大醉，翌日又離松榮返至箱根山寺。在此居住數週，幾如神仙中人，然修仙非我等之志，山中高臥，決無開拓局面之機。於是與吞宇相商，重返東京，藉舊時因緣，入對陽館暫住。

對陽館爲芝愛宕山下之一旅舍，十餘年前，一度寄宿，當時以垢面蓬髮之奇態，前往求宿，旅館中人均爲此狀貌所驚，無人願加收留，而女主人誤認我爲修道之士，殷懃接待，並准留住，而主人亦有奇氣，日唯飲酒歌呼，我極以此爲樂，諸人亦情意綣摯，信賴日深，此後我四方漂浪，居無定處，然每來東京，必相趨訪，以舒舊情，蓋因緣相聚，有非尋常，然關係雖深，人情詭譎變幻，仍難預知，今自慚形穢，對陽之行，未免踟躕。深恐以此窮態前往投宿，舊情難免冷卻，然爲「時勢」所迫，終於鼓起勇氣，告以實情，請其暫爲收留，主人毫無遲疑，欣然允諾，並謂即令僅賸一碗之飯，亦必分而食之，務勿稍加介意，儘管任意居留，時爲三十一年（按係明治三十二年——一八九九——之誤）二月，身如浮萍，今又漂着彼岸，終生蓬轉，未有已時，此爲我之實情，然浮生得此厚情，感激之甚，實非楮墨所能形容。

南洋風雲與吾黨之活動

我因對陽館主盛情，食有米，飲有酒，較之過去，生活殊見安逸，然每念前途，輒興望洋之嘆。山縣內閣成立後，先輩諸友發揮抱負之望，已成春夢一場，而我夢寐以求之孫康兩派的聯合，亦無結果，康君已離日流浪異鄉（註四四），孫君雖在日本，然亦一無所爲，而清廷大權，轉落於西太后及榮祿之手。嗚呼，大風起兮雲飛揚，吾輩得志，究在何時？我日唯以酒解愁，徒興髀肉之嘆！

未幾據報亞基乃德已率部下確保戰場，而南萬里（平山周）亦自兩湖視察歸來，云得*畢永年君之介，已與哥老會員交結，均佇足以待義軍之起，而會中復頗多可用之才，如孫君一旦揭竿而起，無不群起響應。

當時孫君部下之興中會會員，亦漸靜極思動，一再要求孫君及時而動，而孫君以準備未竣，傳令力戒妄動，而暗中愼重計劃，然諸事進行，率多未能盡如人意。無奈之中，孫君乃提議率同會中同人，前往菲島，投入亞氏之軍，以速其成，然後以其餘勢轉入中國內地，以革命軍掃蕩中原。

當時孫君寓居橫濱，一日來對陽館相訪，屏人謂余曰：『能藉君之力，以軍器輸往菲島否？』我詢其內情，彼低聲答曰：『目下獨立軍委員（按卽彭銳）正在橫濱，余以有意渡菲，故曾往訪其人，告以肺腑，彼不勝欣喜，且以一要事相託，此卽欲余設法購入軍器，余以其對一面之交之余，竟以重託相期，義當盡其全力，況彼等心志，實與余等相同，願君對此輩菲島義人，予以一臂之力！』

我聞言不勝感動，卽與孫君及南萬里互相密議，然後往訪木翁（*犬養毅）求其指示。

木翁原爲俠烈之士，聞我等之言，大表同情，並謂『此事如委之於商人之手，自較方便，然商人多貪利而不知信義，謀事亦不能盡忠，不若選擇一具有冒險性質，旣忠實而又有商業手腕之人，出當其事，較爲妥善。』

沉思片刻，又謂『以*中村背山出當此事如何？彼近患糖尿，自知餘命無幾，亟欲死前做點足垂靑史之事，日前曾對余數度談及菲島之事，似頗有意投效菲軍，而正苦無門，諸君如於此際與之一談，彼必鼓其餘勇，欣然從事，此實彼我均屬方便之事，聞背山以糖尿之故，其壽命已不出三年，故欲以三年之時間，在議會中立其功名。彼亦自知其聲望尚小，而諸君能爲彼立一功名之地，豈非功德無量！』（按中村當時爲議員）

衆人聞木翁之言，無不拍手稱善。

我等卽至中村處訪問，告知來意，託以軍器購入之事，彼聞言欣然允諾，並謂渠有宿疾，自知餘命無幾，今得追隨余等之後，當此大事，實屬萬幸，自當奮其全力，庶幾不負余等重望。

其熱烈之情，充分表露於言辭之間，我等無不以得此好友爲喜，安知此人竟爲他日失敗之源！

不久背山卽着手從事此一運動，而菲島委員彭銳君亦以全權委託孫君，不稍干預。在背山與孫君之間，由余及南萬里相互聯絡傳達，不久余等行動，已引起警察之注意。

某日對陽館主邀我及南萬里至別室，低聲謂曰：『不知君等近來作何活動，警官已對君等行動嚴密監視，務請特別注意！』

當夜我等卽見有偵吏一人，佇立門外。當時正值大雨，乃與南萬里相商，雇車疾馳，故作迂迴曲折，進入「待合」松榮。以爲此一偵吏必爲余等迂迴戰術所迷，無法再行監視。卽囑女主人票召留香女史及另一藝妓，結果留香以其父嚴禁再度出入松榮，以致無法如願，無法之中，乃由女主人隨意挑選，女主人多方週旋，謂不久卽至，然候之許久，而姍姍來遲，直至夜半十二時，女主人突由門前急步前來，謂：『閣下等所爲何事？偵探四人正密伺門外，藝妓數人欲進不得，均已逃歸，閣下等究竟所爲何事？』於此，始知我等迂迴戰術，已遭反擊，不得已遂與南萬里相抱而眠。

翌日早起，召妓侑酒，偵吏徹夜在雨中佇立，不勝其苦，乃來求見，謂如可能，請儘快結束，提早歸去。我遂請渠等上樓，四人共與我等相敘而飲，醉後由南萬里雇車前往北里，受命監視渠之偵吏與之同行，我則與女主人及其他偵吏同至歌舞伎座看戲，次晨南萬里歸來，而偵吏已不隨來，據云昨晚渠邀偵吏同上青樓，使其在溫柔鄉中得一夜之歡，事爲其他偵吏所悉，已遭免職。其後我等以事往謁木翁，提及此事，翁對該偵吏極爲同情，請如此則此人將有斷糧之虞，宜設法加以周濟。此事至今囘憶，猶覺好笑。

在此期間，背山已着手進行，謂軍器購買之手續業已完畢，此後僅須調度船舶，請同志先行出發，以爲先遣，並推薦近藤五郎（原禎）*君擔任此事，當時我等尚不知近藤之爲人。君隸籍信州，爲陸軍大尉，至此辭去職務，攜其部下五人渡菲，我等亦以南萬里代表同志，加入同行。

先是，我與內田硬石*君在筑前相識，君幼有大志，曾爲天佑俠（註十八）之一員，前往朝鮮，協助東學黨企圖舉事；後又至西伯利亞，往來于浦聖之間，（按「浦」係指海參威，「聖」係指聖彼得堡）與我相見之下，期許甚深。此際渠正來東京，寓居於其舅父*平岡浩太郎之家，我往訪暢談平生之志望，渠亦披瀝肝膽，共以將來相誓，於是乃暗中協助我等往事援菲之舉。

未幾孫君處得有急電，謂廣東內地之末派人士，已將開始有所動作。孫君欲余前往視察實情。恰巧硬石君亦將前往西伯利亞，香宇君亦有湖南之行，於是三人携手共去九州，在筑前先與硬石相別，臨別硬石頻謂余曰：『一旦準備完成，務以電報通知西伯利亞，僅謂速來即可。』其熱烈之情，誠不勝知己之感。此後余赴長崎，香宇則去熊本。

在長崎候船一週有餘，香宇君由熊本特來長崎相送。未幾旅舍傭僕來告，謂有船去香港，當即趕往，與香宇君相別，踏上征途，航行一晝夜，在右舷見有半島出現，我深以爲異，質之船員，謂係濟州島，我更覺離奇，詢其原因，始知此船必須迂迴芝罘、上海、福州、廈門、汕頭等處，然後始到香港，問以航行日程，答以須有十八日之時間，始可到達香港。我聞言茫然若失，然木已成舟，祗得聽之。不久船由芝罘到達上海。上海原多知友，且爲日僑聚居之所，若此行身無任務，則不失爲一銷魂之佳處，然任重心急，不敢輕易下船，在船中蟄居，以待拔錨。時有至友之往福州者，亦來同舟，我甚以得此良伴爲慰。未幾開船，烏雲密佈，狂風驟至，勉強行至離吳淞十四五里處，被迫拋錨。

在海上漂留二晝夜，風勢稍殺，乃冒怒濤前往福州，同行旅客甚少能照常飲食者，而我獨能暢飲啤酒，照常晚餐，然後步至甲板，夕陽沉浮於雲海波濤之間，夜色不勝淒厲，俯仰顧盼，極多感慨，乃以鉛筆在手册上塗鴉，雖不成格，然亦不失爲余胸中眞情之流露：

日既暮兮，追風徹骨；浪洶湧兮，宇宙寂寂；孤雁一聲，我欲斷魂！

既聞鐘聲，懷念故鄉，母老妻貧，願此風雲，不至熊本！

雲雨浪雪，暗夜孤航，不辨東西；此心焦急，抵港無期！

年逾而立，好夢難期，一夜百年，爲夢則一。

莊周蝴蝶，孰幻孰眞，闇夜無月，此心淒絕！

余不解詩韻，不諳國風，造次作詩，今爲首次。

船抵福州，船員謂有日輪名「布引丸」者，昨日在上海海面沉沒，又謂布引丸爲三井所有，余雖不知此事與吾儕之事有關，然不知爲何，心中頗感不安。

船離福州而至厦門，更在汕頭停泊，抵港已在離日二十二日之後，在此期間，余以思念留香女史，日以啤酒解悶，結果酒資費去二十三圓三角之鉅，對于我黨之凶聞，猶一無所知。

船抵香港，即至東洋館下榻，正由館員擧杯祝我平安到達之際，突有友人來訪，此係三井公司職員，爲布引丸沉沒事，我向之表示惋惜，不料彼竟漠不關心，說是布引丸與三井無關，已于二十日前售與背山先生，一切損失，悉由背山方面負擔。——此語來得蹊蹺，使我內心如焚，蓋如其所言，則此事必與吾黨有關，然仍勉作鎭靜，答以『三井可謂幸運。』然心中苦惱，實難言述。如此船果歸背山所有，則搭載之貨物固不待言，而余至友二人，亦必葬身魚腹，余乃託辭離去，雇車前往陳白之寓。

當此之時，余實無心再作寒暄，故一見陳君，卽將胸中疑懼悉數吐露，渠沉思少頃，頓現愁色，曰：

『君之疑義，或不幸而言中，且去非島委員處一走，以明眞相。』

於是相偕驅車前往灣仔，訪晤委員長Ａ・Ｐ・君。Ａ君將我等導入密室，主客對坐，沈默多時，Ａ君之表情似與平生之快活輕鬆，迥不相同，乃由陳白先行發問：

『日本有無電報？』

渠掉頭噤舌，依然沉默，爲時稍久，乃答稱：

『昨有一電，然以字句有欠明瞭，以致無法了解，但就大體推斷，似係凶聞而非吉報，故尚未敢以示同志。』

於是我等將心中疑義，加以告知，且謂因有此事，故來探詢眞相。我等言猶未了，渠卽迫不及待，問我等船名爲何。我等告以布引丸。渠卽一躍而起，拍桌高叫：

『果如此，則毫無疑義其爲事實！』

渠之雙眼，已滿含淚珠，然又沉默不語，一室爲之寂然。不久渠又謂尚有二字未能解讀，不知是否日人之名？我當問以是否高野、林*君兩人？

彼乃拍手大聲曰：『然則是矣。此二人已遭溺死，我國引港之人則已遇救。』言畢淚如潮湧，以巾掩面，欷歔嘆息，頻謂：『皇天何負吾黨之甚？自余就任以來，爲購買武器，已遭三度失敗，資金損失亦鉅，余實無面目再見大總統及吾國民，唯有自殺以謝此罪！』其悲痛之甚，令人不忍卒聽。而其餘委員，對此事尚無所知。

此情此景，能不目擊心傷？況我等關係此事，而我之親密同志，又遭慘死，此情自更不堪。陳君於沉默之後，擧首試以言辭慰之曰：

『革命家之苦心所在，古今如出一轍，豈能爲此一事而遂告挫折？君如以一身之所安而自毀其身，則在君或無不可，然於處身砲煙彈雨中之數萬同志，豈能謂可？今君之一身，實與菲島之成敗息息相關，豈能爲一身之所安而輕言其死？』

我亦勉抑悲思，對彼多方激勵，彼乃稍見鎭定，謂『諸事容作一日思考，再作決定。』余乃告以『此事暫時不宜告之菲島同志。』，然後與陳君辭出。

兩日後再度往訪，A・P君已略見沉着，謂『曾聚集在港同志，以一己之進退及將來之方針付諸討論，並以兩位之意見轉告，衆皆認爲應急謀再擧。希兩位及兩國同志，對吾儕多方賜助！』

我等聞言亦爲之振奮不已，而其事亦次第進行．然其結果究將如何？嗚呼，結果究將如何？

布引丸旣已沉沒，高野、林兩君復已殉難，然不悉近藤與南萬里以下同志之安危如何？

根據菲報所載，有日本軍人六人，於馬尼拉上陸後已進入內地，據傳六人中二人已遭逮捕，其餘則生死不明。不久日本商人不斷自菲島歸來，據云日本商人中因涉嫌隱匿日本軍人，遭美軍逮捕者爲數甚多，已被判入獄者亦大有其人，所有商業已告停頓。此等商人談虎色變，頻言『秘密，秘密。』而傳聞所至，使余皇皇不可終日，此際已無雪令女史在傍，駒子亦已他往，僅賴酒及政子女史，略慰余心，而駒子之夫君田中，復不斷以其探詢所得，頻將傳聞送入余之耳鼓。

某日田中君急遽進入余室，謂『方才進港之船中，搭有與南萬里君同行之人，自稱木內，謂閣下之事雖有所聞，唯迄未謀面，嚴囑余不得將渠之消息告知閣下……』

我知其人爲近藤君之部下，過去未嘗面識，我乃以名刺囑田中君轉致，要求面晤，渠卽允諾，乃至四樓渠之居室，詢以馬尼剌之近狀，彼答覆極爲曖昧，然彼以略知余參與此事，故亦不得不言，然言之又恐失信。我故作不知，問以是否得知南萬里及近藤之消息？渠一時頗爲窮促，最後終于答稱不知。我乃辭出回至余之居室。

不久田中君來，問我是否得有結果？我笑而不答，僅囑速備酒餚，並囑其請木內君來此一敍。木內到後我乃舉杯慰其遠遊之勞，彼辭以不善飲酒，我強之再三，然後勉強接受，酒過數巡，彼已微醺，而我故作鯨飮，且歌且詠，並以大杯勸酒，彼乘興亦爲暢飮，遂入陶然之境。我乃屏除諸人，告以：『余對君之守義不言，至表欽服，如此始可爲日本軍人之鑑，想君亦知余與此事有關，流言飛語，困擾特甚，願君爲余詳道在非同志之近況，以解余之疑竇。』

彼乃欣然同意，自進入非島內地之情況以至到達亞基乃德陣營之歷程，一一爲余說明，其描述歷歷如繪，令人如目睹其事。渠謂到非後僅近藤及南萬里兩人面謁大總統，所談何事，自非渠所能知。今命渠歸國之原因，則在催促武器之急送，爲此一事，已遣三人歸國，渠等不解其意，然以隊長之命，自非尊重不可。臨行南萬里君曾有函致木翁及孫君，渠以沿途均有被捕之虞，惟恐誤事，已在中途燒卻，其餘二人均在途中離散，深望渠等能安然離非，不遭逮捕……余聞言稍爲之安。

然在渠言語之間，對於近藤、南萬里兩人，多少似有不滿，渠以疑問的口氣，說是『隊長之命令雖非服從不可，然爲所謂武器急送之事，竟遣同志三人歸國，不知究含何意？是否以平素對吾等不滿，故以敬而遠之出之？』

我雖對其百般撫慰，並代南等辯解，然其心中似甚難釋然。其實渠之所以至此，蓋在途中所謂燒棄之函中，原有對渠貶謫之意，且記述甚詳，此人私自開封偷看，故知之甚悉，我當時不知此事，故尚以一書託其帶往背山，謂此人心中極多不平，恐有洩漏秘密之虞，宜善加慰撫，再予錄用。其實渠已偷看近藤、南萬里之書，豈有對余書不拆之理？事後思之，實屬滑稽，但此人終能深自抑制，不作反擊，亦無暴露秘密之舉，其修養實足有多。

形勢急轉

不久以前，湖南之同志畢*永年君，曾來一書，謂將率哥老會幹部數人，前來香港。陳君（按即陳白）乃勸余中止內地之行，即在香港等候。不久陳君來告，謂今日哥老會一行已到，唯畢君未來。乃出一書，係畢君介紹一行於陳君及余之信。信中附有諸人略傳，簡明痛快，對各人之說明，如描述三國志或水滸傳中之人物，極有風趣。乃先與　　之肱股　　相見，舉止風貌，有古壯士之風，較之一般讀書多辯之士，頗異其趣，彼謂：『目下世運業已大開，國情亦與往昔不同，吾黨豈能固守舊規？今吾等前來，欲向諸君請教者，亦即在此。』

言下表示三合、興中、哥老三會，業已合而爲一，擬推孫君爲之統領。且謂『當今之世，如不通曉外間之事，貿然揭竿而起，則不測之禍，勢將貽之於百年之後，而吾儕徒衆中並無一人通曉外間之事，故對孫君屬望特殷，願候畢君到後，從長計議！』

嗚呼，此乃我輩多年之宿望，而今卻由渠等遠來提出此議，欣躍之情，誠非楮墨所能形容。然此決非偶然之事，南萬里前年湖南之遊爲其主因，而畢君之竭力促成，亦與有力。

此際引導者畢君，以阮囊羞澀，無法成行，仍單獨留居上海，乃與陳君商議，匯款接濟，並促速來。

不久畢君亦到。合同會議猶未召開，而師〇〇、劉〇〇二君亦自上海到達，此二人爲哥老會之肱股。

然同人中有以師君爲內通康派之人，必須擯除，余則認爲爲避免秘密暴露，不若曉以利害，特加優待，使之歸順之爲妥善；對余此意，衆皆贊同。一日余與陳君同至彼等寓所，師君因去廣東未在。不久倉惶歸來，謂在廣東得報，長江一帶之「吾黨」業已蜂起，因所有幹部均在此間，末派諸子乃有此舉，如不急往統馭，則禍將不測。諸君如欲留者，儘可自便，唯渠因聞此末派動亂，已無心在此閑居。說着卽急遽收拾行李，故作周章之狀，一座爲之激動。或云卽須歸去，或云且待詳報之至；或云此事不過謠言；甲論乙駁，無有底止。陳君問我意見，我起立告知諸人：『以余之看法，此不過爲另有目的者之流言，余已知其內容梗概；如誠有其事，則吾黨同志必已電告，否則此間領事館亦必有報告，而同志仍無電來，領事館亦未聞其事，其事之虛妄，因此可知，諸君如心不能安，余當電詢同志，俟覆電到後，再作行止，亦不爲遲，且夫諸君不遠千里來至此間，胸中均懷有百年大計，豈能事猶未了，而爲此流言所中，此豈豪傑之所應爲？甚願諸君力持鎭定，愼重考慮，如仍有人忐忑不安，則不妨拂袖而去，否則請俟覆電到達……』

師君聞言而呈慚色，諸人無不拍手贊成余之意見，決俟覆電到達再作計議。余乃辭出返寓。

師君此擧，實爲戰國策士之筆法，其意蓋在與康有爲一派相結託，而將渠等（哥老會）自孫派奪去，故我亦以策士報之，弄其詭辯，自始卽無發電之意，翌日故意將亂七八糟之數字記入紙片，謂係密碼，以示諸人，使之心安。於是諸人皆不値師君之爲人，謂非開除此君，卽不開會。我以迫逼師君太甚，使之走入極端，亦非得策，故與陳君計議，卽以管理內地同志名義，資遣歸國。師於臨行前來訪余，謂同志中對其心志似有懷疑，實則渠之心中，對孫康均無偏頗，唯一願望，在同心戮力，早起義擧，希余對此能加諒解。余當設筵爲之餞行，並以囊底所有，略贈路儀，藉慰其心。此人於是前往上海，參與*唐才常（註四五）一派之謀議，卒遭清廷捕獲處斬。——嗚呼，人事豈易知哉？

師君去後，諸人情緒大爲安定，未幾卽召開聯合會議，與議者共爲十二人，計哥老會騰龍山主*李雲彪君、同會○○山主楊鴻鈞君、同會○○山主辜鴻恩君、同會○○山主辜仁傑君、同○○之肱股李和生君、同○○之肱股師襄君、同○○之肱股張堯君；三合會幹部曾捷夫君、同會儀鄉君、興中會領袖*陳白君、*鄭士良君、及*楊衢雲君。此時一切時機既已成熟，故毋須多事討論，開議未久，卽一致推選孫君爲統領，改會名爲○○堂興漢會，協定綱領三則，以鳩歃血爲盟，鑄發印璽一座，送呈孫君。此實爲空前之快事，然余仍以未能詳敘其事爲憾，蓋牽涉他人私事，不得不有所顧慮。

聯合之議既告成功，余乃在日本料理店以晚宴招待全體，除上述十二人外，尚有來客四人，共計十六人。余預囑庖人每客供以日式生鯉一尾，（按以活鯉切片，仍具原形，佐以芥粉、醬油，所謂「鯉生作」，爲生魚食法之一種，多用於武士之祝宴。）衆人見之無不愕然，其中一人問余，此究係供食用抑僅供觀賞？余乃以箸揭去外皮，挾取魚片，然後食之，並囑衆人亦如法泡製，衆仍凝視不敢下箸。余乃告以此爲我國武士出發前往戰場時之禮法，今諸君合三會爲一，正將一舉消滅滿虜，豈非與武士前往戰場同其意氣，何不試爲食之！

於是衆皆舉箸食之，而魚仍能跳躍，逸出盤外，歡呼之聲，震動四鄰。然後群相乾杯，酒意稍濃，一客問余以日人飲酒之法如何？余告以互相交換其杯以示親睦，彼卽欲余教之，余欣然允諾，彼卽以足容二合之大觥囑余，余受而飲之，衆人見之無不稱快，於是爭相仿傚，余飲至三杯，腹中酒已充滿，已漸溢出口外，乃避席退至別室，略一低首，酒卽瀉出如瀑，於是拂拭口角，再行入座，照常接受渠等「獻盃」，乃飲至數盃，又至別室傾吐，如此往返者四度，終將此十六人之敵手，悉數降伏。客以不知余去別室傾吐之事，故無不驚異，譽爲李白以上之酒豪。此夜余復携客中之酒豪，前往日本館之青樓，此處原有不接華人之規約，而女主人特爲余破例款待，此實爲紅顏知己，但余至今仍有遺債未償，心中竊以爲憾。

不久一行分別歸去。諸人所取路線共計三條，一部直趨兩廣，一部轉至閩浙，另一部則去上海，渠等此行旨在將三會決議，報告所屬同志，而余亦因此不再前往內地，決定與陳君回至日本，以便面謁孫君，報告詳情，將〇〇〇〇印璽呈獻。（當係興漢總會會長之印）

香港出發前一日，有一少年前來訪余，年未弱冠，風姿一如天女，向余一揖，亦未問余姓名，卽莞爾一笑，出其名刺，余見其上書「史堅如*」三字，此爲余素所未知之人，渠謂余曰：『家兄今日或來訪謁先生，來時請告知將携余前往日本，一切詳情當由陳君代陳。』余雖不知其事，然仍欣然應諾。

未幾陳君亦至，謂此一少年意氣甚豪，欲去上海從哥老會之同志共遊兩湖，但爲老母及兄所阻，唯老母與兄因康君之事，得知余名，對余俠義頗爲欽慕，故史君故意迎合其意，謂已得余允諾，挈渠赴日，老母與兄對此已加允准，其兄且將來余處面致謝意，如余事前不知其情，則其計謀勢必毀於一旦，希余能予諒解。

余對史君之奇智頗爲心動，乃問其主義爲何？渠答曰：

『余素奉四海一家、人類平等之主義，故平生仰慕孫先生之高風亮節，久欲追隨以實行余之抱負，而迄今未得接其謦欬。頃者幸得訪晤陳君，知其所見與余相同，故誓以此身，從事斯舉。近聞哥老、三合、興中諸會聯合告成，欣躍不知所措，擬去兩湖調查彼等實情，並與之深相交結，以爲他日舉事之基，然以家兄與余主義雖同而意志薄弱，尚無進而實行其所信之勇，如以余之所思告知，彼必恐懼未允所請，故擅自利用先生之名，事遂得其許諾，此雖不孝不悌，然爲免老母及家兄之勞神，不得不爾，就另一意義言，深信其亦爲孝悌之一端，伏望先生能予允諾！』

彼復爲余述及其懷抱此一理想之歷程，謂『吾原爲信奉耶穌教之人，素奉獨一主宰之眞神，四海之民皆此神之愛兒，故對弱肉強食之現狀，極感痛心，欲明自由平等之大義於世……』彼復論及中國之弊政，認爲已非革命不足以挽大局，其論理極有確信與根柢，當其論及中國現狀，尤能要言不繁，中其肯綮，其中有曰：

『殺人者抵罪當死，然扼殺人之心智者，其罪實屬數百倍於殺人，清朝之所爲，正係如是。上之所爲既係如是，一般仕宦之人，莫不以愚民殘民爲事，而仕宦之道須循科舉，中國目下讀書之人，無治國平天下之志；以貪得無道爲職志者，實滔滔皆是。其源濁則其末未有能清者，家國衰頹，至此而極。』

又謂：『人或有以改良爲說者，然此言之或可，而行之維艱，如誠欲改良，則除以血洗滌人心以外，別無他途，否則侈言改良，於事無補！』

嗚呼，以此年未弱冠之少年，竟已有自成一家之成案，及確乎不拔之主張，余於其理論之明確，主張之堅定，不勝驚異，彼既已決心作兩湖之遊，余更對其決意之強固心折無已，乃披瀝肝膽，相期於將來。

是夜余與友人至上野酒樓暢飲，酒酣歌聲起處，忽有人連呼余名，余見之而實不知其為何人。一再凝視，終難辨識其人，彼倉皇脫靴而登，握余之手，謂『何以竟不識余為何人？』於是始知其為南萬里君。彼斷髮（彼曾蓄髮）剃鬚，鶉衣百結，無論從任何角度觀察，均為一下等水夫，相見茫然，以有傍人在座，不敢詳詢所以，唯有相互舉杯痛飲而已，適至夜深，共去青樓，而又醉倒而眠。

翌晨早起，略以菲島之事相詢，渠將其突破九死一生之難關，幾經曲折，逃歸香港之經過相告，余亦就別後情況告知，且以事須返日本，請其代余潛入廣東內地，商定將來方針，然後返至旅舍。

回旅舍時史君、陳君已在，未幾史君之胞兄亦來，一見卽可知為一溫厚篤實之君子。對余一再慇懃道謝對其弟之厚誼，且將其弟一身相託，言下一無半絲疑惑之心。嗚呼，余豈能於心無所愧怍耶！然余既已與其弟生死相許，豈能以一時感情而枉大義？乃自作鎮靜，助成此一騙局。

船啓碇前往上海，途中史君以暈船關係，均在絕食狀態之中，蓋其迄無長途航行之經驗，致困憊至此，然其意氣迄未稍衰，船中曾取筆在我羽織（按係日式披掛）夾層，繪畫題字，嗚呼，當此之際，余豈能知其此時所題，竟為渠之遺墨！船抵上海，相偕上陸，共叩哥老會諸士之門，說明一切，鄭重將此優秀少年相託，然後更去東亞同文會（註四六）訪吞宇（淸藤幸七郞），承其相邀共赴日本酒店，徹宵痛飲，然後歸船。

航行數日，船抵橫濱，卽赴孫君寓所，先自布引丸沉沒之悲嘆談起，然後提及再舉之事。彼云再舉準備業已完了，唯日政府監視日嚴，運出極爲困難，此種再接再厲之精神，令人不勝欽敬，而余及陳君所帶致孫君之報告，亦屬差強人意，故我輩仍非絕望之人。於是回至東京，重入對陽館住宿。

狼嘯（末永節*），卽爲曩時之南斗星。自暹羅事件以來，卽無相見之機。余返京後渠來對陽館相訪，見余卽微笑曰：『活力可佩！然布引丸事誠屬遺憾，我本預定搭乘此船，事之顚末已由硬石（內田良平*）爲我詳告，當時適患高燒無法成行，不料却因此得免葬身魚腹！』一種洒落之態，仍不減當年南斗星之風範，老友相見，甚以爲慰。渠復詢余以今後作何打算？是否已有成竹在胸？言辭極爲飄逸。余告以願以密爾（Mill）自由之理，行之於鄰邦中國。彼大笑曰：『君將如何行之？是否需要大量資金？』余答稱如欲求其完善，自無際限，但有步槍千挺，卽已足夠舉事。然此亦非易事，萬不得已，唯有投身綠林，（卽日人所稱之馬賊）以濟其事，於是將哥老、三合會之內容，予以說明。彼拍手謂『君既有此決心，余亦當追隨左右，但綠林隨時可爲，此際宜決定方針，籌集資金。』說着卽以其方案示余。並往訪中野德次*郎君，爲我先容，然後由余往訪，允以五千金相助，此卽爲惠州事件實際運動之第一步。於是狼嘯卽與余同住對陽館，而梁山泊之光景，又在對陽重現。

當時孫君舉事之意已決，一日來訪，撫其髀肉向余嘆息，謂『非島再舉準備已臻完成，唯以過去之事，日受政府之嚴密監視，武器何時得以送達，實未可知，故非方當地委員，允余隨機利用該項武器，舉大事固無先後，吾儕正擬乘此時機，呼風喚雨，興起義軍，以實行宿昔之希望，如吾此事得以成功，則非島獨立，亦屬易如反掌。』

及余告知中野君已以援助相約，孫君意氣頓見軒昂，較之日前，其精神更見旺盛，並謂『事宜從速！』於是奔走經營，幾無虛日。狼嘯謂余曰：『福本日南爲余之同鄉先輩，彼年已逾四十，雖以筆硯爲事，然其志實不在此，不若勸其參加此事，使其死後得沾其榮；彼目前薄具聲譽，對於吾儕之事，亦未始不能有所貢獻。』

余對狼嘯此意極表贊成，卽與孫君相商，孫君亦極贊同。乃與狼嘯共訪日南君於其寓所，吐露秘懷，求其贊成，渠言下卽欣然同意，頻謂『從此可死得其所！』其期許之深，於此可知，乃又商同發電浦鹽斯德（按卽海參威），邀硬石參加，蓋以與其旣有先約，故發此電。

其實當時我等囊空如洗，唯賴對陽館主之俠義，衣食無虧。其實世間未有如貧窮爲不經濟者，囊中如有餘錢，則可至街頭隨地雇車，隨到隨去，不等負擔籌待費用及食費，因爲無錢，乃不得不乘旅館專屬之車，所費旣屬不貲，而見之者以爲手面豪濶，於是以聯隊組織，大批前來「攻擊」，食客滿樓，牛飲馬食，費用山積，對陽館主內心之苦可知。世間更未有如賒欠爲可憎者，如不常前往露面，則以爲有意逃遁，於是催促頻至，甚至請人前來相迎，去則必飲，飲則必欠，惡性循環，乃至債台高築，無所底止，「待合」松榮之因我倒歇，卽爲一例。余對此豈無痛苦之情？但左有留香女史之相侍，右有中國革命之經營，因此忘此區區之苦，奮其勇氣，精勵前進，而各種準備，亦尚進行順利。

不久硬石亦接電歸來，自其叔父之家，以書招余，余卽馳車往訪，告以機密，並求贊助，未待言畢，渠卽謂『豈待多言，男兒旣以意氣相許，是非利害，豈所計及，君可將余應爲之事，命余爲之。』一語萬金，令人感激。乃託以率其部下壯士，以助孫君之軍，彼卽欣然允可。所謂一諾重於泰山，其豪情可知。於是共去對陽館居住，日夜籌思，研求對策；硬石亦召集其部下，暗中着手各種準備。

未幾呑宇亦自漢口歸來，參與此事。然以軍費籌措中途發生挫折，以致進行難如人意，乃相議共去九州，以補不足之數。余與日南、硬石、狼嘯、呑宇等人前往筑前，居留數十日；由於*島田經一、硬石二人之善於週旋，獲得數千金，然後返京。此際南萬里歸自香港，近藤（*原禎）歸自菲島，於是對陽梁山泊之繁昌，已極一時之盛。

對陽梁山泊之興盛自爲佳事，但坐食山空，古有名言，何況對陽原爲一小型旅館，而余等手頭資金，亦僅數千，其間雖勉力籌得若干資金，然不久卽告耗盡，而擧事軍事所需，終難積存。光明雖在眼前，而進取無由，同仁內心痛苦，不言可知。於是孫君發議，謂『曠日持久，於大局有百害而無一利，宜卽以背水之陣，奮此一戰！』衆議於此遂決。

大舉南征

孫君先令南萬里出發前往香港，以待一行之至，一行共計六人，計爲孫君、鄭君（鄭士良）*、陳君、香宇、硬石及余，至日南（福本誠）近藤兩人，以事須遲一船期。島田*、狼嘯二君前往筑前，擔任留守，一俟孫君計畫準備就緒，再行率同部下趕至香港。

正當行期已決，遠征有期，而余心中另有煩惱，此卽以留香女史不忍遽離。渠來余寓相侍數月，所予阿堵物尚不足以充其購買紙巾之需，余雖知其境遇之艱窮，然取軍資之一部以予婦人，實非男兒之應爲，而余胸中秘密，亦不便明告，理智與愛情交糾攻難，使人苦不堪言，於是不得不僞言係前往九州，別後前往橫濱，搭日本丸前往香港。然對留香女史，雖在夢寐之間，終難相忘，船出長崎，乃取筆作書，告以赴港之由，及船抵上海，卽以付郵，以稍自慰。余自思余已有十年糟糠之妻，且有三兒，而上又有八十老母，而竟孤情一往，迷戀留香，是誠令人不解！

余對此行已不期再有生還之望，故曾一再思能回至故鄉，拜別老母，並向妻孥暗示永別，然終未作此行。

人均以余爲一粗放不羈之人，實則余心至爲脆弱，今余已決心赴死，實無勇氣往見年近八旬之老母，余一家既已零落，以至不得不託妻孥於外家，臨行之前，實亦無勇氣往見渠等悽慘之景況，以作永決。弱者之行爲，往往與勇者近似，蓋此之謂，余每當悒鬱之際，則呼酒痛飲，情窮勢迫，則賴留香以自解，此豈英雄之所應爲？然酒爲余唯一之清涼劑，留香爲余無二之慰藉者。

余在船內置有留香女史之玉照，法國人之船役問余爲何人，余以情婦告之。於是每晨打掃之際，余出至甲板散步，歸至船室，彼必將留香玉照倒置，以爲揶揄，不知彼對此有何寓意，但余之愛情，卻在顚倒之情況下不斷進行。

然余並不因戀而得幸福，對於所謂戀之連續，余因懷有疑義，故卒不至成爲戀之奴隸，於是余乃不得不歸着於無形之義理，在主義主張上得其安心，目下正追逐此一主義主張，踏上征途，因此心胸必須開濶不可，而常在胸中留此一片暗雲，自尋煩惱，並作愁苦之吟，其故究安在哉？

余有三兒，有病妻，有老母；一種情愛與自然的義務觀念，仍潛伏體內，雖戀愛與醇酒，亦無法消除此一觀念，唯有在船中舉行秘密會議，決定前途方針之一刹那，使余忘卻一切，頓覺海濶天空，此心怡然，使余之心志，能因此未成死灰。

船中確爲一理想秘密會議之所，無警吏困擾；無偵探密隨；警視廳雖亦有人經常隨船監視，然此亦爲一極有風趣之官員，無事之際，輒與余及呑宇作紙牌之戲，並無絲毫令人懸繫之處。

孫君指示即將進行之一般方略，渠謂：『余在保安條例禁止入境之期限中，無法逗留香港，故擬逕去西貢，以待日南之來，然後同去星島（新嘉坡），至硬石（*內田良平）呑宇及宮崎三人，可先至香港進行各事，事畢趕赴星島，與同仁會合，視察一般情況，然後再開會議決定今後方針。要而言之，如能在彼獲得大量軍資，則暫時留住彼處，策動一切，否則卽行折返，潛入廣東內地。』此爲指示之大要，當時余曾獻一策，謂此際應與康有爲共同携手，協力從事，蓋余知康當時已在星島。孫君對此表示贊成，諸人亦認有大同團結必要，一致決議相機進行。

先是，當余等尙在對陽館之際，狼嘯一日問我：『進行「謀反」之際，職務應如何劃分？』余答以『在日人方面，以日南爲總領，硬石爲監軍，不知君意如何？』彼謂：『君果有此意耶？』余答以『當然。』

狼嘯拍手歡呼，謂『君有此心，則事必成功！』

孫君在船中亦以此詢余意見，並謂余應爲日人之總領，余當以答覆狼嘯之言答之，孫君堅不爲然。余乃曰：『余於主義信奉之餘，已有所得，故極心安理得，然其他並不能爲主義而死之人，則必爲求名而死，故不若將「名譽之冠」，加之於年長老成之日南，少壯氣銳之硬石兩君，較爲妥當。』孫君當亦許諾。余之此言，對於日南、硬石兩君，未免有失禮義，然當時余之想法，確屬如此。

船抵香港，忽有中國砲艦一艘，來迎孫君，此事殊爲奇突，彼竟胡爲而迎孫君？孫君對此不予應諾，僅囑硬石、呑宇、及余三人代其一行，孫君何以不親自前往？余等代渠究應處理何事？

余與呑宇、硬石二君同登中國砲艦，接待者爲甲午戰役之北洋艦隊驍將〇〇〇君，其公子〇〇〇君亦在。僅由余以洋涇浜式之英語，與之應對，互相雜談，而余等三人，不時相視而笑，繼則放言大語，共議將來之事，蒙〇〇〇君等說明沿途地形，到達廣東省城已在夜間十時左右，乃卽潛入某大紳士之邸。

主人劉*學詢君出而應對，○○○君擔任翻譯，余則以「絕代」之辯舌，「破調」之英語，直接與劉君談話，辭不達意之際，則以筆補充，凡所言述，差能得主人首肯。然所說究爲何事？

當余以熱誠掉其三寸不爛之舌，有時又不得以筆補充之際，吞宇在旁笑不可忍，乃以齒力咬其唇，以免出聲；硬石亦忍俊不禁，最後不得不以團扇遮面，以免爲主人所知；渠等究何爲而如此哉？

未幾晚宴，飲食談笑之間，砲艦又作準備，乃乘夜陰辭歸香港，時已午前三時。船正將進入香港港口之際，孫君之船已啓碇開向西貢，余等揮帽呼喚，未見應者，祇得回首進向碼頭，上陸後至東洋館休息。此事經過，極似小說題材，但事關他人天機，故雖在今日，猶難言之，實覺遺憾。

在香港有南萬里，有陳君（陳白）；又有舊友玉水常吉君，因前往暹羅，途次香港，亦同宿于東洋館，一見余面，即謂『旅費用盡，正處于進退維谷之境，不知有無解救之方？』其人曾參加大井*憲太郎等一行，從事所謂朝鮮事件，故在「造反」之歷史上，渠實爲余等之前輩。彼又經常自負，謂能製造炸彈。

余告以在最近期內，或有「大有意義」之事，總而言之，渠可放棄日本暹羅之事，共同潛入中國內地，並謂渠如同意，則可暫時留港，以待余等自新嘉坡歸來。彼欣然答稱：『必當無條件在港等候。』此爲玉水君今後正式加盟之起因。

余等淹留香港三日，以孫君所命之事悉已完了，乃與硬石、吞宇兩君同去星島。此際北清拳匪之亂漸熾，各國正擬派兵進入，同仁對此，無不喜形於色，以爲時機將至。

抵新嘉坡後投宿松尾旅館，以待孫君及日南（*福本誠）一行之來。此間雖無日本人之友人，然舊識康有爲君潛居於此，而與此一派聯絡，亦爲此行希望之一。故余爲面晤康君，先與其肱股邱君，取得聯絡，請其轉告康君，約期往訪，邱君欣然允諾，謂卽去辦理會見手續，時間當再另行通知，余對其厚意表示道謝，然後返至旅館等候。此際忽有日人北村來訪，此人曾在香港一度見及，云近在康派之機關報中執筆，寒暄未久，卽低聲謂邇來道路傳聞，有刺客來自日本，擬行刺康君，而渠等一派之人士中，頗疑余等卽爲刺客，中國人猜疑心之重，于此可見云云。

彼以素知余與康之關係，故對此傳聞，並不置信，唯對傳聞來源，似甚疑惑。余謂決無此事，此必爲渠之以誤傳誤，彼亦不以爲怪，乃將話題轉入他事，相互舉杯暢飲，然後離去。

翌日，康之門人湯君來訪，出示一信，謂『康先生之現狀如此，足下如有事可由余傳達。』余讀其出示之信，知此係康君就余要求面會事，對邱君之覆書，其內容大致如左：

『滔天君爲余之恩人，今聞其來至此地，實欲早日相見，當卽向政廳辦理面會手續，然如君所知，政廳保護過嚴，在此生活，宛如處身牢獄，故能否相見，實未可知，如不幸無法相見，則請君代余致送百金，以表微意，滔天君如有必須與余面談之事，可囑門人湯生前往聽取，由渠轉告，湯生爲余最爲信使之人，任何秘密，均可爲渠言之。云云。』

余思縱令英國政府保護特嚴，然如康必欲相見，決無拒絕之理，且康於手續未辦之際，卽囑邱君送款爲余餞行，其敬鬼神而遠之之意，灼然可見；渠對北村君所述之刺客問題，或甚重視，甚至懷疑余等，亦未可知，懷疑爲惡感之母，而惡感又爲離隔之始；余不免以若干激動之心情答覆湯生，曰：『願爲我轉告康君，君是否以道路傳聞，而懷疑及余，若然，則余當自動取消會見，至所贈百金，豈余之所能接受？余爲自由之身，而君爲亡命之人，余來此見君，非爲金錢，反之，余實有所贈與，以慰君之逆境，且爲將來大事，有所商謀……』

湯生察知余之怒意，竭力企圖辯解，然余不予置聽，渠乃怏怏離去。

翌日北村君再度來訪，謂前日之所謂刺客問題，已成爲康派目前之一大問題，而以吾等爲刺客，亦已成爲明白之事實。北村君將經過告知如下：

『有大島君者，與康派素甚親善，昨渠以事訪問邱君，適見康派諸人正在討論刺客問題，並對與君會晤之利害，互相爭論，彼等以爲君與康君之關係，世人皆知，如康君於此際拒絕與君會晤，則人皆以康爲不知情義之人，其聲譽將因之失墜；如與君會晤，則其身或不免危險；此實爲彼等迷惑而難判斷之處，大島君聞之大爲憤怒，力辯其妄，實爲日人吐其萬丈之氣焰。』

余聞言亦不勝憤慨，卽草一書，送致康君：

『南海先生足下：微聞先生接有友人一電，電中有日本刺客已自橫濱前來星島，而先生及先生同志某某等，竟以電中刺客卽爲弟及硬石、呑宇兩友，先生因以避不與弟相見，弟聞之不禁失笑，且亦疑惑、弟以爲先生與弟之交情，非同尋常，故初聞風說，付之一笑，然頃聞湯君之言，則不僅疑惑，且亦大惑不解。

我日本有一狂生（按卽津田三藏）曾以刄加諸俄國皇帝，（譯者按，此係俄國皇太子之誤）復有一狂生狙擊李中堂（李鴻章），至以國人屠殺國人，則其數又不可勝計，我國此等狂漢之多，蓋爲世人所熟知，然異鄉亡命志士，何以仍多來此狂漢之國，以求庇護，其故安在？又此等狂漢，未嘗一度以刄加諸此等亡命之士，其故又安在哉？是蓋吾國士道雖衰，然尙存有一分俠義之心。此俠義之心，卽爲我國之所崇尙，而亦弟等竊所自負者，弟與先生，結義於國難之際，今可不言，但際此時會，以一片憂心，滿腹經綸，不遠千里，來訪知己，豈期昨日之知己，面目全非，而反以一大恥辱之名加余，世事表裏，人情反覆，如夢如幻，實令人驚駭欲絕。同志日南君亦將來此，欲見先生，業已發自香港，現在航行途中，如渠來此後聞此，不知其將作何感想？嗚呼，休矣！吾曹將與何人共話興亞之大業？謹以此書，致於皇帝之知遇而知感泣，而於友人之義誼，視若等閒之人，以示訣別，幸自愛焉！』

對于刺客問題之憤怒，豈僅余一人而已哉？呑宇、硬石亦怒不可遏，且感失望，以爲康狹量不足以謀大事，對其今後動作，宜密加注視。

先是，余等一行到達新嘉坡次日，硬石突然謂欲單獨先行歸國，余深以爲異而問其故，則謂『就是要回國，所以要回國，別無理由可言。』換言之，渠以無理由之理由，決定歸國，且認爲此事並無敷陳理論之必要。

然余等原爲生死同契之友，且須等候孫及日南之到達，以決定前途之方針，無理由而先行歸國，實屬太無理由。然欲說服其「無理由」，又無適當理論，故余不得不以懇求之語調，請其暫時留待孫、日南等一行到後再走，彼終於亦將其無理由之理由暫時擱置，接受余之懇求。不久開往日本之船又到，而孫、日南等一行亦在三日之後可以抵此，不料此際硬石又突然提出必須卽日歸國，其堅決之意，實屬無可挽回，余觀此情形，亦不敢再爲強留，乃聽其歸去。臨行謂余曰：

『昨夜得一奇夢，余等正欲搭一馬車，而余上車未久，馬忽驚起疾馳，倏忽之間，到達某所，而君等則均未克及時搭乘，歷盡顚困，始行到達……』

言畢卽偕愛媛御鷹女史搭乘馬車，前往碼頭。

硬石此夢究象何意，殊未可知，然深望其能勿成「夢讖」！

新嘉坡入獄

余與吞宇君於送硬石至門首後，卽行歸來，將散亂之文件行李，加以整理，並取帚箕親自清掃，心情殊覺爽朗。吞宇君立命下女將啤酒先行冷凍，蓋其未雨綢繆，以備晚酌之需，同時復召侍役吉村君與之共下奕棋，余酒量決不輸予吞宇，唯於奕棋一事，則一無所知，唯有在旁以彈琵琶解悶。

此時突有一中國苦力匆匆進入室內，走至余之身旁，操粵語問我是否 Kungkee（宮崎）先生？余答以正是。渠卽點首離去。接着就聽到皮靴聲來自廊下，日式旅館例須脫鞋，在室內聽到靴聲，實爲首次，正訝異間，見有一身材魁梧之洋人彎腰進入，熟視之下，知係警官，當渠走至房門，突然挺身向余注視，右手並擧手槍，大聲囑余等不得妄動，在此剎那之間，余不加思索，昂然起立，高聲問其何事，渠將手槍納入腰際，抓住余之右手，另一人亦相繼奔至，執住余之左手，拖往廊下，然後搜索全身，檢查有無凶器。其實此際余僅着日式短褐，繫以短帶，且連內褲亦無，豈有身藏凶器之理？彼等自謂 Good，good，然後將余帶歸原座，接着又來五六人之警官，其中二人與余相對而坐，此時余已覺察事必與刺客問題有關。

我乃首先發問：『君等是否誤認？』

其中一人乃出拘票，謂『君是否卽爲其人？』余答以無誤。此時吞宇君仍在碁局，與侍役吉村互爭勝負，警官一人問余彼爲何人？余告以吞宇之名，彼與拘票對照，確認無誤，乃起身亦將吞宇拘捕，並搜索全身，然後仍囑坐於原處。再度來至余處，仍以拘票示余，並詢硬石、南萬里之所在。余告知硬石今已歸國，南萬里則在香港，彼等似甚失望，頻謂此事蹊蹺。

未幾一人取出鉛筆紙張，開始向余詢問，一一筆記，質問項目，第一爲余等來此目的，第二爲與康有爲之各種關係，第三爲來此後求見康有爲所取手續程序。

余對來此目的，自無明言勇氣，不僅如此，雖白刃加頸，余亦不能透露此一機密。故僅以在環遊途上，來此觀光訪友。至第二第三之詢問，余將與康相識之經過，及康疑余等爲刺客，避而不見之情形一一告知，並將致康訣別書之原稿出示，一場審問，長達二小時，其中一無可疑之處，反使渠等大爲失望，頻謂：『事出離奇。』

審問完畢後開始檢查行李，當渠等發現兩柄日本刀之際，意氣頓見昂揚，大聲問余，『何以携帶凶器？』余答以日本刀爲日本人之生命，與耶穌教徒之佩帶十字架，其意義並無二致，彼等對此亦不窮追，繼續一一檢點，終於發現大包紙幣，蓋當時余手頭携有日幣約三萬圓之鉅，彼等見之大爲驚愕，頻謂『可疑可疑。』仔細檢點數目後，重新將其納入皮包，然後又回到椅子，說是爲了政廳的命令，不得不將兩君逮捕，可隨意準備酒飯，吃後再走，余等乃先行沐浴，並將呑宇預囑冷凍之啤酒相互痛飲，亦予警吏數杯，從容進了晚餐，更衣待命。彼等先將余等行李全部携出，然後押解余等出室，余乃乘隙囑侍役吉村，設法將余等情形轉告搭乘法國郵船後日進港之日南，屆時務勿上岸，從速轉往他處，下樓出至大門，見有馬車兩輛相候，一爲呑宇所準備，一則爲余，警吏一人先行登車，然後招余同乘，余上車後另一警吏亦相繼登車。此際突聞有婦人之聲，謂『君等行將何往？我亦願同去一遊！』回首見係御村女史，當卽答以前往牢獄，渠聞言初猶不信，謂余又作嬉謔，後見情勢有異，突然驚叫：『究爲何事？』而車已開動，蹄聲得得，猶見女史呆立不去。

御村女史爲余暹羅時代之舊交，當余因瘧疾危殆之際，雖曾以死生相共之農夫（移民）亦均避之唯恐不及，而彼反以婦女之身，前來探視，其厚意至足感動。別來忽已五六星霜，而未嘗有相見之機，不料在此時此地，與之偶然相遇，且在情意未能盡舒之際，遇此變故，不知彼將作何感想？旅館主人夫婦對余等亦將作何看法？其掌珠姫孃，又作如何想法？當余自忘其身，專以他人之心爲念之際，馬車已到警署大門。

在警察數人引導之下，通過黝暗之走廊，鐵門開處，余等進入一狹長之牢籠，與吞宇在板上箕踞而坐，相互對視之際，實有一種不可名狀之感。未幾旅館主人夫婦偕從僕來探，並承送來被舖、汽水、麵包等物，然後歸去。余與吞宇藉渠等厚情，得在柔軟之被窩上橫臥，雜談片時，而吞宇卽已入睡，且鼾聲如雷，唯余東思西想，久難成眠，最後此心又注向留香女史，乃酣然入夢。

睡正昏沉，突爲一巨聲所醒，抬頭觀察，知爲前往監獄之時，乃整衣外出，再度搭乘馬車前往監獄。監獄之牆均有二重，極爲鞏固，先至門外，余等乃下車稍候，一警吏自小門進入，囑門房開啓正門，余等從之入內，士兵四名，持槍佇立兩側，警吏二人先導，士兵二人隨後；吞宇君與余有數步之隔，亦由警吏士兵前後挾持。此一形式，雖於殺人犯亦不過如此。

進入內進，不久卽到牢獄入口，此處有看守長之居室。余等乃在此暫停，看守長將警察送達之文書過目，並一一登記，然後檢查所帶各物，連同羽織（日式披掛）之短帶亦一併扣留，謂有縊頸自殺之虞，而和式之長帶，反安然通過，不遭扣留，事之滑稽，無過於此。

以上手續完畢後，余等又被送至另一獄舍，有狀貌獰惡盜賊不如之黑人一人，坐於椅上，囑另一人測量余等身長體重，一一記入文簿，然後黑人親自檢查余等全身，舉凡疤痕、黑痣等項，無不一一記錄。

此項測量完畢後，余等乃被引往一室，此卽係余等「臨時公舘」，室廣約計六坪，以磚舖地，兩隅各備床舖，上有草蓐及毛毯各一，其旁有木箱可貯藏衣物，兼充椅子，在另一隅有便桶一，相隔數步，又有小水桶一，貯水以供盥洗以及飲用。門戶均以厚木夾以鐵板，中央有拳大之穴，警吏時來窺伺，而門戶啓閉，其聲淒厲，令人膽驚。

房舍係磚造，室之三面皆係磚牆，房頂高約二丈有餘，頂上有二尺許之鐵窗，以爲採光及流通空氣之用。在床上坐而仰視，大有井底觀天之概，其不愉快之情，實不可言。余與呑宇相顧苦笑，呑宇則謂較之日本牢獄，直如居身客廳。蓋彼在鄉國之時，曾以酗酒演成話劇，致遭二日拘留，於是余始知呑宇乃斯道之先覺。

余原非國法萬能主義之信者，不僅如此，且曾豫期鐵窗之苦、斷頭之禍，但在意外之時，遭此不測之厄，殊感不快，況余過去未嘗有此經驗，然一旦鎭定，於採究事之所以致此，實亦未始無因。故余亦不深咎康君，對英方措置，亦不十分憤慨，唯對康君之不通人情，不免惋惜，而余處事過於疎落，亦覺後悔。

然而理智雖云如此，而心中仍難自安者，實爲凡夫之常。余於入獄之初，卽對出獄之期，迫不及待，而吞宇君則謂『如不耐心等待，徒事焦躁，對于身體實屬有害，然幸有兩人同監，足解寂寞。』言猶未了，忽聞囂然開門之聲，卽有一神情嚴酷之警吏出現眼前，於凝視我等二人之後，突以大聲呼喚看守長，更以無情苛酷之語調，謂二人不宜同監，須卽隔離分居。於是二人被迫投入別監，卽令高聲咳嗽，亦難互相聽聞。於是此一同監之幸，亦遭剝奪，乃在鐵窗之下，成爲孤囚獨嘯之客。

六日間之監獄生涯，爲時雖短，然在余雖千百日亦不過如此，第一日爲星期，故無審問，正午十二時號聲一響，卽被導往運動場，運動場中有馬來人、中國人、印度人等待決之囚，約有四十人雜處一處，日本人唯余一人，吞宇與余，卽令運動亦遭隔離。語云：『同舟之人，雖仇敵亦必共濟。』而同囚之人，其相互同情，苟非身歷其境，實難感知。此中有殺人犯、有放火犯、有盜犯、有小偷、有賭徒，亦有慣竊，卽世所謂惡徒之集合所。然在鐵壁之中，無強盜放火，惡徒同士之中，更無惡徒可言。換言之，彼等如處於一般社會以外之同一社會的人民，家制外之一家的同胞，其擧動談話，一無掩飾隱藏，凡殺人、強盜、放火、強姦等犯行，無不坦然直告，言之如數家珍，驟聞之下，雖不免爲之心悸，然由於其態度之純眞，轉覺其坦誠可愛。正如世間大聖之不易得，所謂大惡，余實亦未嘗見之，至余在彼輩心目之中，一時成爲疑問之人物，有謂余爲殺人犯者，而殺人犯三字，實爲彼等對同監者之尊稱；又有人謂余爲謀叛（造反）者，此亦爲彼等無上之敬語。於是余在同監之中，傲視一切，況余又有殊恩之物！

在同日二時左右，謂有人送來大批食物，奉命進入監房，打開食盒，內有「握飯」（日式飯糰，普通雜有芝麻、海苔）及煎養魚肉，當卽一掃而光，未幾看守長又送來煙草、糕點、汽水之類，謂此等物品，其他囚犯一律禁止送入，唯以余等爲日本之要人，故特予默許。說着更作怪臉，並擧手以手指作圓形，謂『據說閣下手頭携有大量金錢。』然後匆匆退出。原先獰惡如鬼之彼，竟在一瞬之間，變爲和靄可親如地藏，其故安在哉？

此際在門外聞有旅舘女主人與看守長之喃喃低語，於是余始知此事出自女主人之方寸之間，且其效驗如神。

不久看守長又來，謂俟余食畢，尙須送至第二號，蓋卽指吞宇而言，余謝其厚意，並謂其厚意如此，一旦出獄，當以重金酬報，彼喜形於色，謂凡有所需，儘可告知，當爲轉告旅館女主，余乃要求書籍、鉛筆、紙張等類，從此余乃成爲獄中權要。

當余口銜紙烟，出至運動場之際，同囚諸君無不合掌爲禮，向余索取，余乃先將雪茄送與在旁監視之巡吏，然後各以香煙一支，送與同囚友人，於是余乃成爲獄中之霸王，在另一意義言，亦可謂爲衆望所歸之大總統。

午后四時，號聲響處，又被押回監中。五時左右監房已光線黯淡，無法讀書，乃將送來之晚餐食畢，口銜煙草，在床上靜坐，學作禪定工夫，不久卽爲「無念之念」所驅，精神疲勞之餘，乃酣然入睡。

翌晨六時，爲看守喚醒，前往運動場活動，至十時驅返監中拘禁，十二時再至運動場，四時再度驅返拘禁，換言之，在一晝夜之間，計有八小時之運動時間，其餘十六小時則爲拘禁時間，在拘禁時間中，雖坐臥讀書，一任自由，但五時以後已無燈火，直至翌晨六時，卽令任何貪睡之人，亦無法一夜睡至天明，不得已乃勉強從事坐禪，結果反爲妄念幻想所驅，深感痛苦，於是以留香女史之事，驅除煩惱，心中緊迫之情，得以寬舒，女史之德，可謂大哉！

此日幸無審訊，入夜囚人放歌之聲，一如蟬噪，巡吏吆喝一聲，乃戛然而止，然不出片刻，蟬噪又起；其漫不在乎，竟至於此！渠等有自知必將被判死刑者，亦有自知爲無期徒刑者，然其毫不介意，一至於此！其爲大膽乎？抑爲痲木不仁乎？余於此輩漫不在乎之情，實亦不勝欣羨。——此日預定抵達之孫、日南*（福本誠）一行，其前途遭遇，究將如何？

入監第三日，在淸晨六時以前，看守長開門進入檻內，低聲語余：『希郎隨余前往沐浴，藉此可與君之友人晤談。』至則裸體之呑宇正在井端以水澆身，相見之下，莞爾微笑，問余情況如何？余在其旁亦以水澆身，乘機將出庭應審時之口供要點，互相商討，如我等可將事實直言，則無互相照合必要，然此事係屬天機，豈宜爲欲辯刺客之誣，而加洩漏？因此不得不爲虛僞之證言，預作準備，而具有魔力之銅臭（意指對看守長之賄賂），使余等有此良機。所謂金錢能使鬼推磨，誠屬不虛。不久多情（？）之看守長前來迎余，謂時間過久，恐人生疑，又謂今日可能對我等開庭審問。

身處獄中，審問實爲我等唯一之希望，乃與呑宇君穿衣，默笑而別，各自進入運動場運動。在運動場中，同囚諸君鵠候余至，以期獲得紙烟，余乃各予一支，諸人均謂『今日先生將有審問。』以爲余出獄在即，相互祝賀，並示欣羨。正所謂猛虎一旦馴服，其親暱一如家犬；惡徒一旦親近，其和婉一如小兒。彼等性情之中，豈無佛性在哉？較之頭戴綿羊之冠，內藏豺狼之慾的所謂現時紳士，渠等在天堂實應佔其上風。

迨至十時入監號響，而仍無提審之訊，在監房中雖勉強看書，然心不在焉，蓋余已爲審問之事縈心，以致無法鎮定，於此亦可見余之膽氣實小。十二時號聲響後，又去運動場運動，然後吃畢旅舍女主人送來之午餐，再度去運動場之際，看守長突來召余，謂卽將開庭，應卽去法庭，同囚諸友皆勸余應着最佳之衣衫，渠等情意之厚，令人至爲感動。余乃改御「白七子」之和服，外加黑絽之禮服，足穿白襪，然後至看守長辦公室等候。

法庭卽在獄門之旁，由看守長前導，士兵兩人荷槍在後警戒，循石級而上，卽在休息室稍待，而我國副領事暨日本紳士三人先在。其中一人爲本願寺派來之僧侶，另二人爲翻譯官，佇立未久，卽被導至鄰室，此卽法庭所在。

法庭中央有廣約五米之桌子，正面坐者爲法官，其傍爲殖民地太守（總督），余隔開桌子，與渠等相對佇立，左右有警官各一正立扶持，背後仍有士兵兩人荷槍直立，桌子左側有陪審法官一人，其旁則爲我國副領事；翻譯官兩人復坐于其下，與余斜角相對；桌子右方則爲警視總監及警察部長，此兩人卽爲前往旅館逮捕余等之人，唯彼等態度，已不如日前之橫蠻，而竭力似欲以禮相待。余睹此情景，暗自心喜，以爲此乃吉事——當此之時，余竟一變而爲仰人鼻息，以爲喜憂之小人。

未幾審訊開始，彼問余答，內容大致與日前在旅館與警吏之談話相仿，而嫌疑似亦不重。但所攜現金何以如此之多，不免引起渠等疑惑。實則余等不得不作謊言，以爲掩飾者，實亦僅此一點。彼詢余有何必要，携帶如數重金？余答稱在異鄉漫遊，携帶如許重金，乃為通常之事，而貴國人士，竟以此為過多耶？彼又問余家是否富裕？余答稱余乃一貧如洗。彼問既一貧如洗，何來如此重金？余卽答以余雖赤貧，唯余之友好知己，家裕者為數甚多。彼問余是否可自友好知己，取得如許重金？余答曰是。彼於此甚難理解，側首復問余以何種利益給予此種知己友人，以獲致如此重金？此問自屬極為當然，然余仍强作鎮靜，答以利益交換為商人之事，在我國志士之間，並無此事。所謂志士，無不資財相共，緩急相扶，此為我國古來之國風，亦為志士之常道，不知貴國有無此種風尚？彼聞言益增疑惑，乃回顧副領事問其貴國是否有此國風？副領事答稱確有此事。然仍未能使其冰釋。

次一疑惑為余等所帶之刀劍。彼問此行何以携帶刀劍？余以大和魂之論義，以為應對。彼對此似極難首肯。乃又回顧副領事，詢以此事，副領事答以確係如此，且故作敷陳，謂渠亦經常携此。彼又注視翻譯官，作同樣詢問，渠等均答以均有携帶，於是彼之疑惑似漸解消。

審訊歷時長達三小時，然除上述二點外，似無其他嫌疑，而所有反證，又多於余有利，余乃少覺安心。仍照前例，由看守長等押送，回至看守長之辦公室，則見呑宇亦着黑紹羽織，嚴裝以待，準備於余審訊完畢之後，前往應訊，然以余之審訊為時過久，時近薄暮，審訊無法進行，乃仍返「老巢」。看守長掀動其鼻，謂明日當可無罪釋放，余原亦確信必可無罪赦免，聞看守長此言，自更欣喜。此夜蒙看守長特別厚意，得與旅館主婦暗中見面。此其所謂厚意，實欲在旅館女主人之前，定其賄賂之數。且莫道西洋警官之貪鄙，余以僅止二十五金之故，在獄中多得自由，且得與眞情之主婦及忠實之從僕面晤，在余雖費千金，亦不爲多！

而主婦及從僕又以一重大消息告余，謂孫、日南業已上陸，二人住於洋式旅館，隨員三人則住渠處。於是余始知渠等平安無事，且以爲渠等既安全在外，則於我等無異爲百萬援軍，意氣頓覺軒昂，相別入監，綺思非非，然後入睡。

天方破曉，厚意之看守長又導余至浴場，余先至井邊之厠所，則呑宇方高翹臀部，在內大便，余亦在旁一面小便，一面將昨日在法庭審問經過大要，一一告知，渠僅發『唔．唔』之聲，余以不知其究爲大便而發，抑已表示瞭解，乃一再詢其是否瞭解，渠乃發大聲說是已經瞭解，並出笑聲。而臭氣薰人，余乃倉皇出至井端，解衣沐浴，始覺清氣襲人。返監早朝，循例又往運動場，而囚友團集，群以出獄在即爲祝，余又以紙煙分贈諸人。

不久看守長又來招余，余以爲必係釋放通知，不勝欣喜，孰料又係應審之命令，乃又整裝如儀，前往法庭，此次由太守坐於正面，親自審問。其詢問之題目，先自孫逸仙君之事開始。

彼先問余知否孫逸仙其人？余答以知其甚深，渠又問因何知之？余乃將四五年前在橫濱相識之經過，加以陳述；彼又問余知否英人摩根*（Mulkern*）其人？其人爲同盟會之一員，余答曰知之；渠又問何以知之？余答曰因孫君之介，故爾相識；渠又問余知否福本其人？余亦答稱知之；未幾又問余知否尾崎*？余問其名爲何？太守答稱『行昌』，余心中殊感意外，以余不知尾崎亦與孫逸仙等同舟來此，然尾崎君亦爲余之知友，故答以亦爲余之友人；渠又問及中西*重太郎君，於是余益生意外之感，然渠亦爲余之舊友，故亦答以係屬友人。

此時檢察官突然起立，出一短刀示余，詢余知否此刀來歷？余至此心中暗忖，以爲孫、日南等一行或已亦遭拘禁？乃答以一無所知。

於是太守再度發問，謂余是否受中國守舊黨之囑，有暗殺改革黨首領之意？余乃抗聲答稱：『余以世運之開始爲己任，久寄同情於孫、康，殺守舊黨或有可能，豈能受守舊黨之囑，以暗殺彼等？余苟非發狂，斷不至此！』

彼又問余何故與中國人交結？余答以余憐中國之孤弱，故深望其改善。渠笑謂何以對他國之事，如此勞心？余答以太守此問，係屬余一身之主張主義範圍，與今日之事不相關涉，彼若欲知其詳，當於出獄後以一友人身份，與之對談；彼亦笑而不再相強。

彼又以通常閒談之方式，問余東亞同文會之事，同時又問及東邦協會、亞細亞協會之宗旨，其意蓋欲探知日本國民對於中國之意向，余胡亂答覆，聊以塞責。此日審問亦長達三小時有餘。不久吞宇亦與余交替，出庭應訊，約二小時然後歸來。看守長喜形於色，謂此案已告了結，明日當有釋放命令，彼之喜悅，決非矯情，且亦出自衷心，唯其喜悅之因，與余等不同而已。其喜悅之因何在？一言以蔽之，利害是也。蓋余等出獄之日，即彼獲得二十五金之時，嗚呼！利害之所關可謂大哉？操縱俗物之秘訣，厥在與之發生密切利害之連鎖，此實爲近代政治家所應研鑽之第一義，而旅館女主人實具有政治家之手腕，良可佩服。是夜警吏送來墊被一床，云係太守之囑，因此得以不感腰痛，一夜睡至天明。

第五日清晨八時，余及香宇同時接到前往政廳之命令。乃整裝至看守長辦公室，已有押送之警吏二三人先在，卽將余等戴上手銬，隨同前往門外，馬車二輛在外等候，余與香宇各乘一輛，各有警吏二人隨行，車行約二里許，卽達政廳，至二樓客室等待約一小時餘，卽由警視總監前來帶往一室，見有十餘紳士圍桌而坐，正面爲太守，其他爲議政官，太守之旁又有一人，似爲書記。

余等直立於太守之正面，中有議政官多人與余等相隔，日本人之翻譯立於左側之中間，太守微笑問曰：『今將與議政官共同定汝等之罪，主旨爲汝等圖謀暗殺中國改革黨之一人，不知汝等有無異議？』言畢先詢余之意見，余答以『寃枉至極，余對此決難承服。』彼復微笑徵取香宇之意見，香宇抗聲力辯其非，憤然欲以其理由加以陳述，太守對此加以制止，並謂此事並非業已決定，今將以此罪條加以定讞，二人可暫退出，於是警吏乃將余等導至別室。

余等候命約三十分鐘，又由警官導至議席，太守乃朗讀判決書：

『今將二人之罪裁決如下：新嘉坡之執政官認爲汝等妨碍治安，故決定自此管區內放逐，五年以內，不得進入。』

接着詢問余等有無異議，余答稱：『所謂「認爲」兩字，實爲獨斷之語，想此獨斷已無挽回餘地。人爲天所創造，而猶有對天懷疑之自由，余對閣下獨斷的自由，自無阻碍之理，除謹敬接受外，豈有他說？然余素以世界爲人類之公園，而閣下今將此公園之一部，予以剝奪，此事希望閣下能永加記憶！』

彼聞言苦笑，謂五年以後，仍可自由前來。於是轉向香宇，徵其意見。香宇怫然答曰：

『對於如此不法之判決，余自始至終，不能承服，然閣下爲掌握政權之人，而余又無意在此炎熱之地，作無謂之爭，唯有在極爲遺憾之心情下，服從命令。』

諸人均瞠目凝視呑宇之臉，太守苦笑曰：『可。』於是開始對余等揶揄。

彼先問余等出發之時期及場所，答以擬搭最近開航之船前往日本。彼謂如係三等船票，政廳可以出資，中等以上之船票，則須自費，余等乃答以將自購特等船票，於是決定搭乘翌日開航之日本郵船。

接着渠又面現微笑，問余有無傳言須其轉告*中西君？余乃反問中西君是否亦在此間，彼不作直接答覆，，僅謂總而言之，有無傳言，如有，當爲轉達。余於是始知中西確已來至此間。乃答以『想中西君與康將有歐美漫遊之行，請代轉達余對渠之好意．並囑中西君轉告余祝福康君旅途平安之意』

彼又問余對孫逸仙有無傳言？余以已知孫君已在此地，故答曰：『特請轉告余將於明日返國。』彼點首謂當照辦。

未幾又以嚴肅之語調，謂『孫逸仙稱汝所携帶之金錢，爲彼託帶之物，不知究屬如何？』

於此余實大爲困窘，而又不得不堅持爲己所有，蓋如此際坦然承認，更爲不妥，乃忍笑答曰：『此款爲余所有，然彼我之間，有無相通，安危共濟，如孫君有所必要，卽將此款全部與之，亦無不可，特請閣下費神將此意轉達孫君。』

彼乃局局而笑，謂『孫逸仙、中西、尾崎、福本、摩根諸人，大致將與君等同船歸去！』

余聞言亦不禁失笑。

審理完畢後余等要求此日能返旅館，未蒙許可，謂將於明晨由監獄直送郵船。不得已乃重搭馬車，歸至牢獄。在三小時前曾上手銬之余等，此際已爲顧盼自在之身，在獄中亦准與吞宇君同住。此夕旅館主婦來訪，面會亦已自由。於是確知孫、日南一行，亦將同船歸去。於履行對看守長之約後，主婦即行歸去。余與吞宇君聯床共話，五日隔離，欲談之事宛如山積，以致忘却時間經過之速，更深神疲，入睡未久，已爲出獄之黃道吉日。

起身後沐浴方畢，看守長命令前往監獄內之攝影室，由警吏一人導往，至則由白人技師每人各攝影二楨，一係雙手交胸之正面姿勢，一係側面之半身照片。此技師爲一紅顏美少年，其舉動極爲文雅，然其身穿囚衣，余怪而問其緣由，渠含羞答稱曾在德國僞造紙幣五十萬美金，來此後乃遭逮捕，被判苦役八年。余等聞言不勝驚愕，以其事與其容貌，絕難相侔，於此亦可見相人之難。

攝影完後，回至監房，正值早餐之時，乃將旅館主婦送來食物分贈同監之人，首次試嘗獄中伙食，飯計二種，一爲華式，一爲馬來式，中國餐余常有機會進食，故此次特選馬來式試食，其味與洋式咖喱飯相彷，但因和以甚多之辣椒，故其味甚辣，然其質量之豐富，雖日本國內中流人士之伙食，亦難企及。

不久已至出獄時間，不用之物品，悉數分贈同囚諸友，相互作訣別之握手，彼等均面現離愁，使余等更增心中悲思。人情之爲物，可謂大哉？凡我無惡意於人，則人亦必以善意相嚮，如禍及無辜，則其罪實在社會，而非在其人，此卽因境遇而動心之結果，若夫能不隨境遇而動心之人，恐在千百人中僅一人而已。故余以爲人應教之而不可懲之，而教化之基，又賴平等，而平等權之恢復，必須自社會組織之革命，始可達成。

此際看守長猶懷得隴望蜀之慾，當與余等握手言別之際，微曳余袖，向余耳語，謂余輩旣係日本豪紳，故希回至故國之際，能寄贈日本和服致其妻子，面目可憎之印人書記，亦作同樣要求，余當時雖佯爲應允，實無踐約之意。故余等實不能稱爲君子。

由警吏前導至大門，警視總監及警察部長已携余等之扣留各物，坐於馬車，余等於是同乘趕往碼頭。天氣晴朗，快不可言。下馬車上船，卽在甲板遇見日南及孫君，互相擁抱共祝平安。及至進入艙內，則一行俱在，旅星日僑來送者亦坐滿餐廳，實有與久別之情人重逢之感。中西君亦在，余以爲彼爲與康同遊歐美之故，特來星島，故亦來船相送，正思念間，渠忽指在傍之警察總監，大聲謂曰：『余遭此惡漢拘禁二日，無法之中，乃搭此船歸返日本。』說着突向警視總監瞪目怒視，高呼：『還我短刀！』其狀實如猛虎之搏大象，總監乃出短刀還之。此卽日昨在法庭太守出示之刀。

旅館主人主婦見及余等，卽感極而泣，菊姫亦眼泛淚珠，彼等向余等一揖，卽默默無言，余等睹此，實難勝情。而御村女史以檀香念珠見贈，御鷹女史亦以椰子罐頭一箱饋贈。其後始知余等遭警察逮捕後，卽承旅館主人去電香港，阻止硬石上陸，其俠義實足嘉佩。於是相偕進入餐廳，擧「三鞭酒」（按卽香檳酒）以示惜別。船中情況熱烈，已達極點。開船鑼聲響後，乃相互握手而別，船雖開行，而渠等仍久立碼頭，或以呢帽，或以手帕，揮舞空中，依依之情，令人感激。船開行約半小時，人影已無法辨認，一行又再度擧杯，終至酣醉，然後就寢。

醒後出至甲板，見夕陽西垂，夜色淒涼，僅有馬來西亞半島一角，依稀浮現於雲煙之間，可資辨認。此際感慨殊深，乃舉手高呼：『五年後再見！』

大本營（佐渡丸船中）

翌晨起身，話題先從一週間之經過說起。日南先就渠等上岸當時之情況報告，謂船抵碼頭，忽見有一不識之人，前來尋渠，渠問以何事，其人神情萎縮，左右顧盼之後，乃以耳語瑣瑣告知。渠聞言極為驚愕，然亦僅知囑渠等切勿上陸，詢其理由，仍屬不得要領。無法之中，乃將此情告知孫公，渠亦頗為驚愕，乃謂『事既如此，則與其一網打盡，不若中止上陸，逃往他處。』蓋以事出突然，孫公一時似亦遽難判斷。

於是先行探聽最近期內出港之船，知有一船開往哥倫布，然在一小時後卽須開行，且哥倫布與余等目的相距過遠，故不擬搭乘，至次一船期須在二三日之後，故如離開星島，則在一小時內卽須成行，此於孫君及日南本人，均甚困惑。恰於此際領事舘派人來訪，亦作以不上陸為佳之忠告，問以原因何在，則謂係康有為刺客嫌疑，渠聞此心中稍安，乃去孫之房內報告，則見孫公正在收拾行裝，日南報告領事舘員談話內容後，卽謂渠擬去領事舘詳詢經過，請其暫在船中等候消息，如渠遲遲不歸，則必已遭拘留，應卽停止上陸。言畢卽去領舘，詢知經過大略，然後返船，不料遍覓孫公，毫無踪跡，詢之船役，始知孫公亦已上陸。此誠不愧為革命黨之領袖，其決斷之佳，令人欽敬。日南乃趨至孫公之旅社，孫公謂渠：目下正在籌措如何營救宮崎等之方略。日南以領舘所得經過報告，謂嫌疑甚輕，唯所攜金錢來源，頗令英方猜疑，而余就此向太守之答辯，亦難折服太守，故建議孫公，不若證明此係孫公所有，孫公聞言當卽同意，乃親訪太守，對此事加以辯明。太守於判決後向余揶揄之由，蓋卽在此，日南並謂此事稍一差池，渠等亦大有被捕可能，結果僅略作訊問，並無他事，可謂不幸中之大幸。但値得憐憫的爲中西君之遭遇，渠係康有爲之邀請而來，徒以與日南等偶然同船來星，致遭此厄，渠至康宅後卽遭拘禁，爲時兩日，康如無對渠半絲疑惑，則渠之說明足以澄清一切，何至遭此无妄之災？康之爲人，實過細小。其後日南亦往訪康君，康費盡口舌，加以辯解，半日之筆談，均爲其對此事之辯解，日南雖一再告其不必再提此事，庶可將話題轉向其他，而康卻仍絮絮不休，謂如被人誤爲竟將渠之恩人（意指宮崎）送入牢獄，實爲一身之大事，自始至終，未能談及他事。日南君言至此，乃謂余曰：『此爲過去之事，以後方針，究將如何？』

誠如所言，在新嘉坡之預定計畫，宛如春夢一場，悉歸泡影，今後方針究應如何決定，實爲當務之急。後在船中亦曾幾度提出此一問題，然以香港情勢不明，一切非至香港，無法釐訂，乃決定俟抵港後再說，萬一至港後一籌莫展，則不若卽乘勢潛入大陸內地，唯此爲最後一策，仍須愼重考慮。

目下余等處境，猶如置身五里霧中，然幸船行平穩，且係順風，原定正午到達之佐渡丸，因此提前四小時卽已進入港口，停泊香港對岸之九龍。余與吞宇卽上陸，探察形勢，首先至南萬里*（平山周）近藤*（原禎）之住處訪問，相見欣然，卽至一室沽酒敘舊，且飲且談，未幾領事館送來一信，披閱之下，知爲領事手書，謂有事相商，希卽往訪，乃卽乘輿前往，領事謂香港政廳對余等極爲注目，深恐仍有幽囚之患，事已至此，渠雖可多方證明，力爭其非，然當此炎夏，屢受幽囚之苦，究於健康有害，且時疫正有蔓延之兆，余等如無非在此急待辦理之事，不若先行歸國，再作他圖。情意之厚，令人感激。余告以業已決心歸國，且已購得赴日船票，藉以使其安心，對領事厚意，竟報以欺騙，然後辭出——嗚呼，余竟亦學作欺人之言，以爲自豪！

再度前往南萬里等寓所，渠等仍在羨酒高談，見余謂：頃有英國警察部長來訪余及呑宇，答以出街不在，渠謂當至船上等候余等，囑爲轉告，想其間當有若干蹊蹺，故呑宇亦藉辭外出，不與相見，諸友正等候余之歸來，可知形勢殊爲不利。余亦將領事忠告告知諸友，諸友無不異口同聲，認爲凶多吉少。又與諸人擧大杯痛飮，然後偕呑宇共至碼頭，搭小汽船至九龍，回至船上，窺察左右，然後進入孫君船室。

孫君見余等至，乃將正在閱讀之書籍收闔，告知頃有警吏前來訪問余等，形勢似甚不佳，不若相偕前往與之一見，於是由孫君伴同前往警吏之處，告知姓名，然後問以何事。彼緩緩從懷中取出公文一紙，謂係政廳命令，依照治安條例，在五年之期間內，自香港放逐；余等因知卽與抗爭，亦屬無益，唯以揶揄之語調，告知香港既無康有爲居住，余等縱有殺意，亦屬無所施技，何苦下此放逐命令？

彼爲人似極溫和，謂渠僅奉政廳之命，傳達此事，豈能說明理由，唯據渠之推測，此擧與康有爲問題並無關聯，其他似更有重大原因，渠實不忍揭破余等秘密。言畢局局而笑，並問余等看法如何？

至此余等無話可說，祇得以微笑報之，以謝其厚意。於是余等又成爲船中之俘囚。

香港雖爲一小島，然在余則所關甚大，此地最初爲余於往返暹羅途中之唯一休憩所，且爲此後七年間之根據地，余與興中會會員締交，亦在此處，與孫君相識，亦導源於此，至與三合會、哥老會幹部之結交、三會聯合之形成，非島獨立黨諸士、康君及其一派之邂逅，無一不在此處。此外如淸藏與御駒、雪令及政子女史等，於余半生最具紀念之綺麗風光，亦均種因於此。香港雖小，而余愛之特甚者，其因在此。今一旦忽遭剝奪，豈不令人悲不自勝？況正有一大事業，期以此爲起點，加以推動？故香港之放逐令不僅對余及呑宇爲不幸，卽予吾黨全體亦爲一大打擊。因此急須開會決定前途方針，而警吏猶逗留不去，乃互相示意先後進入室內，開始密議。

縱令任何風暴當前，預定到達之目標必須到達，此乃全體同志之決意。但如何到達此一目標？其進路又將如何？則爲目下猶待討論之問題。余與呑宇既已無法在港立足，而已得香港太守（按卽總督）默許，卽將潛入廣東內地之首領孫逸仙，亦因受新嘉坡事件餘波影響，無法再事進行，諸人多方協議，一時亦無良策，船中之密議困難萬狀，直至黃昏猶無結論。

晚餐後涼風襲人，人跡漸疏，秘密會議乃再度召開，首領孫逸仙當卽提議：

『委託日南君（福本誠）留港以全權進行一切準備工作，○○、南萬里、近藤諸君輔之；準備告一段落後，囑由鄭*君（鄭士良）代擧義旗，近藤君爲之參謀，日本諸同志輔佐之以佔領某一地點，更將兵之一半進至厦門附近。』同時孫君則自台灣密行，以與一行密取聯絡，余等則隨孫君同行。

諸人對此一時無人敢作可否，沉默許久，日南君表示意見，認爲事已至此，日本政府對此之注意固不待論，孫君如返日本，則應知今後運動困難萬端，而呑宇、滔天兩人復不免遭縲絏之辱，且諸人此際相率返日，則於此間同志士氣，必將大有影響。故事之進行，不若一氣呵成，願乘夜陰由九龍上陸，疾驅進入內地，至廣東省城，以「神風連」（註十二）之方式，揭竿而起。

諸人對此無不贊成，而尤以余與呑宇為甚，蓋以此際返日，殊非得策，且不免身遭意外，故以此商之孫君。孫君搖頭大不爲然，謂此乃無異以肉投之餓虎，無謀已極！余說以日本之行不利之由，故應冒險為此，彼堅不接受，搖首厲聲謂曰：

『吾儕不能以自暴自棄方式，輕言犧牲，縱令此次企圖全歸泡影，亦斷不能採取此自棄之策！』

余謂此際如余等三人相偕返至日本，則士氣必將一蹶不振，大事從此將無可為，故不若採取此策；孫卽謂不如中止一切，以待再來之機。

雙方激動之餘，卒至形成一場激論。

余激昂之甚，竟出之以嘲罵之口吻，曰：『革命豈能作算盤的打算？如須有成算始可實行，則其意等於終生無爲，所謂秀才造反，非君之謂耶？余從此斷不再與君共議大事！』

孫君亦轉激昂，謂『君已狂耶？如此何不立卽投海而死，較之乘夜陰上陸九龍，潛入內地，實猶過之！』

日南先行離席歸至船艙，孫君猶叩余之膝踝，謂『君在不知不覺之間，何以竟變為如此愚蠢？』余亦報以『君何以在不知不覺之間，竟變得如此懦怯！』激憤之氣，宛如小兒忿爭。

孫君聞余此言，更高擧其手，用力叩余之膝，厲聲謂曰：

『君應知余非懦怯，亦應知余非貪生怕死之徒，而今竟對余窮追至此，究屬是何居心？』

言畢再度叩余之膝，潸然淚下，於是相對無語。未幾吞宇亦離席回至船艙，接着孫君亦去，所剩者唯余一人。淚眼糢糊中，萬籟寂寂無聲，唯見街燈與星光互相輝映而已。余至此已不能再作沉思熟考，乃亦歸至船室。

回船室後倒臥床上，愁緒萬縷，熾熱之氣，欲眠不得，不得已起身取出威士忌，方飲一杯，聞有足音停在余之室前，旋聞叩門之聲，謂『君已睡耶？』知係日南。並謂渠亦輾轉不能成寐，一度欲離室前往甲板，則見有可疑之人在旁監視，因渠不眠，故時見其人窺伺室內，或係竊盜亦未可知，囑余注意。

余乃啓扉共偕日南出至甲板散步，則見有英國警吏兩人，站崗監視，在另一方位，又有中國巡警兩人分別監視。日南卽謂『原來至余室窺伺者，卽爲此中國巡警。』於是互相苦笑，始知如此情形，已屬無法脫逃，乃携手繞甲板一週，日南突然站住，引余之手，向下指示，並謂『如此確已欲逃無從！』余目注海上，見有水上警察之巡艇嚴密戒備，於是余始恍然知余策之不可行。日南乃曰：『應去孫君處鄭重道歉！』

余乃往叩孫君之門，彼亦久不能眠，當卽開門問余何事？余將所見告知，並謝前非，彼卽釋然，亦與余等出至甲板散步，目睹情況，亦頗驚愕，面現苦笑，並稱其先見之明，余等叩頭謝罪，並謂『今後萬事均唯先生之命是從。』乃各道別再度返至船室。

人心之爲物，實極脆弱，如有事在心，則任何貪睡之人，亦難入睡。時已晨間二時，而猶無絲毫睡意，幾度起而飲酒，好容易藉酒力漸入矇矓之境，又聞有人敲門之聲，開門出視，竟爲余所愛之政子女史，一見之下，苦悶頓解。乃携手入內，問以何以至此，彼稱今夜有人在戶外頻呼其名，出至門外，則見有一從未相識之洋人，佇立門外，謂「郎」在此船，宜往相晤，渠仍以爲此係洋人故弄玄虛，未卽置信，不料此人強拖強拉，直至碼頭，然後雇舢舨載以同去，終於在半信半疑之間，來到此處。——於此余始知此爲摩根君之所爲，因其今晨渠曾一再詢問余所愛之人，並將姓名記入團扇，摩根君可謂風流之辣斐德（按係法政治家，以援助美獨立有名）哉！乃相擁入寢，共圓好夢。

船爲吾黨大總統之駐節地，亦爲參謀本部及交際俱樂部。因此同志往來如織，令人有目不暇接之慨。而本部之方針迄猶未定，黨員之催促急如星火。此爲本部首腦頭痛之因，而亦爲余須藉酒及政子女史爲之寬和之由。以小人而欲成英雄之事，實亦難矣。

翌晨睡尚未醒，孫君將余喚醒，導往別室，謂『今有一問題告君，試陳君之意見！』然後低聲謂曰：『曩日吾友（何啓*）與香港太守（總督*Sir Henry Blake)密議，太守意欲使李鴻章以兩廣宣布獨立，（李當時爲兩廣總督）而由余與李合作，實行新政，彼（總督）則暗中保護，使無妨碍。何卽以此事說李，李亦欲藉此一舉，以爲其晚年雄圖，故表贊同。近以拳匪（義和團）之亂漸熾，淸廷催李北上甚急，李終亦不克推辭，將於今日北上，而太守仍欲留李在此，不使其卽成行，並定今日十一時與李密會。故如李中止其行，余亦將由總督解除保安條例，立卽上陸，與渠等從事密議，此事夜半由渠（何啓）派人前來密告，事關整個大計，余究應上陸參與密議，抑加婉拒？希代考慮。』

孫復謂『李爲人既無義理，亦無信念，更無洞察大局之識見，且其年事已高，對於功名利祿，亦不介懷，故總督之勸阻，勢不能爲李所接受，然世事難以逆料，萬一李竟留下，余究應如何措置，故特來徵君之意見。』

余答以『如事到密令階段，則應前往列席，至將來之事，可決之於君之手腕及方寸之間。』孫對此爲之首肯稱善，以可有可無之心情，在船中等待，直至傍晚，何啓遣人來告，知李已決定留京，於是此事又成泡影。（註四七）

當此之時，各國對華態度，常以表裏兩面陰陽兼顧之方式出之，此在北京，則皆以滿清之保護者自居，在地方則竭力與秘密結社通其款曲，今有某國與拳匪相結託，以圖舉事，另一某國必與地方大官密切聯繫，以備萬一；某國如與清廷密議有所舉動，則另一某國必以秘密結社以相牽制。換言之，彼等以北京爲外交之角逐場，以秘密結社爲時勢逆轉時之逋逃藪，此種形跡，歷歷如繪，然香港太守於拳匪事件發生之初，卽企圖促李以兩廣獨立，復推孫掌握實際政權，此一方案，實具新機軸之意義，蓋太守之意，以爲如將兩廣歸入渠之掌握，則華南可以一舉而定，足可制法國之機先，而實行此着，莫如將李籠絡，若李同意此着，則實行反抗清朝，尚須藉秘密結社之力，於是又有籠絡孫之必要，如李與孫能握手合作，則可不釁一兵，底定兩廣，而已則君臨其上，加以駕御；此爲太守之理想，而此一理想，與實際目標相去已僅一髮，而卒告消滅，雖云消滅，唯此一形勢，始終存在，事在何者能乘此形勢，因勢利導，加以達成而已。夫清廷之力，已不足以掌握中國，此爲天下共知之事。而欲將中國全國瓜分，以爲我有，其不可能亦已瞭然，然欲自國家之立場處理中國問題，究應如何着手？此豈可與「君子國」所談論之問題？嗚呼君子國！爾至今猶爲「保全」、「瓜分」中國之幻夢所迷，而一無覺醒耶？何不拭目以觀列強暗中之所爲！

此日來訪者陸續不絕，入夜始得共議方針，與議者計有日南、呑宇、近藤、南萬里及余。諸人一致尊奉孫之提議，卽以日南君留駐香港，從事準備，若準備不能如意，則須以目前所有實力，立卽擧事；至擧兵之事，則以鄭君爲大將，近藤、楊飛鴻*二君爲之參謀，日南君爲民政總裁，南萬里君副之。對孫君此項提議，討論時雖亦有多少議論與意見，然結果均尊奉孫君之意見。孫君更以軍事之方略命鄭君執行，其餘日本同志，皆協助鄭大將，進入內地，玉水、野田、伊東*諸君，應在香港待命，密切注視事態發展，一有消息，卽疾驅進入內地。方針旣決，佐渡丸亦卽啓碇離港。

籌策經綸均付流水

始終有情者，爲故國之山川；琵琶之湖（按卽京都琵琶湖）、芙蓉之山（按卽富士山），今仍含笑以迎遊子之歸，然心中有事，峯巔白雲，亦是增人愁緒。

車抵橫濱後，卽辭孫君入京，與呑宇君共至芝浦海水浴場，自硬石、末永鐵巖（末永純一郎）二君處，獲知別後之情況，同時復知狼嘯（末永節）田島二君，正在上海糾合同志；未幾諸人探知余等所在，於是此間又形成梁山泊之一國，未及一週，財囊爲空。不久留香女史來訪，彼於余出發後卽移居不忍池畔，（在東京上野公園附近）再度身陷平康。並謂目下僅渠及其母兩人，故於潛居，極爲方便，余從其意，於是開始渡其「藝妓食客」之生涯，而呑宇君亦去其姊之家暫住。

就外觀言，余似身處閑地，實則不然。蓋此實爲百尺竿頭，最後努力之機。在京同志每日密集於〇〇會，以釐訂方針，硬石君督率其部下同志四十餘人，決定及時投効鄭君之軍，其中已有發自東京，到達九州待命之人。此際近藤（原禎）君突自香港歸來，數日後日南君亦追踪而至，孫君爲此，甚感沮喪，以爲日本同志中之領導人物，一一歸來，必至引起同盟士氣之沮喪，而中國方面同志，士氣亦必因此大爲低落。在彼之心中，認爲南方之事，已告絕望，決定親自投入中央波瀾之地，以圖舉事，於是阻止硬石及其部下之南行，同時透過狼嘯等人，中止同志之南下，然後決定偕硬石等二三人前往上海。未幾接南萬里來電

，知其已歸抵長崎，余將此電送呈孫君，乃囑南萬里在長崎相候，與孫君共赴上海。（註四八）

當時適逢唐才常*（註四五）之事，孫君一行到達上海後，因清廷對維新黨追索甚急，孫君因此未能展其志望，不得不空手歸來。歸後未久，又有一道光明現於天之一角，孫君乃欲與硬石同去台灣，唯硬石此際已移其心意於朝鮮，不允與孫同行，於是乃由呑宇伴同赴台。

未幾有一電來自台灣，謂六月將有義軍在惠州舉事。余卽與近藤君同至横濱，定製中國服，一切準備大致完了，專候次一電報到達，未幾電到，囑卽準備輸送彈械，該項彈械原爲菲島志士所購，以政府嚴密監視，以致迄未運走，據云，仍保存於小倉商店（大倉（喜八郞）商店），而菲島之事復以挫折失去時機，故至今該批彈械仍無用武之地，孫君商之菲島志士，得其許諾先行用之於中國革命。於是首由近藤出面交涉，不久余亦出面折衝，而背山（中村彌六）之舞弊行爲於此逐漸發覺，且又發現文書僞造，於是一轉而爲黨（憲政黨）的問題，再轉而爲黨內除名問題，事入歧途，進行無從，徒然空耗時間，因此影響惠州舉事，孫君亦不久歸來。接着此事又發展而爲裁判問題，經麻翁（神鞭知常*）之仲裁調停，在紛紛嚷嚷之間，草草了事。雖云如此，而孫君之意志並不因此稍有低落，立卽命余前往上海，進行另一步驟，此實爲最後之一策。

然事態演變，在去上海之前，雖尙有若干希望，但在上海淹留二日，終於一無所成，廢然歸來。卽訪孫君報告經過，孫君亦預知此事少有成功之望，故於余之無能，亦不深責，僅在嘆息之餘，謂『一切暫且中止』。於是所有希望，悉歸泡影。

此際孫君以極和緩之語調告余，謂在余赴滬期間，同志中對余頗多以惡聲相加；接着取出一信，且謂：『君閱此應寬大心胸，對彼等勿稍憤怒，事成則爭功，敗則諉過於人，為古今人情之常；不知其情而不憤怒者，為常人之事，然如此易陷「不明」（糊塗），故將此函保存，供君一閱，知其情而能不憤怒者始為英雄，君幸勿失其向上之心！』於余閱畢，孫卽將該信付之丙丁，並呵呵大笑，謂：『君胸中如有憤怒之情，應隨此信同時燒棄！』其言辭之切，情意之厚，使余心胸負荷大為輕減，然一片不快之念，滯留胸底，究難盡去。

辭出後歸至東京，在留香女史家留住一宵，翌日往叩木翁之門，翁顧余而笑曰：『君行踪飄忽，宛如幽靈，咸謂君不再歸來，衆口囂囂，無有底止；同志間互相攻訐，殊不足取，宜設法疏通意志，不妨相聚一堂，以杯酒釋嫌，余在家準備酒食，明日可約同仁開誠一談！』

余對翁之厚意，不勝感謝，乃分別前往同仁寓所，傳達此意，及至對陽館，主人夫婦交口謂余：『閣下能安然歸來，實大佳事，在閣下離此期間，對閣下之惡意中傷，不絕於耳，令人耳為之疲，甚謂閣下攜金萬元，潛逃無踪，將取閣下首級，以為懲罰，閣下已見及可兒先生否？——閣下已去其家？則閣下應已為無首之人……』言下復將別後情況一一敍述，無所底止。嗚呼，余為凡夫，表面雖以笑顏傾聽，心中則如滾油煎熬，理智雖欲力自抑制，而憤怒之情，則直衝心胸，然一方有孫君之忠言，他方又有木翁之高義，以為知己猶存，乃得勉自慰解。

翌日武田四秋君來，相偕共去木翁之邸。諸同仁均已先在，未幾就席，木翁以主人身份，謂『同人久不見面，意志易生阻隔，今日此會，意在使同人能重溫舊交，且飲且談，誤會庶可冰釋。』

酒過一巡，硬石首先問余『背山事件如何了結？其先後經過如何？』余當答以『余有嚴守秘密之義務，在未得麻翁許可之前，不能吐露實情。』而麻翁今日當來而未來，硬石則窮追不捨，余亦堅拒不答，於是彼之質問一變而爲嘲罵，竟謂『汝如不甘爲背山所利用，則何以不將背山殺之以示汝之清白？』其信口雌簧，令人不堪。余於忿爭原甚虛怯，然於人之嘲罵，則無甘受之宏量，此際之所以不卽報之以老拳者，蓋以稍知禮義之故。余憤怒已達極點，故所答語氣，自亦不能保持平靜，尤以對其甘爲背山利用之言，深感不快，故告以『對余懷疑，爲汝之自由！』對其何以不殺背山之言，則答以『有人如認有殺之之必要，則應由此人殺之，與我何干！』此種言辭，至今思之，直如小兒爭鬧，不思孰甚，所謂人之感情至於極度之際，往往變爲小兒，殆斯之謂耶？彼最後竟謂『老子揍你！』余亦答稱：『膽敢！』不料彼竟以迅雷不及掩耳之勢，取桌上小鉢擊余之額，余亦頓忘禮義所在，起而與之角鬥，直至廊下，方爲同人所勸止，余始覺有鮮血自額上流注臉部，乃被引往別室，召醫治療，經十餘日始告痊癒，然其創痕至今仍呈半月形，留於前額，此實爲余一生失敗之極佳紀念。

與孫逸仙書

余雖力事忍耐，多方寬容，在白晝以常有人來訪，故勉可過去，但至夜深人靜，創口劇痛之際，則仍不免幾度潸其悲憤之淚。余始覺人情之不可恃，人心之可危懼，而終於亦對人起疑惑之心。以爲日本同志中疑我憎我之心竟屬如此，不知孫君之衷心究屬如何？其能對我不生半絲之疑義乎？以人情之薄弱，恐亦難保其不然，故不如進而自行詳陳背山事件之經過，以釋其萬一之疑，於是卽在病榻草此一文，以致孫君所謂婦女之情，其此之謂耶？

『孫逸仙先生足下：辱蒙締交，倏已四載，爲時雖短，爲情則長；在此期間，道義日增，交誼日厚，而無私情夾雜其間，謀議建策，幾度大事將成，中途復遭蹉跌，然吾道萬世不孤，活用仍在人心，故交情道義，不可變易，謀議建策，世無窮極。唯　先生與僕之情誼，實由天緣，而　先生之厚意，實亦由此。大事雖云失敗，然再起之望仍在。活用之道雖誤，而仍不引責隱遁者，意卽在此。曩承　先生之命，暫將同志解散，俟機與　先生徐圖再擧，一身之爲衆怨之府，原所自期，故於惡聲四出，中傷離間之如今日者，亦不爲意，　先生高明，必能知僕心事，豈須區區陳辯，以爲解釋？然　先生與僕，均尚未至聖靈通之境，所謂不立文字拈花微笑，一時亦難企及，而風雲變幻，難免阻隔，故卽做俗人之所爲，草此一書，詳陳背山事件之經過，以明僕之心事。　先生胸中如有疑竇，願藉此以爲謹請；如無疑竇，則請一笑置之。僕重道義而念情誼，故爲此愚拙之舉，幸勿責之，幸勿責之！

先生曩在台灣，電命送械，僕即與木翁（犬養毅）、近藤（原禎）兩君共議進行之方。以預知此事進行之難，故未即遽與背山相謀，蓋以前車之鑑，對其心事不免存疑。然此事自始即由背山獨當交涉折衝，不允他人插足其間，故難察其機微，竊以爲憾。此際適聞背山將有地方之行，余等以爲此不失爲一良機，乃由近藤先訪背山，告以　先生有電命作輸械準備，何時啓運，雖不可知，唯此事甚急，一旦電令到達，即須實行，決不容曠日廢時，以誤時機，故希背山中止地方之行，親爲辦理此事，否則亦宜指定妥人，以當其事，背山則謂已與大東約定，行期不能遲延，一切俟其回京後再說。近藤君說以事甚重大，豈容輕忽至此，背山拒無可拒，乃以委任狀囑近藤君代爲辦理此事。於是近藤君乃有與小倉（小倉喜八郎）相見之機。

當近藤君往訪小倉，要求彈藥交接之時，小倉竟謂時機不利，此際不能交與。近藤責以無理取鬧，此項彈藥代價早已交付，所有權屬於我方，何作此留難？小倉答稱物品之所有權雖屬我方，然運送時機之決定，則在渠。權限之內，此事在與背山之契約中，已有明文。近藤君聞言既驚且疑，乃堅決要求檢查實物，小倉謂此批彈藥至今猶存〇〇〇倉庫，即渠亦不能輕易見到，且謂二百五十萬之物品，如何能一一檢查？近藤君答以渠曾任職陸軍，對此知之甚悉，雖不能一一檢查，自有方法可以知其大概。小倉乃謂『此批彈藥原爲廢物，其中能實用者僅佔百分中之幾分，故不若伺機輸出國外，以博巨利，此豈非背山與君等共同期求之事耶？』蓋在小倉心中，以爲近藤君亦爲背山同流合污之人，故敢以實情相告。於是近藤君乃趕往木翁之寓，並以電話召僕，僕亦匆匆趕往，聽取近藤君之報告後，始悉個中實情。

既已付款購定物品，所有權早已歸我，而竟不能搬動，亦不允檢查，最後告以廢物，並囑共同圖利，天下豈有此等怪事！僕等無不茫然自失，不知爲計，唯有痛罵背山之非人，深悔余等之不明。乃以電呈　先生，告以送械困難；而　先生復命將該款急匯。於是由木翁親訪小倉，請其還款，小倉謂可以一萬二千五百金收回，翁謂六萬五千金之價款，而竟付還一萬二千五百金，豈非欺人太甚！小倉未待木翁言畢　即謂渠收到者僅五萬日金，其餘非其所知，而五萬金之利潤，亦多付與背山，渠實所得無幾，據聞背山方面，關係之人甚多云云。於是始知背山舞弊取利，爲數甚鉅，然不知其尚有僞造文書之奸策。翁乃將渠本人及　先生之實情告知，以博取小倉之同情，請其至少付還三萬日金，渠一時不便峻拒，請以二日爲期，俾其充分考慮，然後再作答覆。二日後，遣其心腹往訪木翁，謂當另付二千五百金，其他請求，無法照辦，其意欲以一萬五千日金，收回該項彈藥。僕等至此，對小倉實已無計可施。

未幾木翁提出一策，謂背山之舞弊已甚明瞭，其中飽之款當亦不在少數，其罪行實已無可原恕，然目下徒然追究渠之罪責，於大局實亦無補，且此事一旦公之於世，渠將從此陷入萬刼不復之境，於情亦實屬可憫。故不若設法令其將中飽之款付還，連同小倉之一萬五千金，以應孫君之急，然背山平時佯作清貧，以飾其非，故如將經過直言，以迫其出錢，彼必惱羞成怒，拒不應允，人性之機微，往往如此，其難處亦卽在此。故不若先將小倉之事先行了結，並囑小倉表面仍作如尚未了結，一俟背山返京，仍由背山出面與之交涉，仍希小倉對之有所勸告，則背山或可以小倉名義，付返此款，如此則背山之名譽仍可保全，而其侵吞之款，亦可償還；至其所出金額或不能盡如孫君之意，然應急之法，除此實無他法。

對於木翁此議，僕與近藤君均認爲妙策而加贊同。

先是，僕奉　先生惠州起義之電告，卽與近藤君同去橫濱，定製旅裝，並思將此事急加了結，以便起行，而情勢發展，旣如上述，乃不得不待背山之返京。其時義軍捷報頻傳，僕實欣喜雀躍，不能自已。未幾背山歸來，僕先往訪問，告以小倉以事機不利，不允送械，蓋亦爲不得已之事，故已將此意電告孫君，孫君覆電囑急以原款電匯，因此曾由木翁、近藤兩君試與小倉談判，小倉僅允付還日金一萬五千，不允再行增加，至今猶在僵持之中，而惠州之事又急如星火，深願背山以道義說服小倉，使之付還三萬日金，以應急需。背山聞言頗感躊躇，僕卽告以此事關係東方大局，不容吾人躊躇，且彈械一事不加了結，恐亦將爲渠永久之累。背山於此似恍然有所覺悟，起立稱善，卽以電話與小倉約定時間，前往會晤，僕乃辭歸，以爲此事如此當可順利解決。

次日僕又往訪背山，彼稱昨日之約以中途變卦，未能實行，今已再度與之約定，前往相見，於是相偕出至大門，各自分手，彼去小倉之家，僕則返至旅舍。此日午後木翁以電話招僕，立卽趕往，則近藤君已先在，與翁在其書齋對談。近藤君當時極不沉着，與其平生態度迥異，僕實不勝駭異，坐定後聽近藤君之詳細敍述，始知事之經過。

近藤君謂渠頃往見背山，彼謂方自小倉處歸來，其顏容頗異平常，尚未坐定，卽憤然謂木翁爲不義無情之人，交友多年，曾未前知，今始知其性情如此。渠稱木翁曾至小倉處痛罵，實屬欺人太甚，小倉何人？不過一商人而已，而渠與木翁之交誼，則爲共同擔負天下大事之政友，而竟敢在一商人之前，狂肆漫罵，不知是何居心？故木翁實爲鄙劣已極之人。……背山此際已如狂人，而其強辯飾非，竟以中傷木翁，以逃避責任，其心術實不可恕。近藤君此際實已怒不可遏，甚欲飽以老拳，以洩胸中之怒，然仍勉力抑制，不發一言，卽告退出，其所以然者，蓋恐一時之憤，影響事之善後，然鬱積之氣，終不可制，乃來翁處言其經過。

蓋背山至小倉處勸其出錢，結果反受小倉搶白，最後小倉談話又涉及背山之舞弊中飽，並證以木翁之言（卽五萬金與六萬五千金之差額），於是背山始知友人中已有知其舞弊中飽者，於是甚爲狼狽，強辯欲飾其非，對近藤君竟演此狂劇。何況渠心中更懷鬼胎，僕等所知之惡事之外，尚有更重大之惡事，縈繞於其腦際，此卽僞造文書之案是也。

翌日僕往訪背山，近藤君已先在，僕於昨日近藤君所言，故作不知，問渠往訪小倉之結果如何？彼憤然作色，謂今後對彈械之事，不再過問，並從此與僕等分手；僕問以何故？渠乃痛詈木翁，其言大致與昨日近藤君所言相彷。僕默然傾聽者數刻，迨其言畢，告之曰：此事非木翁之事，乃孫君之事，亦非孫君之事，實乃天下之大義，今渠欲因木翁而棄其大義，於理豈能謂當？渠與木翁之爭，可俟之他日．願速了結此事，以應孫君之急，且請其勿以其私憤而誤天下之公事。彼對此充耳不聞，僅以無倫次之言．詈罵木翁，然僕仍力事忍耐，數加勸說，而卒無反應，僕憤懣之餘，亦報以一二痛罵，乃與近藤君怫然而出，然仍未敢當面揭其罪行，蓋於善後之事，仍屬有所顧慮。

於是第一步之和平手段，至此宣告破裂，然小倉所已允諾之資，決難放棄，過去小倉與德商（凡貝爾加）之間，所訂立之物資交換契約，其中缺少一頁，必須仍以德商名義，加以補發，而此事又非經過背山不可。事既至此，自屬無可奈何，乃囑日南君出面與背山相商，仍由背山之手，取得德商該項契約，於是小倉方面之事乃告了結。日南君之辛勞，實足有多。

背山至此，竟奮其自棄之勇，作背水之陣，僕等一時亦屬無法可想。然彼既自知犯有重大罪惡，其心中豈得自安？渠竟續出奸計，向進步黨中若干人物遊說，煽動渠等，謂木翁所以中傷背山之理由，意在摧毀舊革進黨之勢力，而木翁此際猶對其罪行秘而不宣，彼以小倉之言，中情不安，乃預以詭辯爲其伏線。以是一般世人漸知其與木翁有隙，乃紛紛或親訪木翁，或以書翰，探詢實情，一時成爲黨內一大問題，然木翁仍不將此事發表，僅將眞相告知黨內二三領袖而已。先生自台灣歸來，適在此時，而由先生出示之文件，發現其印鑑及文書之僞造，亦在此時。

當時古島*（一雄）君突來訪僕，渠對此事亦大致知其概略，據云昨日背山約其前往一談，古島君以久不與背山相見，今突來約渠，想與僕等之事有關，故可否前往？不敢遽決，此日木翁以去仙台未在，僕當勸其前往一見，彼卽照僕之意前往。不久古島君歸來，謂果不出渠之所料，背山表面雖故作強硬，實則內心至爲困惱，意欲古島君俟機加以調停。木翁歸後，卽以此事告之，翁聞言頗有喜色，以爲仍可和平解決。

未幾背山透過古島，求見木翁，此固由於渠心中不能自安所致，然如無古島君曉以利害，亦難至此。木翁乃答以『待合』、『料理店』等場所，均屬不可；會見之際，須有一二友人同席，可在麻*翁、奠南、岡浩*（平岡浩太郎）三人中選擇，會見之場所，亦以上述三友之家爲可；古島君乃以此意傳達背山，歸來告知將於某日在奠南家中會晤，並請麻翁、奠南臨席。至期翁囑僕將背山僞造之文書製成副本，由渠懷之前往會場。木翁歸來告知情況，謂背山之「演說」長達兩小時之久，其巧言文飾，足掩其非，翁以並無議論必要，故不作多言，卽將所携僞造文書之副本二册出示，謂背山曰：『汝所言似甚有理，然奈此二書何！』背山至此無言以對，乃卽叩頭服罪。

此一會見原爲秘密會見，並無向世人發表之意，會合之人，亦均能爲背山嚴守秘密，而彼亦已服罪，且允負責賠償，故解決之望，已在目前。不料此際朝報（萬朝報）突將背山之罪行揭露，加以攻擊，雖對其僞造文書一事，尚未提及，然此擧已足以將背山自名譽之世界驅逐，斷絕其政治生命，其狼狽自可想像。同時硬石*（內田良平）又於此時求見背山，硬石素以粗暴大膽著名，犯有罪惡之背山，其內心之恐怖可知，然僕等對硬石此擧，一無所知，由於古島君之通知，始悉其事，古島君且謂背山竟疑此擧係出木翁敎唆，故對翁不勝憤恨，如此不僅對事之進行有害，恐世人不察木翁之爲人，予人以一苛酷寡薄之印象，殊屬不妥，故望僕等能善爲之圖。而僕等亦於此際聞悉朝報之洩露此事，亦出硬石之意，故卽往告硬石，請其中止報紙之刋登及延緩會見背山之期，彼於考慮之後當予同意照辦，不料朝報仍不肯稍歛其筆鋒，竟將僞造文書一併刋登，以證明背山之罪行。此事對背山實等於死刑之宣告，於是彼乃決定死拼到底，而和平解決之望，又告破裂。

背山方面如此，而木翁方面亦有新的問題發生，此卽爲黨內對背山之處分問題。蓋自僞造文書刋出後，向翁要求處分背山之函電，紛至沓來，翁至此卽欲曲加庇護，事實已有不能，乃暗中通知背山，勸其自動離黨，以背山置之不理，乃不得不以總務委員之職權，加以開除黨籍。

和平手段既告破裂，所剩之最後一策，唯有起訴。然背山曩日曾有允爲償還之言，故此際仍有獲得其最後答覆必要，乃携　先生手書，往訪背山，此不過爲形式之舉，而背山之答覆　先生，復極無理，　先生對此亦不勝憤怒，而主起訴，僕等亦均贊同。古島君亦無法可施，對僕等決心，亦認爲無可奈何。而法律之事，亦決定託由三好退藏君負責。其間雖有後藤君之試圖調解，然一無結果，　先生反因此更爲憤慨，僕等亦怒不可遏，終於決定起訴。所謂騎虎之勢，此之謂也。

當時僕與硬石偶在木翁處相見，彼詢以事之經過，卽將其中概略告知，並謂業已決定起訴，彼甚表贊同，並謂僕等既已決定起訴，應以堂堂正正之陣，對付背山，並謂渠有友人櫻井，對此不勝憤慨，願以義務爲孫君効力，囑僕與之一談，僕卽允諾，木翁亦表贊成，於是決定由三好君爲主任，櫻井君爲副，以進行此事。

次日僕之親戚*一木君來書邀僕，僕卽往訪，至則有福井君者已先在，據云係背山之友。一木君首問僕是否必欲置背山於死地而後甘心？僕答以並無此意。渠復問木翁之意如何？僕答以與僕完全一致。彼搖首謂木翁窮追背山，實過苛酷，發表之於新聞不足，更復將其開除黨籍，此二事已使天下咸認木翁爲一冷酷無情、無血無淚之人；而今復聞將對背山起訴，此豈非欲置背山於死地而反自蒙其害者耶？以木翁之明，何竟見不及此？僕卽將事之經過詳述，以辯木翁之寃，且謂木翁豈不知其一身利害之所在，而走極端，徒以對孫君之義理，以及其一己之責任，故不得不爾。一木對此似頗諒解，忽一變其語調，謂事果如此，則實爲僕奮起發揮手腕之時，以僕平素受木翁恩顧之厚，此際實爲報恩最佳之時。僕問其意義何在？渠乃正色謂渠對木翁心事，較之世人頗多瞭解，此爲僕所深知，然外間傳聞如此，渠且亦認木翁不免無情，幸有僕之說明，得以渙然冰釋，然世人對木翁之疑惑，實遠較渠爲甚，豈可無使之冰釋之道？且背山之罪固不可逭，然僕等非一度加以信賴而託以大事者耶？如彼有罪，則僕等亦難逃不明之責，故不若放大心胸，予背山以自新之路，亦可使世人對木翁之疑惑，爲之廓淸。

其言情理明晰，僕亦頗爲所動，然以背山爲人，奸智絕倫，常因敵情變化，弄其緩急之策，僕等終難使之就範，故對一木此項忠告，終難接受。當辭去之際，一木告知背山晨間曾來訪渠，懇其調處。

此日木翁以電召僕，翁謂今日厤*翁來訪，一再謂不宜對背山迫之過甚，翁雖一一對厤翁之言，加以反駁，厤翁之意似仍不滿，臨去囑致意於僕，欲與僕一見，渠於今晚在紅葉館相候，僕可前往一談云云。

此日與　先生原已約定在古島君處見面，然後共去三好君之事務所，嗣以三好君不在，乃與先生告別，至紅葉館訪厤翁，翁將僕引至別室，謂滘之欲與僕一談，實爲背山之事，不知僕等能否稍事寬假？僕將經過略述，告以不得不起訴之苦衷。翁謂經過滘亦知之，但木翁爲其良友，想僕亦然，而僕又與　先生係屬至友，僕與木翁所予異鄉亡命之士所盡之力，滘實不勝感佩，然背山亦爲木翁多年之政友，應爲僕所深知，今爲尋求孫君之活路而置背山於死地，豈仁者之所應爲？木翁謂滘對以奸智吮取亡命志士膏血之徒，無同情之淚可灑，此爲理所當然，然理固如此，於情則有不足。人之眼淚，雖不能爲「理」而灑，然有時亦須爲「情」而灑，不爲「優者」而灑，亦須爲「劣者」而灑。僕等如一意孤行，則天下同情，反易傾向背山，而將目木翁爲無血無淚之人，今之救背山於九死一生中者，實亦不失爲保全木翁令名之道，僕何不講求救背山而解決孫君之事，復能保全木翁盛名之道？僕卽告以其道已盡，故爾採此決意。彼搖頭謂尚有可爲之道，如僕有意，背山方面，由滘負責，望僕對金額多寡，不作表示，滘將以取自背山之金額，以慰孫君。厤翁至情，令人感動，僕乃允諾。

厤翁因謂僕既允其所請，希將起訴手續卽行中止，僕答以尚非其時，因余等將於後日會晤三好君，故尚須二日之時間，且　先生與背山之會談，應速戰速決，不容曠日持久；翁亦稱善。旣而翁又謂滘對金錢之事，極爲疏濶，盼有能之顧問，爲之襄助，僕卽推介古島君，翁亦稱善。

二日後僕等復與先生在古島君處會合，然後共訪三好君，而三好君之言又如彼，（渠謂對背山之罪，法有明文，而事關密謀，所有一千有關人物，均須遭司法當局傳訊，且以涉及四國不同國籍之人，勢將成爲史無前例之重大案件，結果恐非數年不能了結云云）因此　先生之決心亦難免動搖，然如三好君所言爲背山所知，彼必一反前議，改取強硬之策，故雖同仁亦不告知，而對麻翁更作已在進行起訴之狀，以促其儘速進行背山方面之事。嗚呼，僕爲此竟成爲以策術欺矇麻翁之人！麻翁爲此，唯恐至期起訴，乃急與背山交涉，而終將背山之家屋取得，（估計約值一萬三千金左右）以爲補償，僕等對其數額之少，甚感意外，然以僕已向麻翁協定，對金額多寡不作表示，不得已僕思故意退出參加此事，而由他人擔任交涉，因將此意奉告　先生及其他同人，而　先生等均謂如爲金額多寡爭持，則談判難免破裂，問題必至再行起訴，而起訴之困難又如三好君所言，故不若採取姑息手段，由古島君訪問麻翁，說明　先生現狀，請其設法有所增益。翁聞言嘆曰：背山爲至死仍弄奸策之人，蓋翁已察知背山有隱匿其財產之形迹，於是翁欲以自出千金，以償　先生，　先生守義不加接受，翁乃再度說服背山，由其另出二千金之期票，以爲增益，復以　先生不欲接受家屋，故仍由背山以現金一萬三千金交付，此事於此遂告了結，所謂以「倒賬」之方式，勉告段落，此間經過，實皆爲　先生所知。

事實經過既如上述，今以個人之內心所思，爲　先生陳之：木翁最初之希望，冀能對背山不爲過甚，而維繫對　先生之道義，然事態發展，乃不得不澈底制裁背山，以維護對　先生之道義，雖受世人無血無涙之嘲，亦在所不惜。厖翁之意，則欲救背山於九死一生之中，而不使木翁之令譽有損。而僕不幸處於兩者之間，更不幸對兩翁之心事，知之甚詳，至於對　先生情況之瞭解，更不待言，因此施爲之苦，實非一般所能想像，唯以久辱　先生之知，故不敢有所狐疑，勉當其衝。

僕之所欲言者，已盡于此，走筆至此，對僕竟作如此冗長之文，亦感自驚，而於僕竟爲此愚劣之行，尤覺愧恧，然僕之所以至此者，究爲何事？知其愚而仍爲之者，其故安在？一言以蔽之，深恐人情之易生阻隔，而思長保與　先生之交誼，於千秋萬世而已。　先生能不笑其迂曲，則幸甚矣！』

惠州事件

嗚呼，夢之煩擾人者何其深也！當幻夢惱人之際，非島之夢已成過去，惠州義軍之夢亦已闌散，而非島之事，已爲天下之所盡知，至惠州義軍之事，則尙未爲人所知，於是余乃不得不學痴人之說夢，加以敍述。

明治三十三年六月（一九〇〇年），孫君及余等自橫濱出發前往香港，事前曾令廣東之部將，以壯士六百人集中於三州田之山寨（三州田在廣東大鵬灣附近，自香港舟行約一日路程），俟船抵香港，再發布一切佈置設施之號令，然後孫君由香港經西貢前往新嘉坡，余等則俟在港事了，逕往星島，與孫君等會合，確定各種方針，然後重返香港，由間道潛入三州田之山寨；此爲大概之方針，然以遭遇新嘉坡疑獄事件，余與香宇被處五年間之放逐，孫君及其他同志亦無所容身，乃同船回至香港。

此際三州田山寨雖已佈置就緒，六百壯士亦已集合完了，但武器僅有洋鎗三百，彈丸每鎗三十發而已。唯黨中有與廣東省城某營隊長密通之人，約定以重金購買兵器，孫君乃斥資使之進行此事，同時並命購買汽艇，以便直接進入三州田山寨。不幸香港總督突於此時下令，將余及香宇放逐，於是乃有冒險潛入大陸之議，終以警察防範嚴密，此事卒難實行。孫君乃令固守三州田山寨，以待後命，余等乃被迫不得不同船回返日本。

孫君在日數月（註四九），東奔西馳，計畫雖多，事有十失而無一得，以至三州田之壯士糧食日益困迫，乃將多數分散於各地，以寄食於同志之家，僅以八十人留駐山寨，加以堅守。而數月來村民之誤入山寨者，均遭拘禁，不准外出，以防洩露機密。附近居民，以進入山寨者從此卽杳無消息，日久生疑，傳聞亦因之而起，群謂三州田山寨中有人謀反，一以傳十，十以傳百，杯弓蛇影，最後甚至謂有人馬數萬；於是兩廣總督（德壽）傳令水師提督何長清，率虎門防軍四千人進向深圳，同時復令陸路提督鄧萬林以惠州府城防軍進入淡水、鎮隆，以斷絕三州田之出路。然清兵以我擁有大軍，故不敢遽進，始終疑懼逡巡，不知所爲，我軍聲威雖盛，然實力實極薄弱，如敵人以八千人來襲，則一朝之間，卽可悉爲所擒。此在寨外同志，至感憂慮，乃電孫君，以定行止。孫君以事既洩露，則宜暫時解散，以避敵鋒，而三州田之壯士以深知敵情，雖不敢遽爾前進，然仍恃險不欲遽離山寨。故再電孫君，如能將彈械送達廣東某一地點，並預爲示知到達時日，則渠等可一鼓作氣，前往領取，以之攻擊敵軍。當時孫君係在台灣，乃卽傳令，如能突圍，宜卽直趨廈門，一俟到達，卽可獲得接濟。孫君之電令余等作運械之準備，卽在此時，而背山罪行之發覺，亦在此時。

孫君命令尚未到達山寨，而水師提督何長清已以其前鋒二百人移駐沙灣，卽將由橫岡進窺三州田。我軍迅速獲知此事，認爲與其坐而待敵，遭受不利，不如制其機先，以振軍心，以寒敵膽。於是領袖黃*福率領寨內八十壯士，乘夜襲擊沙灣，槍斃敵兵四十餘人，其餘悉告潰走，是役我軍並獲洋鎗四十餘桿，子彈數箱。我軍至此士氣大振，天明乘勝追擊，直達新安縣城。此際大將鄭君由香港攜帶孫君電令，乃改變進攻路線，由東北直趨廈門；其時我軍已在半途，聞令轉回長岡，其時集合三州田之壯士，已有六百，而大批同志五六千人，多數結集於新安虎門之間，此等同志，初擬與三州田之壯士合力以陷新安，而以中途改變命令，本隊趨向東北，終於無法攻陷新安，亦且失卻彼此合流之機，蓋以固守遠隔之傳令，致有此失。

至此鄭君代替黃君，爲全軍司令。沙灣一戰以後，敵軍雖云敗走，然其中堅猶未挫傷，仍以三千之衆，列陣淡水，而在鎭隆，亦有千人駐防，然吾軍兵力僅有六百，持有軍器者不過三百餘人，後在平山、龍岡號召所得者計有千餘人，無軍器之人，則代以戈矛，以助聲勢，然後出發前往鎭隆，時敵軍已由佛子坳出兵，扼險以迎吾軍。吾軍持戈矛者均列前鋒，以壯聲勢，持洋鎗者則分左右兩隊，匍匐上山，一近敵之兩翼，卽一舉加以襲擊，敵兵爲之喪膽奔潰，吾軍乘勝追逐，殺傷甚多，是役俘獲敵兵數十人，敵將杜鳳梧亦爲所擒，擄獲洋鎗七百餘，馬十二頭，旗幟、文書、翎頂等不可數計，而彈丸五萬餘發，亦入吾之手中，是夜吾軍駐紮鎭隆。

其時同志有自惠州來者，謂博羅城之同志不能如期舉事，（此一批同志預定爲攻陷惠州城者）而淸兵來者已多至五六千人，提督劉邦盛、馬維祺、莫善積之徒均已到達，鄭潤林、劉永福等亦不日可到，若敵兵全部到達，數當在二萬之衆。鄭君至此乃以衆寡不敵，不敢正面進迫，拂曉改向永湖進軍，是日在途中曾有兩三接觸，夜抵永湖駐宿，此爲沙灣戰後之第五日。

先是，鄭君命令全軍，秋毫無犯，故沿途鄉民，無不簞食壺漿，以迎吾軍，歡欣之聲，響徹道途，鎗聲方止，爆竹之聲隨之，財帛之獻，牛羊之饋，不可勝計，父老見者無不嘆曰：從來革命之兵，未嘗有嚴肅如此者，是誠可謂仁義之師，因此同志前來投效者，竟達數千之多。

第六日拂曉由永湖進軍，行未數小時，忽有敵之大軍出現，蓋係淡水撤回之軍與惠州派出之部隊在此相會合者，其數約有五六千人，吾軍人數亦大致與之相等，唯僅有鎗枝千餘，好在吾軍士氣極爲旺盛，頗有滅此朝食之概，持鎗者均一鼓先登，向敵猛擊，戰約數小時，敵軍大敗，狼狽逃奔，或向惠州、或去淡水、或至白芒花，其陣容之亂，可以想見。敵軍提督劉萬亦受重傷，吾軍復分途追擊，計擄獲洋鎗五六百桿、彈丸數萬顆、馬三十餘頭，生擒敵兵百餘人，均令剪去髮辮，以充軍役。

此夜吾軍整夜前進，拂曉到達白芒花，未見敵人踪跡，村民歡迎極爲踴躍，而同志前來投効者竟有五六千人，合計已有衆萬餘，是日卽在此處調度糧餉，以爲遠征準備，此爲第七日。

翌日黎明起程，開始向厦門進軍，途中未遇敵軍，唯人數衆多，部勒爲難，因此行程極爲弛緩，而沿途村落，屋宇甚少，不足以容納吾軍，乃連夜搭設篷帳，以爲駐宿，直至第十日之夜間，到達崩岡墟，始有民家可資住宿，此處亦無敵踪。

迨至第十一日黎明，始見敵軍沿河布陣，吾軍卽以崩岡墟爲營壘，布陣接戰，敵軍應戰者七千餘人，相持不下，吾軍徹夜固守營壘。第十二日之情形一如昨日，彼此僵持不下，入夜吾軍出小隊，襲擊敵軍營壘，直至翌晨，未稍休止，敵軍爲之稍卻，吾軍齊出肉搏，苦戰數小時，敵軍卒告敗走。日落後吾軍收隊復入橫岡，收拾行裝，以爲進軍準備，蓋以此日之戰，吾軍彈藥已將耗盡，且須長途行軍，故不能再作追擊敵軍之擧。而彈藥缺乏，實爲司令官最所憂慮之事，唯有急趨厦門，以待外來之接濟，然此一希望卒成泡影，背山之罪，豈不大哉！

第十四日拔營起程，晚至三多祝宿營。第十五日四鄉同志前來投軍者爲數甚多，前後總計二萬餘人，是日將隊伍分駐各處，以籌糧餉，蓋此後自三多祝以至梅林之四五日間，沿途無大鄉村可資籌餉，故不得不預爲之圖。第十六日由三多祝出發，迄晚到達白沙。

第十七日正將出發，忽有人自香港經海豐，前來傳達孫君命令，謂政情突變，外援難期，即至厦門，亦恐無法補充彈藥，軍中之事，希司令官相機決定進止。此卽由於背山之事，彈械運送無從，而台灣之情勢，亦不允孫君進入內地，以至功敗垂成。軍中接報後士氣頓告低落，於是集合各領袖開會討論，一致以爲厦門接濟皆已無望，則不若退出沿岸，渡海再返三州田山寨，設法由香港購入彈藥，再向西北與新安、虎門之同志會合，一舉攻陷廣州，以資號召。衆議定後，乃解散鄰近加入之同志，使之各返其家，僅剩持有洋鎗者千餘人，分海陸迂迴大鵬。時三州田山寨尙未陷入敵手，水師提督何長清，僅移其深圳之軍，駐紮横岡。故同志謀襲擊横岡，以生擒何長清，然以軍資無着，糧食不繼，彈藥購入亦無可能，卒至雖有奇計，亦不得不中途解體。嗚呼，是其誰之過耶！

是役我軍陣亡者僅止四人，此皆爲革命軍之犧牲者。然最令余不勝愴悼之情者，莫過於史堅如君、楊飛鴻君之慘死，以及我日本人同志山田良政君之失踪。余爲硬石所傷，在不忍池畔療養之際，孫君來訪，出示一書，接讀之下，知爲史堅如君之凶耗。彼在廣東省城爲官軍所捕獲，不久卽成爲斷頭台上之人，嗚呼，胡爲而竟至此耶？以十八歲之少年，美貌如玉，溫柔如鳩之彼，以先天下之憂，與惠州革命軍暗通，單身潛入廣東省城放火，並以炸彈投入大官邸內，斃其二十餘人，卒使滿人心膽爲寒，藉爲惠州軍暗中牽制，事覺被捕，卒遭斷頭之極刑。

余等曩在香港被逐回航日本，日華兩國同志前來相送者爲數甚多，而史君亦來，臨別吞宇以日本刀致贈史君，彼受之不勝欣喜，然以警察監視甚嚴，經種種考慮，乃將刀柄深藏長袖之內，更以洋傘遮住鞘尖，連呼「妙，妙」，揮其右手，顧盼微笑，從容離去，此事此情，猶在眼底，而今其人已逝，可不悲哉！

惠州事畢後數月，革命軍敗軍之將鄭弼臣（卽鄭士良，弼臣爲其號）逃來日本，已去胡服而着洋服，並去其髮辮而爲平頭，驟覗之下，判若兩人，回憶往事，不勝感慨。彼復傳來噩耗，謂當革命軍迫近惠州城之際，日本之同志山田前來投效，當軍返三州田之際，山田君突告失踪，實足懸繫云云。迄今事隔二年，依然杳無消息，誠令人不勝憂慮。彼遊中國多年，對彼邦情形，極爲熟悉，溫良寡言，志態高遠而熱切，及惠州舉事，卽隻身由上海馳往投效，可見其志慮所在，此際彼究在何地逍遙？願其仍在人間！

數月後又傳悲報，謂我黨領袖楊飛鴻君*，在其香港寓所死於刺客之手。未幾又來詳報，謂此事係由清廷懸賞四萬兩購其首級，無賴賤民惑於重利，乃下毒手；又云因香港政廳追究幕後關係甚急，兩廣總督爲恐其嗾使經過暴露，乃自行將凶手捕獲處斬，楊君於此，或可稍慰於地下，然越山楚水，仍蒙胡塵，未復唐虞之德以前，彼等豈能瞑目？然不知何日始能臻此？嗚呼，不知何日始能臻此！

回首前塵，半生一夢，且均爲失敗之夢。追懷夢迹，痛恨之情，無時或已。其中尤甚者爲菲島事件與惠州事件兩事。而菲島之事失敗如彼，惠州之事復失敗如此，言念及此，余雖食背山之肉，茹背山之血，亦嫌不足，嗚呼，此種心情，豈余一人而已耶？凡志同道合之人，無不皆然，更何況孫君本人？其痛恨當更有甚者！然深夜靜思，此亦余之不明不德，有以致之，豈能歸罪於背山一人，而加以深責？故與其責彼，不如自責，與其求人，不如求己，嗚呼，余其從此遁入山門，永爲世外之人？

遁入山門固無不可，然余尙有小兒無法安頓，居無家，食無米，穿無衣，目前正寄命於其母之鄉，余妻爲此不知歷盡幾多艱辛，余豈能對彼等生活，棄置不顧，而獨以山月自娛？余半生且負幾多人之盛情，以行吾道，尤以二三小本經營之家，因余之累，業已倒歇，其中雖未倒歇，亦已週轉不靈，搖搖欲墜，如「待合」松榮、如旅館對陽館、如香港「七番」、如留香女史，無一不因受余之累而困窘萬狀。余雖可遁入山門，然豈能對此隆盛情誼，一併拋卻不顧！

今留香女史之處境，已在半破產狀態，女史一再以其藉以餬口之唯一資具和服典質，以爲一時彌縫之計，因此與其母之間，不時口角，其母常斥之『以活了這一把年紀之妓女，尙與男人鬧戀愛，其無出息可知！』而留香女史亦不示弱，反唇譏之曰：『你才無出息，叫女兒爲藝妓；希望你仍還我淸白之身！』余雖數度思離留香女史他往，然以愛之深，且復爲道義之心所縈擾，故始終躊躇不能卽決，致其家境日益困窮，留香所有較爲華麗之衣，一律典質淨盡，於是卽欲手持三絃，重度其賣笑生涯，亦不可得，而余至此，益陷入感情與義理之深淵，而難自拔。

當余初至留香處寄食之際，以爲不久仍可潛入大陸，風雲際會，以圖再擧，詎料事與願違，奄忽之間，萬事皆空，然猶存一縷之望，以與○○、○○諸君相密計，然卒無所成，於是余之命運已告窮竭，語云：『窮則變。』余果將如何處變？乃先將胸中所懷未來之夢，告知留香。

且唱落花之歌

人之不能副一般對其囑望之重，內心痛苦，實無逾此。如角力力士上場比賽，當其揚手擧止，左顧右盼之際，其平素愛好之觀衆無不歡聲雷動，此時力士之心情，實無與其一身之榮辱，所蘄求者唯能副此愛顧觀衆之厚望而已。余曾抱所謂大志大望，留香固不解個中消息，然其以期望一成名力士之心情，熱望余之成功，則屬無可置疑。彼之所以前後四年，忍其貧苦憂勞，而不我棄者，實由於對余之情愛與屬望，有以致之。余之於彼，實爲其心胸中所屬望之力士，故余豈能以一尋常之顧客對之！然余之意志與此逆行，竟向使其大失所望之方向進行，余將脫出名譽之世界，置身於世之卑下之境，而終將此事明告留香，彼驚愕失望，自所當然，然仍以淚洗面，對余安慰萬端，謂『君之苦勞妾所深知，然時勢所限，亦屬無可奈何之事，不若暫安現狀，待時再擧，不知君意何如？』嗣見余意不可動，乃謂『君旣有不得已之苦衷，妾亦深爲同情，唯在實行以前，請暫勿向母道及！』

嗚呼，四年餘來素以余向其母自傲之留香，於此乃不得不向其母低首自卑，不僅其母而已，渠必將從此爲其多數稔客所嗤笑，所有渠之親戚友人，亦必因余之故，對其嘲弄冷落。嗚呼，此其誰之罪耶？

明治三十五年（一九〇二）三月二十三日，余至芝愛宕下町「寄席」（日式游藝場）八方亭，訪問桃*中軒雲右衞門，彼爲目下第一流之「浪花節」歌唱藝人，亦爲「愛進舍」之會長。適以渠去横濱未在，乃留刺託其門生代爲致意。入夜再度往訪，彼乃延余入其後台，余乃叩頭請其收爲門生，渠笑而不答，似對余之請求，極表懷疑，蓋余與彼素不相識，且亦無人介紹，突然訪問請其收爲門生，其懷疑自所當然。於是余始悔己之孟浪，正躊躇間，忽見座旁置有「二六新報」，乃即以其中所刋之「三十三年落花夢」示彼，並謂此爲余之履歷，書此以代半生之懺悔，從此擬遁世入「浪花節」之群，深願其諒察此情，加以收留。渠至此似稍諒解，乃允所請。繼又問余寓居地址，謂明日有事將至余寓附近，歸途當往訪問暢談。旋備酒肴，共飲數觥，然後辭出。

翌日雲右衞門師偕其夫人同來。照例在樓上之四叠半（約當於中國之亭子間）對座。余乃以師禮對之。彼囘禮後以手叩膝，謂觀此景象，始知余之要求爲不虛，夫人亦點頭首肯，相與大笑。夫人謂『滿以爲閣下故弄玄虛，今見閣下居處環境，始信其爲不虛。』雲右衞門師亦謂今日此來，實欲探査眞相。於是酒肴由留香之手，一一搬入，余乃得藉此共結師生之義，洗杯以獻，師謂『願結兄弟之義，君向余習藝，余向君廣求知識。』師之心至此始告釋然，而余之志願亦得達成，乃共飲數觥，微醺後送之歸去。

留香之母及其弟，此時已察知余之轉變情況，乃在樓下屢聞渠等輕蔑之語，及留香與之爭辯之聲，最後留香上樓向余哭訴，望余囘心轉意，放棄從事「浪花節師」之企圖，然余仍剛愎自用，不爲所動。

翌日留香之母到處奔走，留香則悄然似有深憂，頻頻嘆息獨語，謂此後又不得不從事痛苦之皮肉生涯。今後十日，余在此闇黑之世界中，受盡苦惱，蓋爲義理與人情所繫，不得不爾。

四月三日，余終於辭別留香，正式移居於雲右衞門師之寓，而爲桃中軒門下弟子之一人，留香亦重作馮婦，出入於花柳之巷。俗云「純愛不能持久，唯色始能持久」，此語雖亦有其半面之眞理，然余對留香之情義，刻有無限之印象，至今猶深藏心版，未能稍去。

嗚呼，世事人事，覺悟來時，無不是夢，雖不覺悟，其爲夢則一。於幻夢之世，追逐幻夢，輾轉於舊夢與新夢之間，煩勞可知！歌乎哉，落花之歌；奏乎哉，落花之曲；武藏野的花，業已摧折；其然耶？嗚呼，其非耶？

日本侵華之一貫性

戰後筆者曾從國民黨黨史立場，撰寫過若干有關國民黨初期活動時期與日本有關的記述，二年前並曾翻譯宮崎滔天「三十三年落花夢」一書，主要的在闡明國民黨早期革命與日本密切不可分的因果關係，就中國近代史的立場，深信有其必要。但由於種種關係，在全體工作的傾向上，似乎過於偏重了日本的熱情與俠義，而忽略了日本民族陰謀詭譎的另一面。

其實，日本對於中國，所謂萬變不離其宗，儘管在作法上五花八門，但歸根結底，其最後的目標是在併吞中國，則爲不爭的事實。戰後日本在廢墟中復興，雖其立國的重點已置於經濟的擴張，但其內心對於大陸又何嘗忘情？不過世界的情勢變了，日本本身的情勢也變了，在赤色狂潮冲擊之下，形格勢禁，一時無法動彈罷了。

在這裏，筆者特別要交待清楚的，則爲當時日本在援助國民黨的同時，對於清廷以及其他中國野心集團，無不分別作同樣的策劃與運用，其主要目的，無非想藉此增加中國內部的紛爭與對立，然後乘隙侵略，以達成其一舉滅亡中國的目的。

不過，當多數日本浪人於結識　國父中山先生以後，因爲深受其人格的感化，一變而爲　國父忠實信徒的，爲數實亦不少。如「三十三年落花夢」的著者宮崎滔天，卽爲其中之一。如筆者過去所指陳，宮崎的思想根柢雖與一般日人不同，但最初亦無非是受了外務省的囑託，與平山周、可兒長一等三人赴華調查所謂秘密結社的實情，所以其最初的使命，也完全是日本帝國主義侵略中國各種計劃中之一個小環節，但其後因其本身民主思想的素養，一旦與中山先生接觸，遂深受其薰陶與感化，成了國民革命的信徒，以極爲純正的心情，熱烈協助與支持。

其實，當時所謂支那浪人集團之中心組織「黑龍會」，從主持人頭山滿起，所有分子均無不以攫取大陸爲其最終目標，渠等對中國政治集團，無不分門別類，各取聯絡，如在對　國父援助同時，對於保皇黨的康梁，也以同樣的方式，加以援助，此即爲其中顯著的一例。

當國民革命成功，中國逐漸從三百年來腐敗的滿清政體脫出，趨向近代統一國家的時候，日本又暗中援助袁世凱，以阻止國民黨的發展，同時並利用第一次世界大戰的參戰，趁西方列強無暇東顧之際，除了攫取原屬德國租界地膠州灣及青島等地以外，又以二十一條幾近亡國的條件，迫使袁世凱接受。

當此之際，一向以支援國民革命的黑龍會，在陸軍參謀本部支持之下，對於大隈內閣之對華政策，仍以爲不夠徹底，乃由該會代表內田良平（原亦爲支持　國父革命同志之一人，別號硬石）出面，提出極秘文書「對支那問題解決意見」其內容如下：

「日本必須於歐洲諸國無暇顧及遠東之際，澈底對中國問題作根本解決。爲達成此一目的，必須先與中國締結『國防協約』。」

此所謂『國防協約』之內容，說是當中國發生內亂與對外戰爭之際，日本「援助」中國政府，滿洲（

東北）、內蒙之統治權則由中國「委讓」日本，所有全國重要鑛山、鐵道，均歸日本經營管理，中國軍隊置於日本訓練改革之下，除了這些次殖民地化的計劃以外，在方式上，內田還說明：

「作爲此一『國防協約』對手的中國政府，因袁世凱政權已微弱不足恃，日本應於此際分別以武器及資金援助以清朝復辟爲目的的「宗社黨」，及其他不平政黨，使之分別在中國各地武裝蜂起，造成中國全體的大混亂，然後由日本出兵，加以鎮壓，於袁世凱政權崩潰之後，另行成立一日本足以控制之政權，唯日本爲萬世一系之君主制，故中國亦必須廢止共和制，以立憲君主制爲新政權之根本。」

此一意見書的影響，極爲重大，決不能視爲黑龍會所代表的浪人團體的單獨構想，因爲其幕後除了陸軍參謀本部以外，尚有龐大的財閥勢力的支持，此後形勢發展，且使態度比較穩重而對袁世凱仍懷期待的首相大隈，亦爲之屈服，除了改組內閣，由石井菊次郎繼加藤高明爲外相外，並全面接受黑龍會意見，由「民間有志」方式，實施內田意見書之各種計劃，對「宗社黨」以及其他各黨，大量援助武器資金。當時由「大倉組」出資百萬日圓援助肅清王，久原房之助出資八百十八萬援助反袁派的其他黨派，戰後久原常引以爲榮的對 國父當時六十萬日圓的借款，事實上卽爲此八百十八萬日圓之一部分。（歷史的事實說明：該項借款決非爲了援助中國革命，而其目的在製造全國性的混亂，以便日本可以藉口出兵『鎮壓』，製造傀儡政權）。

在日方當初援助國民革命的主要目的，爲三井、三菱對於初期革命事業之援助，以及日人對於 國父亡命時期的援護，除了少數具有純粹理想與熱情者外，主要的在製造中國全體的混亂，根據資料，國民革命成功後，日方的援助目標，一變由國民黨而移向「宗社黨」，蛛絲馬跡，可以看出日人用心之所在。

辛亥革命成功，日本當局唯恐中國從此統一強大，一方面於十月十六日正式通告滿清政府，決以各種方式，援助清廷，並於同月二十三日與清廷簽訂大規模武器買賣契約，二十四日第二次西園寺內閣決定其所謂「對清政策」，其要點爲：

「滿洲問題之根本解決，應在最有利，且其成功率最高之際，加以實行。今後應全力在支那本部，植立各種勢力。」

十一月杪日政府更發出對英美兩國的照會，要求共同干涉中國革命，重建清朝，實行君主立憲，結果爲英美所拒。（按其時英國已與袁世凱勾結。）

與此同時，陸軍參謀本部更利用其爪牙所謂「支那浪人」，企圖於我國革命初成，國勢未定之際，儘速奪取「滿蒙」，以獨立爲幌子，置之於日本掌握之下。在滿清末期即在中國活動之典型「支那浪人」川島浪速，專門從事清室各種權要的籠絡工作，而與肅親王之間，勾結最深，一旦辛亥事起，就思乘機奪取滿蒙，然後逐步蠶食全國，川島於計畫決定以後，首與當時駐朝鮮總督寺內正毅聯絡，取得全力支持之許諾，川島當時第一步計劃在暗殺袁世凱，以冀中原陷入混亂，然後實行舉事。不料事機不密，殺袁計劃中途失敗，川島乃將肅清王秘密携出北京，準備在東北以肅親王爲中心，樹立「滿洲獨立政權」，同時並與蒙古喀喇沁王等暗中聯絡，於「滿洲獨立」同時，分別在內蒙舉兵。參謀本部爲援助此一計劃，特由東京指派高山公通前往北京，與北京日軍守備隊隊長菊池武夫，秘密部署一切。明治四十五（一九一二）年二月二日，川島在渠等援護之下，將肅清王秘密護送前往旅順，由關東軍都督府將其藏匿於民政長官官舍，以便待機進入奉天，實行舉兵。（此與土肥原之誘拐溥儀，如出一轍。）

但此際以滿鐵（南滿鐵道株式會社）爲中心之特務人員，已與我革命勢力取得聯絡，駐奉天陸軍代表三原等人，且對革命黨人多方援助，結果使原已預定與肅清王呼應之張作霖，發生極大反感，駐奉天日總領事亦以事前未奉指示，且此事牽涉太廣，乃將川島及高山等舉事陰謀，詳細報告外務省，結果日政府不得不將川島召返東京，與參謀次長福島安正協議結果，認爲事機未熟，乃將計劃中止。（後在中日戰爭中，著名的女諜川島芳子，即爲肅親王之女，交由川島收養者。）

當時如果日政府各部門聯絡週密，川島浪速的計劃如期成功，則二十二年後的以溥儀爲傀儡的僞「滿洲國」的形成，在民國三年可能已告成立。

以「肅清王」爲中心之「滿洲獨立」計劃，雖告中止，但在「蒙古獨立」計劃方面，則由關東軍現役將校松井清助、多賀宗準等人，動員多數日僑，將大批關東軍之武器彈藥，先行集中於公主嶺，然後從五月下旬開始，以五十輛軍用車，逐批運往內蒙，但以事機不密，中途爲中國軍隊發覺扣留，激戰結果，松井身負重傷，日僑亦多數死亡，於是川島浪速所代表的早期「滿蒙獨立」，一時暫告失敗。但事實上日軍部此項計劃，並不因此中止，暗中仍積極準備，在四年後的夏天，死灰復燃，乃有第二次「滿蒙獨立運動」醜劇的重演。

民國四年（一九一五年，日大正四年）夏，黑龍會的「對支那問題解決意見」事實上已得日政府各部門的同意，於是陸軍參謀本部在辛亥革命當時一度挫折的所謂「滿蒙獨立運動」計劃，又再度付諸實施。此次爲了避免政府各門間的聯繫不週，互相杆格，乃由外務省參政官柴田四郎爲主體，與川島浪速、陸軍參謀青柳勝敏等人，綿密計劃，並與蒙古騎兵隊首領巴布扎布取得聯絡，陰謀以其兵力，支持「宗社黨」實行「滿蒙獨立」，青柳勝敏並於翌年一月，前往內蒙，從事初步部署，參謀本部則由次長田中義一親自主持，令由第二部部長福田雅太郎負責實際指揮，並立卽派大佐土井市之進爲現地總指揮官，少佐小磯國昭（中日戰爭末期曾任總理大臣）副之，同時關東都督中村覺也表示全力支持。

但此事一到進行階段，遭到日本駐奉天代理領事矢田七太郎及「駐滿第十七師團」師團長本卿房太郎的猛烈反對，矢田等認爲「如利用此等與土匪無異之內蒙軍隊舉事，決無成功之理，如果輕率行動，必遭到列強猜忌，結果反而促成袁世凱與南方派（按卽國民黨）之妥協，以完成中國之統一，此於日本前途，實極不利。故不如放棄此項計劃，扶植滿洲最具實力之張作霖，借渠之手，完成滿蒙獨立，較爲確實而具希望。」

在此種情形之下，參謀本部次長田中義一對於矢田等人之建議，認爲不無理由，乃對關東都督中村覺發出中止命令，並同意藉張作霖之手，實行「滿蒙獨立」。但關東都督中村覺對此極表反對，仍囑土井等人按照預定計劃，積極進行。於是當時現地駐在人員之間，對於所謂滿蒙問題，分裂成爲二派，不久由矢田等人所從事之扶植張作霖計劃，獲得初步成功，奉天將軍段芝貴因不堪日方壓迫，不得已退出奉天，前往北京，於是張作霖以代理奉天將軍名義，事實上取得東北的整個政權。

與此同時，由陸軍參謀本部第二部長福田雅太郎支持之土井、小磯等人的另一「滿蒙獨立工作」，仍在積極進行，同時為了對抗矢田等人之計畫，竟曾於同年五月二十七日計劃以炸彈暗殺張作霖，卒以事機未密，未獲成功，（按張作霖日後仍死於日人炸彈之手）。

迨至六月，土井之計劃準備完成，正欲以奉天為中心，分別舉兵之際，不料六月六日袁世凱突然去世，日本乃決定扶植副總統黎元洪為總統，以渠為日本之傀儡，成立全國性之親日政權。因此日政府乃透過參謀本部，對關東都督中村覺發出正式命令，中止土井等正在進行之以巴布扎布為中心之「滿蒙運動」工作。但事實上以大尉青柳勝敏指揮之三千蒙古騎兵，已於七月一日由內蒙出發，開向「南滿」，八月十四日正式佔領南滿鐵路沿線的郭家店，唯在此時，由於日政府的嚴厲命令，原在東北各地準備響應之各種部隊，已告解散，於是此第二「滿蒙獨立」陰謀，又告無疾而終。當時日方為了解散青柳所率領之巴布扎布的蒙古騎兵隊，曾經以步槍千二百桿，彈藥二十四萬發，以及其他武器，作為此行代價，然後遣返原地。

從上述日本援助中國各政治集團的動機與內幕，以及以黑龍會為主體的二次所謂「滿蒙獨立計劃」，可以看出此後一連串的侵華事件，包括九一八、製造偽滿、以至擴大至八年的全面侵略戰爭，日本是始終在其一貫的陰謀與整體計劃之下綿密進行的，就是對於　國父當年革命的援助，除了一小部分因受　國父人格感動的日人以外，也無非是此種計劃的一環——這一冷嚴的事實，研究日本歷史的學者不可不特加注意，筆者於連續撰述早期國民革命與日本關係之餘，也願趁此機會，作一明白交代。

附註

㈠　義太夫　爲日本淨琉璃謠曲之一派，主要係配合日式傀儡戲之動作而作，一六八五（日貞亨二年）由竹本義太夫所首創，故有是名，沿襲至今，仍甚盛行。

㈡　法界　爲日本俗謠之一種，明治中期開始流行，普通配以月琴，以最後必加「法界」一語，故有是名。

㈢　阿保陀羅　先爲募化僧所唱之一種俗謠，其後變爲流行俗曲，以木魚伴唱，多諷刺時事及滑稽之語。

㈣　新內　亦爲淨琉璃謠曲之一種，因由鶴賀若狹及新內兩人在寶曆年間創始，故有是名。歌辭悽惋哀切，形成當時情死流行之一因。（寶曆爲 1751-64）

㈤　祭文　亦爲俗曲之一，首由日本特種山岳宗教僧侶「山伏」所誦之祭文變化而來，以法螺、錫杖爲伴奏，今則已成爲三味線（三絃）伴奏俗曲之一種。

㈥　南清　指華南而言。

㈦　浪曲　亦爲俗曲之一，由祭文變化而來，文化年間即已發軔，唯辭句卑俗，及至明治以後，大加改進，除謠曲外，並摻入說書之體裁，因此轉趨鼎盛，直至今日，猶爲日娛樂界重要項目之一。

㈧　浪曲節家　即專唱浪曲之人。

㈨　浪花節　與浪曲同義，「節」者，節奏也，調也。

㈩ 同杯共飲　日人宴會時主客均以所飲之杯，互相交換獻酬，以示親密。

㈩㈠ 寄席　日式遊藝場，凡浪曲、雜技、魔術、說書、相聲等，應有盡有。

㈩㈡ 神風連　肥後熊本不平士族之組織，尊皇攘夷之一派，重國學、奉神道，故又稱敬神黨，後以反對明治政府之開明政策，於明治九年藉「廢刀令」之機，以二百餘人蜂起舉事，襲擊熊本鎮台及縣府，未幾卽告平亂，史稱神風連之亂。

㈩㈢ 大江義塾　明治十五（一八八二）年三月由德富蘇峰（當時十九歲）於其熊本大江村創立之家塾，以曼徹斯德學派爲中心，益以儒學，敎育子弟，在九州一帶極具影響。

㈩㈣ 大兄恢復地權之意見　民藏著有「土地均享、人類之大權」一書（係明治三十九年刋，新進書局出版），其根柢爲天賦人權說，深受亨利．佐治之影響。

㈩㈤ 西洋乞食叟　爲瑞典人無政府主義者，在滔天所著「狂人譚」中曾有詳細記述。

㈩㈥ 前田家爲肥後玉名郡小天之舊家，槌子之父前田案山子曾於明治廿一年當選爲衆議院議員。著名小說家夏目漱石之「草枕」中，其溫爾旅社之背景，卽爲前田案山子之別邸。

㈩㈦ 日清貿易研究所　以岸田吟香所開設之眼藥舖分店爲中心，先在上海設立樂善堂，繼在漢口亦設分店，日參謀本部卽利用之爲情報搜集機構，其後由根津一大尉等協助，在上海設立日清貿易研究所，大批養成對華侵略人材，甲午戰爭中之日方翻譯諜報人員，均由該所所養成。明治三十一年（一八九八）東亞同文會成立，卽與該所合併而爲東亞同文書院。除日人外，並招收華人入學。（參閱註四六）

(十八) 天佑俠　明治二七年（一八九四）以金玉均之暗殺，及東學黨之亂爲契機，以玄洋社之鈴木天眼、吉倉汪聖、田中侍郎（俠長）、內田良平、武田範之等十數人爲中心之組織，主張朝鮮出兵，並自慶尙南道進入全羅道之內地，以援助東學黨暴動，促成中日甲午之戰。

(十九) 二兄之宿舍　係靑果店主片山榮二郎所有，明治三十年（一八九七）滔天與平山周爲調查秘密結社渡華之際，已爲平山所租有，國父第一次至東之際，最初曾駐足該處。

(二十) 梅田雲濱觀音堂記　係梅田雲濱（一八一五—一八五九，係狹小浜藩之士，通稱源次郎）於安政元年（一八五四年）赴大阪灣襲擊俄艦前夕所賦之詩，內容如下：『妻臥病牀兒叫飢，此心偏欲掃戎夷，如今死別兼生離，只有皇天后土知。』因梅田當時借住京都郊外觀音堂，故有此題。

(廿一) 大谷山莊　大谷現屬熊本荒尾市大谷村，在滔天故居東約二公里之處。爲滔天之父政賢所有之土地，滔天即埋葬於此。昭和四年（一九一一年）國父紀念舘建立後，始由大谷遷葬至紀念舘所在地貝塚村。現大谷之地經三井收買，而爲該社宅地。

(廿二) 南品北芳　東京兩大花柳區，品指品川，芳指吉原。（蓋日文發音芳與吉同音）在戰後公娼廢止以前，極爲繁榮。

(廿三) 國父倫敦蒙難後，曾著「倫敦蒙難記」一書，以記其事。原文係英文出版。

(廿四) 華南舉事失敗　一八九五年舊曆九月九日　國父曾動員數千同志，準備襲擊廣州，以武器未能如期運到，致遭失敗，同志四十餘人殉難，陸皓東以二十九歲之年，亦壯烈犧牲。　國父由廣州經澳門至香港，然後偕鄭士良、陳白搭廣島丸赴日。

(二五) 國父倫敦蒙難後，於一八九七年七月十一日離英，經加拿大到達橫濱，係在八月二日。

(二六) 國父正式受洗係在一八八五年，地點在香港，其時尚用孫日新之名，一說逸仙之名，係受洗後由區鳳墀命名。

(二七) 中國青年黨之起源，在　國父倫敦蒙難記中曾有記述，唯亦有認爲輔仁文社卽爲中國青年黨者。

(二八) 陳白赴台目的，除視察台灣割讓後之情勢外，並擬糾合同志，赴台前曾由神戶華僑備函介紹台北縣長，在台南逗留一月有半，在台北亦居住一月，雖在台北成立興中會分會，然僅有同志五、六人。

(二九) 國父以平山周語文教師名義，居住東京，時爲一八九七年（明治三十），當時外人僅准居住通商口岸如橫濱、長崎、神戶、函館等地，在「外人居留地」外居住，例須日當局許可，　國父居住東京此項許可，係在當年十月十二日，最初住於麴町區平河町五個月，嗣以鄰近清朝公使館，乃卽遷往鶴卷町四十番地高橋琢也住宅，其地與犬養住宅前後相接。陳白自台灣返日後，亦在該處與　國父同住，日人方面，先由滔天陪伴，滔天去九州任九州日報記者後，卽由可兒長一住入招呼。　國父等在此居住爲時約計一年，然後仍移住橫濱。又鶴卷町高橋住宅，其後康有爲赴日亡命，亦由犬養斡旋，暫時居住。

(三十) 此創刋之報紙爲玄洋社之機關紙，原名福陵日報（一八八七創刋），嗣以福岡日日新聞之競爭，經營發生困難，乃改名爲「九州日報」，於一八九八重行創刋，由平岡浩太郎代替頭山滿爲社主，平岡之妹婿的野半介爲社長，原任東京日本新聞總編輯之古島一雄爲主筆。

(二一) 素人外交家　「素人」與「專家」或「職業性」相對，意爲「門外漢」或英文之「Layman」，勉強翻譯，或可稱之爲「白手外交家」或「浪人外交家」，然終難恰當，故仍以原文出之。

(二二) 三合會　又名三點會，亦名天地會，起源於十七世紀後半，以華南地區爲中心之反清復明秘密結社，其入會儀式極爲神秘複雜，十八世紀後更集其重心於廣東。　國父與三合會之聯絡，係在廣州博濟醫學校時期，同志鄭士良係客家出身（當時廣州客家大半均爲三合會會員），卽爲三合會會員，因此種關係，一八九五（光緒二十一）年廣州首次起義之際，卽有三合會會員三千人參加，其後歷屆起義，三合會無不踴躍參加。

(二三) 指戊戌政變失敗。毒殺之說係康等誤傳，實則光緒帝係遭西太后及袁世凱之軟禁。

(二四) 萬木草堂爲康有爲之私塾，康以公羊學爲中心，參以佛典，倡爲大同之說，光緒十七年（一八九一）設立於廣州市內長興里，新會梁啓超及康之南海同鄉陳千秋等，卽爲首批及門子弟。

(二五) 戊戌政變失敗後，康於九月二十日（舊曆八月五日）由北京逃至塘沽，搭英商太古洋行之重慶號轉往煙台，二十四日到達上海，由當時英駐滬領事拜倫請示英政府，以英艦護送，於二十九日到達香港。

(二六) 哥老會　一名弟兄會，乾嘉之間（十八世紀末葉至十九世紀初葉）受天地會影響，最初在四川發生，太平天國之殘黨附之，逐漸擴大勢力。（天地會爲清初在華中華南及東南亞一帶之秘密組織，以滅滿興漢爲號召。）然亦有以白蓮敎爲基礎，加以發展之說。辛亥革命後，與天地會合流，而爲今之洪門會。

（三七）白蓮會　南宋時茅子元所創之白蓮教，爲該會直接之起源。然亦可溯源於東晉時代淨土宗（一名蓮宗）之關聯。元、明、清三代均認係邪教而加禁止，十八世紀至十九世紀之初（嘉慶年間）有名之白蓮教之亂，即爲白蓮會所發動。其後宗教色彩逐漸消滅，而純爲反清復明之秘密結社。

（三八）殆爲黃裕庚使日之事。

（三九）江戸兒　江戸（東京）下町一帶之人，多慷慨任俠，故有江戸兒之稱。

（四十）戊戌政變後，梁啓超避入日本公使舘，當時日駐清公使矢野文雄在日渡假，由代辦林權助與適在北京旅行之伊藤博文相商，准梁亡命日本，由華籍領事偕梁喬裝獵人，搭火車至天津，在塘沽搭日方準備之日艦大島丸前往日本。此外平山周、山田良政、小村俊三郎等，復掩護康梁之同黨王照，搭乘該艦，十月初旬到達日本。

（四一）柏原文太郎協助犬養，接待康有爲等一行，當時橫濱原有大同學校，係由華僑徐勤等創辦，犬養爲名譽校長，康等到後，即改在牛込設立高等大同學校，由柏原擔任舍監，蔡鍔、范源廉、汪兆銘等，均曾肄業該校。

（四二）「待合」爲日本特有之一種風俗營業，起源爲專供狎客等候藝妓之茶店，其後則發展爲大規模日式料理店，仍以票召藝妓侑酒，有時亦供客住宿。所謂「待合政治」，即因日本政治家接洽會談，均假待合爲之，故有是名。

㊸ 康有爲及梁啓超等先住三橋旅館，嗣於一八九八年十月移居牛込區加賀町一丁目之番地，不久又移住早稻田鶴卷町四十番地高橋琢也家。

㊹ 康有爲於明治三十二年（一八九八）三月二十二日離日前往加拿大之溫哥華。據云此係接受近衞篤麿之勸告，當時淸廷駐日公使李盛鐸奉令向日政府多方抗議，近衞以爲於康等安全恐有問題，故勸其離日赴加，日淸貿易硏究所出身之中西重太郎同行。

㊺ 唐才常於戊戌政變後，以其同鄉至友譚嗣同慘遭刑戮，乃於一八九九年年末在上海設立自治會及上海國會（由容閎任議長），並在漢口設作戰本部，與哥老會聯繫，準備翌年七月十五日起事，嗣以故延期，卒爲兩廣總督張之洞發覺逮捕，唐等十餘人均遭大辟。據云畢永年曾力勸唐與康有爲分手，而與國父合作，爲唐所拒，以畢與哥老會之關係，故使唐之舉事發生重大影響，致爲淸廷發覺而遭失敗。

㊻ 東亞同文會　甲午戰後，一八九七年（明治三十年）日本曾有東亞會（平岡浩太郎、陸實、三宅雄次郎等爲中心）及同文會（近衞篤麿、谷干城、岸田吟香等爲中心）之籌設，一八九八年十一月兩者合併，改名爲東亞同文會，專以對華情報調査，以及實行大陸政策人才養成爲目的。一九〇〇年（明治三十三年）又將亞細亞協會（成立於明治十年左右）及東邦協會（明治二三年——一八八六年由福本誠等創立）合併，而會員中多爲日淸貿易硏究所之畢業生。一九〇一年（明治三十四年）五月在南京設立同文書院，仍由日淸硏究所之根津一爲院長，故東亞同文會在實質上可視爲日淸貿易所之發展。未幾同文書院又改名爲東亞同文書院，並由南京遷至上海。一九〇二年（明治三十五年）復在東京神

田設立東京同文書院，與上海同文書院互相呼應，擴大招收中日兩國學生，以爲實行其所謂大陸政策之準備。（參閱註十七）

(四七) 光緒二六年（一九〇〇）五月二十三日，清廷任命李鴻章爲兩廣總督，當時北京義和團之亂正熾，曾爲香港西醫書院創辦人兼教授之何啓（爲　國父及陳白在該校肄讀時代之老師），以當選爲香港立法府議員之關係，與當時香港總督 Sir Henry Blake 相交甚篤，何曾透過港督，勸李鴻章在兩廣獨立，而以李與　國父合作爲條件，當時爲創刊中國日報逗留香港之陳白亦表贊成，並以函呈在日之國父，　國父亦覆示同意，何啓乃以英文草成獨立計劃，由香港興中會會員連署，交由港督密送李鴻章，李卽表示歡迎，並囑心腹劉學詢邀請　國父至廣州面商一切，嗣以　國父對李之態度未能盡信，故未急遽進行，如本書所述，雖一度由滔天、內田良平、清藤幸七郎等代表至廣州與劉學詢密談，然以清廷啓用李鴻章爲直隸總督兼北洋大臣，雖由陳白往訪劉學詢，力勸李等中止北上，而李去意甚堅，卒無結果。

(四八) 一九〇〇年（明治三十三）八月廿七日傍晚，　國父以中山樵化名，偕容閎（化名爲平田晉，容曾任唐才常之上海國會議長，事敗後逃日）內田、平山、中野熊五郎、安永東之助等搭長崎出港之神戶丸前往上海，據「東亞先覺志士記傳」所載，　國父此行目的在收攬唐才常事件後之殘餘勢力，到滬後內田與山田良政等相商，謀刺李鴻章（時在滬）、劉坤一（在南京）、張之洞等人，　國父堅持不可，在滬一週，卽行返日。

(四九) 一九〇〇年（明治三十三年）九月初　國父由上海返日，未幾復於同月二十六日以吳仲之化名，偕清藤幸七郎離日赴台。

人物略傳

（一畫）

一木齊太郎　係滔天之表兄，熊本玉名郡人，父一木格次爲立花領主之師兼財政顧問。齊太郎早歲參加西南戰爭，因滔天長兄八郎陣亡，精神突受刺激，一度生活極爲糜爛，卒將家產蕩盡。一八八九年至東京與金玉均相結交，旋得犬養、大隈、加藤高明等之知遇，從事政治，並着手北海道開發工作，晚年數度至暹羅、朝鮮等處，五一歲病逝，別號弄鬼齋、弄鬼子。

（三畫）

大井憲太郎　天保十四年（一八四三）—大正十一年（一九二二）。豐前宇佐郡人，從事所謂蘭學（西洋學術，因日本最初與荷蘭發生關係，故有是名）明治七年（一八七四）對政府反對民選議員，大肆抨擊，其後屢次從事反政府運動，逮捕判刑，明治廿二年因憲法頒布，逢赦出獄，廿四年組織東洋自由黨，後爲憲政黨黨員，中年後脫離政治，在大連新嘉坡等地，從事貿易。

大隈重信　天保九年（一八三八）—大正十一年（一九二二）。佐賀藩藩士出身，明治維新時參加倒幕，明治十四年組織立憲改進黨，翌年創立東京專門學校，爲早稻田前身。二一年爲黑田內閣外相，曾遭玄洋社員狙擊，失其右脚，二九年任松方內閣外相，三一年出任首相並兼外相，此際提倡所謂東亞保全論，在衆改革份子之間，頗具聲望，大正三年再度組閣，提出對華二十一條要求。

大倉喜八郎　天保八年（一八三七）－昭和二年（一九二八）越後豪商之子，十八歲至東京，爲軍火商人，明治維新時因此獲得鉅利，明治五年設立大倉組商會，從事朝鮮及南洋貿易，西南之役及甲午戰爭，均以供應武器博取鉅利，並在我國本溪湖成立鍊鐵所，爲一代之御用商人，東京有名之帝國劇場，大倉飯店，及東京經濟大學等，均爲渠所創立。

小崎弘道　安政三年（一八五五）－昭和三年（一九三八），熊本藩士出身。爲同志社新島襄之門人，在東京成立第一教會，及青年會，歷任牧師、同志社總長等職。

小林樟雄　安政三年（一八五五）－大正九年（一九二〇）。岡山市人，號樟南，早歲專修法文及法國法律，明治維新後從事國會創設運動，明治十七年（一八八〇）十二月朝鮮甲申事變爆發，即與大井憲太郎等糾合徒衆，募籌資金，翌年事洩被捕，未久逢赦出獄，其後參加後藤象二郎之政治運動，反對大隈之條約改正論。

小村壽太郎　安政三年（一八五五）－明治四四年（一九一一）日向飫肥藩士出身。十五歲在長崎學習蘭學，明治八年（一八七五）赴美留學，在美五年，專攻法律，明治二六年（一八八九）出任駐華代理公使，甲午戰後爲外務次官（次長）歷任駐美駐俄公使，第一次桂內閣時出任外相，爲樸茨茅斯議和全權代表，其後轉任駐美大使，第二次桂內閣時再度出任外相。

小山雄太郎　熊本縣人，爲熊本政治結社相愛社（實學派橫井小楠所創立，奉盧騷民約論爲政治理想）之一員，並爲該社機關紙西海日報（後改九州日報）社長，除報社外，並擁有溫泉旅館、移民公司、山林開發等事業，對中國革命及日本自由民權運動，曾多援助，中年病逝。

山田長政　德川時代之冒險家，駿河人，幼懷大志，喜讀兵法，元和（一六一五—一六二三）中渡航台灣，未幾前往暹羅，時暹羅因國王之弟圖謀篡奪，發生內亂，長政糾集當時在暹日人，加以平定，因功封爲「六昆」，並以公主尚之，國王歿後，內亂復起，山田卒遭毒斃。在日本對外拓展史上，長政實爲先驅。

山田良政　明治元年（一八六八）—明治三十三年（一九〇〇）青森縣弘前市津輕藩藩士，青森縣立師範卒業後，轉入東京水產講習所，爲首屆畢業生，卒業後入東京昆布會社工作，明治二三年（一八九〇）調往上海分店，甲午戰爭時爲從軍翻譯，戊戌政變時在北京與海軍大尉瀧川及平山周等，將王超救出，送往天津日艦大島，與梁啓超等同往日本，翌年山田在東京神田三崎町旅館與　國父首次會晤，即拳拳服膺，誓爲効力。明治三十三年（一九〇〇年）春，出任南京同文書院教授兼幹部，同年八月底　國父偕內田良平等抵滬。在日本旅館朝日館從事舉兵計畫，山田亦參預其事，並決定參加惠州作戰，爲日人同志參加國民革命殉難之第一人，其弟純三郎亦追隨　國父，直至　國父逝世，頗蒙信任。

大崎正吉　仙台人，法政學校出身，卒業後至朝鮮釜山設立法律事務所。爲日人所謂「朝鮮浪人」武田範之、吉倉汪聖、葛生修亮等聚集之所，旋即將事務所改名爲「山紫水明樓」，東學黨亂起，大崎隻身返日，與當時二六新報主筆鈴木天昭、及內田良平等組成「天祐俠」，以支援東學黨，力謀促成中日武器之際，曾以監督身份，搭乘該船。（生年不詳）

之戰，三國干涉事件之後，再度前往朝鮮，從事閔妃暗殺事件之密謀，因此一度被判入獄。嗣從事北海道開發工作，失敗後生活極爲困窮，滔天曾以「國家的浪人」爲題，將其半生事蹟爲文發表於明治四十二年（一九〇九）出版之雜誌「日本及日本人」。

大東義徹　天保十三（一八四二）—明治三十八（一九〇五）舊彥根藩藩士，於同藩弘道館修習文武，參與戊辰之役，轉戰于奧爲地方，維新後出任推事，受西鄉隆盛之知遇，西南戰役後在京都獄中約有四年，旋逢赦釋出，國會設置後當選衆議院議員，明治三一年（一八九八）出任隈板內閣之司法大臣。

（四畫）

犬養毅　安政二年（一八五五）—昭和七年（一九三二）岡山縣人，號木堂，明治十四年（一八八一）隨大隈下野，翌年參與立憲改進黨之結黨，國會開設後當選議員，明治三年（一八九八）任大隈內閣文相，憲政黨分裂後脫離憲政本黨，明治四三年（一九一〇）成立立憲國民黨，大正復領導護憲運動，提倡普選，大正十一年（一九二二）成立革新俱樂部，昭和四年（一九二九）出任政友會總裁，元年（一九三一）十二月出任首相，翌年「五一五事變」，爲少壯軍人所殺。

內田良平　明治七年（一八七四）—昭和二年（一九三七）福岡縣人，號硬石，少貧，由其母舅敎育日本武道，並習俄文，明治三四年（一九〇一）組織黑龍會，爲其主幹，爲一極端右傾之人，主張日本統御亞洲，日本侵併朝鮮，渠之幕後策動頗多影響。我革命初期，渠雖多援助，卒與　國父意見不合，中途退出，昭和初年成立大日本生產黨，專事鼓吹日本對外侵略，直至今日，生產黨之組織依然存在，雖立場反共，然因過于右傾，在日本社會已無影響。

中西重太郎　明治八（一八七五）－大正三（一九一四）爲日清貿易研究所之首居畢業生，甲午戰爭時爲日軍翻譯，明治三二年（一八九九）復畢業于東京專門學校，翌年康有爲一行由日亡命加拿大，渠曾同行，嗣任福州東文學堂敎務長，返日後一度出任山口高等商校敎授。

中野德次郎　安政四年（一八五七）－大正七年（一九一八）福岡人，幼時爲煤礦工人，壯年一躍而爲九州實業界之鉅子，擁有煤炭、礦山、森林、電力、鐵道、銀行等各種事業，對我革命，曾透過玄洋社之關係，有所援助。

中村彌六　安政元年（一八五四）－信州高遠藩藩儒中村元起之第四子，號背水，亦號背山，留德習森林，歷任衆議院議員、司法次長，並擁有木村商店及銀行等事業。

（五畫）

石橋禹三郎　明治二年（一八六九）－明治三〇年（一八九八）肥前人，留學美國，明治二四年（一八九一）曾以義勇軍投入智利獨立運動，返日後前往暹羅，從事各種幕後活動。

可兒長一　熊本人，號長鋏，初爲犬養毅僕從，其後從事中國問題，　國父在東京居住之際，可兒曾任侍衞。

古島一雄　慶應元年（一八六五）－昭和二七年（一九五二）兵庫縣人，十五歲至東京，爲松浦重剛門人，明治廿二年（一八八九）爲「日本新聞」記者，嗣任「九州日報」主筆，並爲「日本及日本人」「

萬朝報」等撰稿，與犬養毅私交甚篤，爲立憲國民黨及革新俱樂部之會員，辛亥革命後爲萱野長知等所謂支那浪人集團所推，競選議員，連續當選六次，大正末年自政界退修，未幾被勅選爲貴族院議員，戰後仍爲政界具有極大影響力之元老，對保守政黨之重建策劃，極具貢獻。

史堅如　光緒五年（一八七九）—光緒廿六年（一九〇〇）廣東番禺人，七歲喪父，自幼多病，澳門格致學院肄業，由東亞同文會高橋謙之介紹，與陳白、楊飛鴻等相結交，而入興中會爲會員，爲策應惠州革命，潛入廣州，謀炸兩廣總督德壽，事敗被捕，成仁時僅二十一歲。

末永純一郎　慶應三年（一八六七）—大正二（一九一三）福岡人，號鐵巖，爲末永節之胞兄，十七歲至東京，爲松浦重剛門人，歷任「日本新聞」記者、總編輯，甲午戰爭時爲從軍記者，日俄戰爭末期至我國東北，創刊「遼東新報」。與　國父、黃興、康有爲、梁啓超等均有往返。

末永節　明治二年（一八六九）—昭和四〇年（一九六五）福岡人，號狼嘯目，又稱狼嘯及南斗星，在福岡中學肄業時期，對學科不勝其煩，自動退學，自幼放浪不羈，歷任內島船員，甲午戰爭時隨其兄爲從軍記者，嗣以滔天之介，與我革命發生關係，同盟會成立後，擔任「民報」之印刷工作，大正十一年（一九二二）組織「肇國會」，以建立包括大陸之「東亞大自由帝國」，爲其一生夢想，戰後猶甚強健，以九十七歲之高齡去世。

田野橘次　明治十年（一八七七）—明治三十七年（一九〇四）兵庫縣人，同志社肄業，師事荒尾精，後入東京專門學校，因井上雅二之介，與康有爲之門生羅孝高相結識，未幾至廣東師事康有爲，後爲康之私塾萬木草堂之敎師。返日後任東京同文書院舍監，並爲黑龍會創始人之一。

平岡浩太郎　嘉永四年（一八五一）－明治三十九年（一九〇六）福岡藩士平岡仁三郎之二男，號靜修，又號玄洋，曾參加戊辰之役，明治十年（一八七七）西南戰役時參加西鄕隆盛之軍，戰後一度入獄，未幾經營豐前吉原銅山及赤池煤礦，創設東洋學舘，以敎育青年，並在上海開設鞋店，以暗中培養外華侵略人才，同時亦爲朝鮮東學黨幕後活動團體「天祐俠」之一員，嗣出任衆議院議員，爲玄洋社及黑龍會之資金負擔者，對我初期革命亦有資助。

平山周　明治三年（一八七〇）－昭和十五年（一九四〇）福岡人，肄業東京東洋英和學校，與滔天、可兒等同時奉外務省之命赴華視察秘密結社，卽與我革命發生關係，同時亦援助康有爲及菲島志士，第三次革命時曾至山東投入居正之軍。

平川彥代夢　熊本人，爲宮崎家之司賬，千馬爲其子，生歿年不詳。

平城安太郎　萬延元年（一八六〇）－大正七年（一九一八）福岡藩士出身，少年時卽曾參與明治九年（一八七二）越智彥四郎之謀叛，事發被捕入獄，出獄後爲「日本新聞」記者，明治廿二年（一八八五）前往法國，甲午戰爭及義和團八國聯軍時均爲日軍翻譯，爲黑龍會會員。

矢野文雄　嘉永三年（一八五〇）－昭和六年（一九三一）舊豐後佐伯藩士，明治四年（一八七一）入慶應義塾肄業，後任「郵便報知新聞」主筆，爲福澤諭吉之得意門生，歷任大藏卿大隈重信之「少書記官」「太政官」「大書記官」等職，大隈下野後，入改進黨爲黨員，著有「經國美談」一書，爲日本政治小說之先驅，曾至歐洲考察二年，歸國後就任報知新聞社長，明治三〇年（一八九七）松隈內閣時受外相大隈之派，出任駐清廷公使，所謂福建不割讓條約之締結，卽由渠所主持，晚年爲大阪每日新聞撰稿。

立花小一郎　文久元年（一八六一）—昭和四年（一九二九）筑後柳川藩士立花碩之長男，陸軍士官學校及陸大畢業，留學奧大利，歷經甲午戰爭、義和團八國聯軍及日俄戰爭等役，因戰功於一九二二年擢爲陸軍大將，並爲首任關東軍司令官，後爲勅任貴族院議員，男爵，滔天之兄民藏幼年受業于柳川儒者志賀喬木之門，與立花小一郎同學而具深交，民藏之妻美以，卽爲立花小一郎之妹。

（六畫）

西鄉隆盛　文政十年（一八二七）—明治十年（一八七七）舊薩摩藩士，通稱吉之助，號南洲，原爲明治維新功臣，明治元年（一八六八）率軍東征，接收江戶，爲打倒幕府，奠定王政復古之基，復于明治六年（一八七三）以主征韓，被黜返鄉，十年起兵反政府，兵敗自殺。

伊東知也　明治六年（一八七三）—大正十年（一九二一）山形縣人，字正基，號鳳南，肄業東京專門學校，習法律、甲午戰爭時曾爲「二六新報」從軍記者，嗣入扎幌華俄文學校習俄文，一八九八至西伯利亞滯留二年，因與內田良平相知，參加惠州事變，其後參加黑龍會，並組織有鄰會，辛亥革命時曾至武漢投効黃興之軍，一九一二年任衆議員。

吉野作造　明治十一年（一八七八）—昭和八年（一九三三）政治學者、宮城縣人、東大教授，爲一虔誠之基督教徒。大正初年提倡民本主義，對知識階層影響殊深，晚年以研究明治文化爲事。與 國父等均有交往。

（七畫）

李雲彪 湖北人，生歿年不詳，爲哥老會騰龍山堂之首領，曾參加一九〇〇年興中、哥老、三合之聯合會議，爲興漢會之重要發起人之一，其後並協助唐才常之舉兵。

李盛鐸 咸豐十一年（一八六一）—民國二六年（一九三七）江西九江人，光緒十六年進士及第，二四年任駐日公使，在任二年，辛亥革命時爲革命軍所擁立，出任山西民政長官，民國六年爲李經義內閣之農桑總長兼全國水利局總裁，嗣以參加復辟被黜。

何啓 咸豐九年（一八五九）—民國八年（一九一九）廣東南海人，爲香港西醫書院創立人兼教授，曾留學英國，研習法律及醫學，西醫書院原爲附設于雅麗氏醫院之醫事學校，係何氏爲紀念其妻英人雅麗氏所設，爲香港大學醫學院之前身， 國父及陳白均受業于此，一八九五年興中會首次起義之際，何氏曾加援助，拳變之際，何任香港參議員，透過港督，冀說服李鴻章，與 國父合力倒滿。

尾崎行昌 明治七年（一八七四）—昭和九年（一九三四）三重人，爲著名政治家尾崎行昌之弟，爲人狂傲不遜。小學畢業後卽至東京流浪，明治三十二年之際，與我黨人交遊，參與惠州事變。

（八畫）

林正文 明治三二年（一八九九）歿，長崎縣人，於參加菲島獨立軍之前，爲新潟新聞主筆，布引丸運送

松枝彌一郎　爲德富蘇峯之門人，德富于明治二十年創刊國民新聞之際，松枝曾爲其有力幹部。

武田範之　文久三年（一八六三）—明治四四年（一九一一）筑前久留米藩士澤四郎之子。十一歲時出爲福岡縣武田貞祐之養子（贅壻），號洪濤，幼年受儒釋之薰陶，明治二四年與結城虎五郞等玄洋社幹部前往朝鮮，從事天祐俠之組織，以援助東學黨，並參與暗殺閔妃，黑龍會成立時爲其重要幹部，從事策動併吞朝鮮。又號無何有鄉生。

宗方小太郞　元治元年（一八六四）—大正十二年（一九二三）肥後宇土藩藩士，一八八四年前往上海，並至華北、東北等地，爲岸田吟香「樂善堂」北京支部之主任，其後協助成立日淸貿易硏究所于上海，甲午戰爭曾爲日軍間諜，後任東亞同文書院監督，大正三年（一九一四）復在上海成立東方通訊社，專門從事對華諜報活動。

岩本千綱　安政三年（一八五六）—大正九年（一九二〇）土佐人，陸軍士官學校畢業，畢生專門從事暹羅、老撾、安南等地貿易及探險工作。

的野半助—安政五年（一八五八）—大正六年（一九一七）福岡人。平岡浩太郎之妹夫，玄洋社社員，與金玉均往返甚密，金遭暗殺後，與鈴木天眼，內田良平等組織天祐俠，促成甲午之戰，嗣任九州日報及關門新報社長，並當選衆議員。

（九畫）

柏原文太郞　明治二年（一八六九）—昭和十一年（一九三六）千葉人，號東畝，東京專門學校硏究科畢業，後爲同校舍監，組織大日本佛教青年會，及東亞同文會，康有爲、梁啓超等亡命日本之際，渠曾協助大隈、犬養等人，對康等予以照料保護，後經梁啓超之介紹與越南國民黨首領潘是漢等接觸，（明治三八—一九〇五—年四月）大正九年至十一年（一九二〇至二二年）在天津創立中日書院，並在漢口開設江漢中學堂，專事招收中國學生。

神鞭知常　嘉永元年（一八四八）—明治三八（一九〇五）丹後人，號謝海，千里，亦稱麻溪，曾任大藏省會計總長、主稅局次長、嗣當選衆院議員、任松方內閣及隈阪內閣之法制局長官兼恩給局長官。

前田下學　肥後人，前田案山子之長男，滔天妻槌子之兄，其弟卽爲與滔天同赴暹羅之前田九二四郎。

（十畫）

唐才常　同治六年（一八六七）—光緒二六（一九〇〇）湖南瀏陽人，武昌兩湖書院畢業，康梁變法之際，唐卽響應，在武昌設立時務學堂、南學會等，除自兼教授外，並聘梁啓超講學，同時創刊浙學報及湘報等，以從事啓蒙運動，戊戌政變後翌年，唐亦赴日，與當時在日之畢永年及康梁等頗多往返。一八九九年年底，返滬成立自立會，並與容閎、嚴復等合作，開設所謂上海國會，在漢口成立作戰本部，由哥老會之協助，準備於一九〇〇年七月十五日舉事，事發處斬。

孫眉　咸豐七年（一八五七）—民國四年（一九一五）廣東香山人，爲　國父之長兄，字德彰，弱冠偕母舅至檀香山從事開墾，一生對　國父革命勳業，傾力濟助。

荒尾精　安政六年（一八五九）—明治二九年（一八九六）愛知人，陸軍士官學校卒業。明治十九年（一八八六）赴華，以岸田吟香開設之樂善堂爲掩護，從事對華諜報活動，明治二二年（一八八九）返日，嗣卽得明治政府之支持，在上海設立日清貿易研究所，（卽後之東亞同文書院）三八歲在台北染鼠疫身亡。

海老名彈正　安政三年（一八五六）—昭和十二年（一九三七），筑後柳河藩士，熊本學校及同志社畢業，畢生從事基督教傳道，大正九年（一九二〇）出任同志總長。

宮川辰藏　生歿年不詳，滔天同鄉，經營石灰業，並爲日式尺八簫之名手。

宮崎民藏　慶應元年（一八六五）—昭和三年（一九二八）滔天之兄，號巡耕，受業于柳川藩儒者壚谷岩陰門人志賀喬木之門，與立花小一郎同學，對亨利·佐治之土地及社會問題多所研究，於明治二八年組織土地問題研究會，並與友人相良寅雄渡美從事實際農業勞動，以研究土地問題，歸途並至倫敦、巴黎等處。明治三五年（一九〇二）四月在東京神田成立土地復權同志會，會員共計六十人，並經常至地方遊說，主張土地均享主義，明治四三年（一九一〇）「大逆事件」發生，遭當局彈壓，一度逃往朝鮮，一九一二年轉往中國，曾在大陸居住甚久，著有「土地均享—人類之大權」一書，頗具影響。

宮崎彌藏　見島津彌藏。

宮崎八郎　嘉永四年（一八五一）—明治十年（一八七七）名眞鄉，通稱八郎，熊本人，滔天之兄。明治初年，由熊本藩校「時習舘」派遣，至東京研習英文及國際公法，征韓論之際，一度上書當局，七年赤報喰違之變，一度被捕，同年台灣出兵之際，應召作戰。返日後在熊本設立植林學校，並在各報報書，嗣任評論社社員，鼓吹民權論，再度被捕入獄，十年西南戰爭勃發，組織同志，響應西鄉隆盛，卒在八代萩原堤戰死，時年二六歲。

益田三郎　文久三年（一八六三）－昭和七年（一九三二）福岡黑田藩重臣出身，陸軍士官學校卒業，任步兵上尉，以酗酒革職。嗣任荒尾精之上海日清貿易所幹事。明治二六年（一八九三）至暹羅，嗣去朝鮮及大陸，辛亥革命時與末永節同去山東，晚年至興安嶺一帶活動，病斃東北。

島津彌藏　明治二年（一八六九）－明治二九年（一八九六）熊本人，宮崎八郎，民藏之弟，滔天之兄，爲島津家之養子，又號管白熊，滔天之對我革命援助，初由彌藏啓發，其餘事略，詳見本書。

島田經一　慶應二年（一八六六）－昭和二年（一九二七）博多人，由末永節之介，於明治二〇年（一八八七）至上海平岡浩太郎所開設之鞋店工作，旋去朝鮮，企圖陰謀顚覆，事發被捕，甲午戰時任陸軍翻譯，惠州革命及辛亥革命均曾參與。

桃中軒雲右衞門　明治六年（一八七三）－大正五年（一九一六）武州人，原名岡本繁吉，桃中軒爲其藝名，爲明治後期浪曲集大成之人。

（十一畫）

陳白　同治八年（一八六九）－民國廿三年（一九三四）廣東新會人，字夔石，號少白，與　國父爲香港西醫書院之同學，光緒二一年（一八九五）廣州第一次擧事失敗後，即偕　國父及鄭士良赴日，未幾國父去檀香山，鄭去香港，陳則留居橫濱。與　國父檀香山時代日本友人管原傳，曾根俊虎等交往頗密，並與島津彌藏、宮崎滔天等聯絡，爲中國國民革命與日本志士聯繫之嚆矢。一九九七年八月國父再度赴日，陳卽奉命至台灣視察甲午戰後台灣之情勢，在台勾留二月有半，成立興中會分會，回至日本後與　國父同住四月，再度赴台，籌集資金，發展組織，在台半年，再返日本。一八九九年至香港，由何啓、區鳳墀之援助，創刋「中國日報」，並與三合、哥老等秘密組織密切聯繫，促成興中會與二者之合併，惠州革命失敗後，仍在港主持中國日報。一九〇五年中國同盟會成立，陳任香港分會會長，辛亥革命成功後，任廣東外交司長，其後與　國父日見疏遠，晚年返鄉隱居。

副島種臣　文政十一年（一八二八）—明治三八年（一九〇五）佐賀潘士出身，號蒼海，原爲錫島藩儒學者枝吉種彰之次子，出贅爲副島利忠爲養子。曾任藩校敎師，及長崎洋學教育機關之監督，明治維新後任參議。明治四年任外務卿，以征韓論爭去職，至中國旅行，返日後經岩倉具視之推介，爲一等侍講，明治十七年勅封伯爵，繼任宮中顧問官、樞密顧問官、樞密院副議長，內閣內務大臣等職，對外主戰，爲日俄主戰論之中心人物。

清藤幸七郎　明治五年（一八七二）—昭和六年（一九三一）熊本人，號吞宇，幼與滔天兄弟友善，一度蓄辮準備渡華，並參加內田良平之黑龍會，爲「時事月刋」之編輯，辛亥革命時赴華，宋敎仁暗殺後突見消極，專門從事於漢字之研究，曾編輯漢文字典多種，餘見本書。

畢永年　生歿年不詳，湖南長沙人，字松甫，與瀏陽譚嗣同，唐才常等交往，富於民族思想。創立時務學堂，聘梁啓超、唐才常等爲敎師，以教育後進，並往來于岳州、新堤、長沙之間，與秘密結社哥老會密取聯繫，戊戌政變後赴日，與　國父相見，即爲興中會會員，因康有爲拒絕與　國父合作，畢即勸告唐才常與康斷絕關係，未爲唐所接受，而哥老會幹部李雲彪、辜鴻恩等復爲唐所利誘，參加唐之舉事，畢因此大爲失望，竟出家爲僧，至普陀落髮，不再與聞世事，畢出家後號悟空。餘見本書。

（十二畫）

區鳳墀　生歿年不詳，廣東南海人，香港基督教會牧師，並任柏林大學漢文教師，　國父于一八八三年由檀香山歸國，曾從區補習國文，　國父之正式受洗爲基督教徒，實爲區所促成，　國父原號「日新」，「逸仙」之號，亦由區所命名，當一八九九年陳白在港創刊「中國日報」之際，區以香港政府華民政務司總書記身份，對陳多所援助。

黃福　生歿年不詳，廣東歸善縣人，三合會長老，原在南洋一帶活動，惠州起義時循鄭士良之請，參加作戰，擔任對三合會會員之指揮，鄭未到陣地前，曾任革命軍之大元帥，事後重返南洋，與史堅如合謀炸死德壽之黃福，爲同名異人。

曾根俊虎　弘化四年（一八四七）－明治四十三年（一九一〇）係米澤藩士儒者曾根敬一郎之子，海軍學校畢業，明治七年（一八七四）日侵台灣之際，曾根駐紮上海，刺探軍情，此後即以海軍身份，在華擔任武官等職，後以批判明治政府之對華政策，被迫辭去海軍職務，餘見本書。

渡邊元　生歿年不詳，長崎人，號南岬，爲金玉均亡命日本時幕後庇護之人，滔天及其二兄彌藏，均受其照顧，滔天之號，即由渡邊命名，其人無政治野心，故滔天以無名英雄視之。

（十三畫）

鈴木力　慶應三年（一八六七）—大正十五年（一九二六）福島人，號天眼，曾任「活世界」雜誌主編、「二六新報」主筆，爲參與朝鮮謀略「天佑俠」之一員，後任「東洋日之出新聞」社長兼主筆，對惠州革命，認爲時機尚早，曾加反對，後任衆議院議員。

福本誠　安政四年（一八五七）—大正十年（一九二一）福岡人，號日南，法律學校肄業。甲午戰爭時爲從軍記者，曾數度至南洋及歐洲，明治三十二年以滔天及末永節之介，與　國父相見，即對我革命多所協助，後任九州日報社長，及日本國民黨議員。

楊飛鴻　？—光緒二七年（一九〇一）福建漳州人，號衢雲，幼時在香港船廠學習機械，右手三指爲機器切斷，乃改學英文，後任香港灣仔國家書院教師，招商局總書記。光緒十六年（一八九〇）與謝纘泰等組織輔仁文社，以反清復明爲號召，一八九五年與興中會合併，改名「乾亨號」，實際爲興中會之本部。一八九五年廣州第一次學義失敗後，即分頭至南洋、印度、非州等處，成立興中會分會，惠州事變後未久，于一九〇一年一月十日，在港遭人暗殺。

德富猪一郎　文久三年（一八六三）—昭和三十二年（一九五七）熊本人，熊本洋學校及同志社肄業，爲基督教徒，創立大江義塾于鄉里，後至東京創刊「國民新聞」及「國民之友」，對軍閥侵華，多所張目。

榮祿　道光十六年（一八三六）—光緒二九年（一九〇三）滿州正白旗人，號仲華，爲西太后之甥，光緒之從弟。歷任工部尙書，步軍統領，兵部尙書，甲午戰爭時爲軍機處督辦，後任直隸總督，掌北洋新軍之統率，戊戌政變時任軍機大臣，對康梁等主持鎭壓，後任政務大臣，爲西太后之權臣。

（十五畫）

鄭士良　?—光緒二七年（一九〇一）廣東歸善縣淡水人，號弼臣，與　國父于一八八九年在廣州博濟醫學校同學，鄭係客家，當時客家均爲三合會會員，一八九五年廣州第一次擧義之際，鄭卽率三合會會員三千餘人參加，廣州革命失敗後，卽以香港爲根據地，于一九〇〇年發動惠州革命，翌年因車禍逝世，亦有謂係遭人毒殺者。

頭山滿　安政二年（一八五五）—昭和十九年（一九四四）黑田藩士出身，號立雲，明治六年參加「荻之亂」，被捕入獄，明治十二年（一八七九年）與平岡浩太郎、筑田六輔等創立向陽義塾，以此爲基礎，二年後組織玄洋社，其後參加「天佑俠」、「反對條約改正運動」、「對俄同志會」等，爲日本右翼之幕後主宰。

（十九畫）

藤島勇三郎　慶應二年（一八六六）—明治二七年（一八九四）黑田藩士出身，號豪吡，同志社及玄洋社前身向陽學社肄業，東京專校畢業，與鮮人金玉均交往甚密，明治廿四年渡韓，翌年正擬出發秘密窺探中俄邊境之際，因病死亡。

Emilio Aguinaldo（亞基乃德）一八六九—一九六四，菲列賓呂宋加維德人，一八九六年利塞爾遭西班牙當局流刑後，亞基乃德即代而爲菲島獨立運動之領袖，從事對西作戰，嗣以事敗一度亡命香港，一八九八年美西戰爭爆發，即返菲與美海軍合作，從事對西戰爭，勝利後曾任革命政府大總統，設立議會，後以美對菲侵併政策日見明顯，乃積極領導同志，從事反美鬥爭，亞氏派遣彭銳赴日，呼籲援助，即在此時，不久事敗，於一九〇一年三月被捕，不得已對美政府屈膝，一九三五年一度競選總統，未獲當選。第二次世界大戰中曾與日軍勾結，再度從事反美活動，美軍重返菲島後，被捕下獄，一九六四年病逝。

Sir Henry arthur Blake 一八四〇—一九一八，英Limerick人，曾歷任紐芬蘭、耶買加、巴哈馬等地總督，一八九七年至一九〇三年任香港總督，一九〇三年至一九〇七年任錫蘭總督。

John Bright（白萊特）一八一一—一八八九，英國政治家，以反對穀類條例著名，歷任議員，蘭格斯脫公尚書。

Richard Cobden（柯布田）一八〇四—一八六五，英商業發展史上著名之自由主義政治家，爲反對穀類統制條例之急先鋒。

Oliver Cromwell（克倫威爾）一五九九—一六五八，英共和時代之執政官，以國王查爾斯一世不尊重民權，乃率淸敎徒軍隊擊潰王軍，將查爾斯送上斷頭台，實行共和政治，平定愛爾蘭及蘇格蘭之亂，並擊潰荷蘭，然以施政過嚴，渠死後仍復辟而爲王政。

George Jacques Deanton（但頓）一七五九—一七九四，法國政治家，與羅培斯貝利同爲過激派領袖，爲恐怖時代之司法部長兼保安委員，擅權好殺，後以趨向穩和派，卒爲羅培斯貝利所殺。

Peter Alexeioitch Kropotpin（克魯泡特金）一八四二—一九二一，俄無政府主義者，與巴枯寧同爲共產革命之前驅，一八七二年參加第一國際，從事國際社會主義運動，數度被捕，晚年客死倫敦。著有「無政府主義之科學基礎」、「告青年書」等。

Henry George（佐治・亨利）一八三九—一八九七，美費爾達斐亞人，僅受初等教育，初爲僕歐、船員，至世界各地流浪，一九五七年後定居於加州，從事印刷及出版，目睹因加州鐵道之發展，而土地價格突然暴漲，深感社會改革必須從土地高額課稅着手，一八七一年發表Our Land and Land policy一文，即爲世人所注目。一八七九年又出版Progress and Poverty一書，其對社會改革運動之權威，於焉確立。一八八〇年遷居紐約，曾數度渡英，費邊學會之成立，佐治頗具影響。一八八六及一八九七年曾兩度競選市長，均未成功，而在第二次競選中途，因過勞成疾，終至不起。

Marquis de Lafayette（辣斐德）一七五七—一八三四，法國政治家，志士，雖爲貴族出身，而力主自由民權，參加美國獨立戰爭而負重傷，返法後熱烈爲自由而鬥爭，力主新教徒之權益，提倡人權宣言，然至法國大革命時期，則成爲穩和派領袖，與激進派不合，乃亡命荷蘭，爲奧軍俘獲，拿破崙與奧議和後被釋返法，一八三〇年參加法國革命，力主共和。

「落花夢」以後之滔天

宮崎滔天死於大正十一年（一九二二）十二月六日，享年五十二歲，離其撰寫「三十三年落花夢」之時，尚有二十年之歲月，在此二十年之歲月中，滔天以從事浪曲師未能盡如人意，而未幾辛亥革命成功，滔天乃放棄此一行業，仍往來於中日兩國之間，從事若干活動，關於滔天行誼，除本書其自行記述外，茲特根據其子龍介及其夫人槌子之記述，以「落花夢」以後之二十年爲重點，概述如次，其中尤以多數國民革命前期之秘辛，值得讀者之特別重視。

滔天名寅藏（戶籍之記載爲虎藏），明治二十八年（一八九五）起自號「白浪庵滔天」，在此以前則號「騰空庵白寅」，而「白寅」之號，則由本書所記之所謂其「無名恩人」渡邊元所命名。滔天生於明治三年十二月六日（一八七〇），其出生地爲熊本縣玉名郡荒尾村，昭和初年改村爲町（鎭），十五年後又改鎭爲市。滔天之父長藏（別名長兵衞，又名眞雄），母佐喜，爲同里永屋氏之女，父長藏精於劍術，明治維新前後，曾以劍術遨遊全國，爲一典型之武士。滔天爲同胞十一人之末子，其長兄眞鄉（別名八郎），於明治初年提倡自由民權，明治十年（一八七七）西南之役，與鄉黨組織別動隊投效薩軍，軍敗殉難，死時僅二十八歲。其他同胞多數夭折，後年僅賸二姊二兄，本書中所述之「大兄」「二兄」，即係指此，大兄民藏早歲有志於土地問題，組織土地復權會以努力土地改革運動，有謂　國父民生主義中之平均地權主張，與民藏所提倡者如出一轍，故　國父當時或亦受其影響。二兄彌藏，爲滔天對於中國革命啓蒙之人，本書中記述綦詳。

滔天之墓在其鄉里荒尾，我政府曾於民國十九年醵金二萬元，於其地建立「孫文紀念館」並修整宮崎墓園。日人殯葬全係火化，且有「分骨」之習俗，除荒尾之墳墓外，滔天之「分骨」又在新潟縣東頸城郡下保倉村之顯聖寺，另建墳墓。此顯聖寺原爲武田範之駐錫之所，辛亥革命成功後，範之曾以佛式將滔天之長髮剃去，卽以其遺髮埋於寺內，故滔天死後「分骨」於此。

「三十三年落花夢」及「狂人譚」兩稿，均爲滔天於惠州之役失敗後，悲憤窮困之餘，發抒其衷心鬱結之作，而其另一動機，則爲藉此獲致若干稿費，以濟其窮。當時以連載方式發表於秋山定輔經營之「二六新報」，以揭載之先後言，「狂人譚」在先，以出版單行本之程序言，則「落花夢」在先，「落花夢」之初版係在明治三十五年（一九〇二），當時一紙風行，曾再版多次，至十版後始告絕版。大正十五年（一八二六）七月，又由「明治文化研究會」重行出版，未幾又告絕版，昭和十八年（一九四三）復由文藝春秋社重版，當時日閥控制言論，內容頗多削除，戰後再度由平凡社於昭和四十二年（一九六七年）再版，削除之處雖多補充復原，唯以戰後漢字制限關係，內容則難全復舊觀。

關於惠州革命後之滔天與我革命之關係，當時雖有人一再慫慂滔天爲文加以記述，但滔天以有關人物均尚在世，是非褒貶，多所不便，故未照寫，而不久卽告病逝。唯滔天之夫人槌子，直至昭和十七年（一九四二），仍尚健在，滔天生前若干記錄，雖經戰時日政府搜索毀棄，然尚有若干完整無缺，且槌子曾於民國十八年　國父奉安之際，被邀至南京參加，行前應東京每日新聞之請，發表「支那革命之回憶」一文（係由槌子口述，每日新聞記者記錄），除其回憶外，並有不少原始資料，彌足珍貴，其原文如次：

「滔天立志從事中國革命運動，係在明治二十年（一八八七）左右，當時滔天及其兄彌藏，咸認爲革除世界不合理之現狀，非先自中國革命着手不可，然後以中國之力，改革世界現狀，亦唯此一途徑，爲達成理想最有効者。於是兩人乃放棄當時一般青年所夢寐以求之榮達與安逸的生活，決定將來永住中國，以從事此一運動。我曾與兩人相約，一旦前往中國，當爲兩人從旁奧援。於是二人分手開始着手實行，彌藏認爲赴華之前，必須熟諳華語，所以從窮鄉僻壤的荒尾，路遠迢迢地前往橫濱，以學徒身份住入華人商號，滔天則去神戶，率領二十名移民前往暹羅，從事開墾，冀以此籌措資金，彌藏至橫濱後卽蓄髮結辮，作華人裝束，當時曾以長信附照片寄我，表示此生不再重返故鄉。

兩人走後，我負責養育三歲的長子龍介及生後未及數月的震作，不久生活卽告困乏，然滔天除以書信前來勉勵外，並未能有分文接濟。光緒二十一年（一八九五）廣州第一次革命失敗，在橫濱之彌藏得悉孫逸仙氏卽將來日之消息，乃飛函暹羅，囑滔天克日返國，滔天乃將移民諸事託付末永、平山兩人，匆匆回至熊本鄉間。

滔天返熊本未久，突接橫濱拍來急電，謂彌藏病篤，乃與民藏漏夜出發趕往橫濱，到達橫濱時彌藏已告不治。僅在其枕際覓得遺書一通，內容係關於孫逸仙氏知友陳少白的記述。

彌藏安葬完畢，滔天即在橫濱往訪少白，獲知孫氏確將由英來日，滔天將彌藏遺骨送返熊本後，立即出發前往香港，不久又由香港急遽返日。

自倫敦脫險，孫氏到達日本，係在明治三十年（一八九七）夏間，滔天於此時始與孫氏在橫濱相見，到達橫濱後之孫氏，避居陳少白之寓所，絕少外出，當時滔天以其一知半解的英文，與孫氏對談，但重要部分，則賴筆談溝通意志，此類筆談及秘密文書以及書簡等項，家中本來遺留甚多，但以當局的一再壓迫，幾次三番的家宅搜索，以致不得不予銷燬，今將僅剩的筆談資料，抄錄一二如下：

『（孫文）可以不必過於拘泥出發地點之形勢，以便於聚集衆人，從速進攻爲首要。就海上交通言，則以廣東最便進取與接濟，唯如何招募人員，弟於此實毫無把握，但萬事實以「聚人」爲第一，故別處雖有形勝而便於接濟之地，余之所以念念不忘廣東者，實以吾黨同志均在其地之故，閣下如能在此集合二三萬之衆以舉事，實屬最佳；蓋海洲既有兩便，如得其人託以大事，則可進而掌握山東，以窺北京，並以進取淮陽，一旦到達大江，則糧食無虞匱乏，有人、有糧、有械，則成敗之際，決於運籌指揮。

（滔天）自海洲至河南山東之交界，約需十有數日，此間一帶地瘠民貧，募糧不易，我以數千之衆，逡巡其間，或不免爲敵所乘。故弟認爲起事之地，必須選擇形勝之區。敝友中有人認爲起事之日，可以臺灣南角之火燒島爲軍火屯積之所，藉小船密運至閩越海口，以開接濟之道，不知尊意對此作何看法？

（孫文）此說頗爲有利，唯以小船運送，則有困難。

（滔天）所以須用小船者，旨在避人耳目。

（孫文）然小船仍難抗拒厘卡之查問，故不妥。

（滔天）雖用小船運輸，仍須顧及軍火之安全。』

兩者就以此種筆談方式，摻雜英語，互相談論，因此其中無法明瞭之處，仍屬甚多。

到橫濱居住未久，孫氏卽偕滔天前來熊本荒尾村鄉間。以荒尾原爲有明海濱之寒村，如何招待此一遠來貴客，我與民藏夫人實屬煞費苦心。燒水請其洗浴；榻榻米上特舖毛毯，俾其便於起坐；至於膳食，當時我不知『中國料理』如何做法，所以除了鄉間的『日本料理』以外，毫無辦法。

凡是『刺身』（生魚）、味噌湯（日式醬湯）、煮魚、『壽司』（日式飯糰）、鰻魚等等，想盡辦法，加以炊製，至於雞肉，更是經常烹調，孫氏對雞及鰻魚，特別欣賞，我上菜之際，每次問其此菜如何？孫氏雖對不合口味之菜，亦必口稱「All right，all right 」，含笑一一取食。其間因勉強進用生魚，以致腹瀉，然亦未嘗告人。後來第一次革命成功，孫氏就任臨時大總統之際，我等往賀，孫氏還特別對我說『荒尾的生魚味極鮮美』，可見孫氏修養之一斑。

當時清朝政府對前來荒尾寒村之孫氏，曾懸賞萬圓以求取其首級，我將此事告知荒尾村內平川老人，平川不禁大驚失色，頻稱『一萬元，還了得！』於是村人均紛紛從籬笆外前來窺伺此一珍客。

孫氏平素沈默寡言，自晨迄暮，手不釋卷，在我家一星期的滯留中，家中所有書籍，幾均爲其瀏覽殆盡。迨至辭別前往福岡，與滔天共同着手籌措革命資金之際，孫氏頻謂『此間所有書籍均甚珍貴』，滔天立將渠所愛讀之書，全部裝入柳條箱內，由其帶去。

孫氏回到橫濱不久，即移居東京，以與犬養等人相往返，籌策革命之實行。滔天東奔西走，對一家生活，絕不過問，有時不免向其嘮叨，他却回說『革命的資金雖可籌措，瞻養家庭的錢則無暇計及，望汝自行設法，加以張羅。』對我的訴苦，置之不顧。因此我與兒女的生活，完全陷入窮境。於是無法之中，不得不從事若干事業，首先着手的，是利用海邊地下埋藏的貝殼，燒製石灰，在荒尾地方，從事此項事業的人，也所在多有，但在未出嫁前養尊處優的我，對此工作實不勝其苦。此種苦況，偶然傳入孫氏耳鼓，孫氏却設法瞞着滔天，時常加以匯款接濟。

明治卅三年（一九〇〇）孫氏準備在廣東發動革命，乃由日本密航前往。孫氏出發以後，當時作爲玄洋社俱樂部的青柳氏的家中，參與此一革命計劃諸人，如末永、平山、島田，以及幕後援助的犬養、福本等人，經常敍集，商討各種計劃。

此時我在荒尾爲了勉強從事石灰事業，結果健康大受損害，尤以肺部發生病變，乃不得不將龍介、震作（兩兒）寄養母家，帶着幼女節子住入福岡病院。

連日有關革命的協議與計畫，我雖未聞其詳，但有一天滔天帶我前往福岡市外名島地方島田徑一氏的住宅，所有諸人均在。名島的島田邸爲濱海傍山的豪華建築，風景之美，直如仙境，島田氏與滔天等相對飲酒，當時島田氏大聲謂『此一住宅亦非賣却不可，賣之以充戰鬥資金……』四五日後，滔天將我留在福岡，與其他同志，追隨孫氏之後，由門司出發前往廣東，原來島田將住宅賣却之錢，卽作爲惠州革命資金之一部分。

但孫氏第二次舉事的惠州革命，結果又告失敗，孫與所有同志，再度囘至日本。

凡與中國革命有關諸人之家庭，其窮困悲慘，實難形容，此固不僅我家爲然，其他同志的家庭，也無不如此。眞是日處於饑寒交迫之中，無以爲生。我家祖先傳來之田地，也大部賣却以充滔天的活動資金，在此種慘苦的境遇中，聽到孫氏舉事失敗的消息，眞使人不勝其失望之感。從中國歸來的滔天，爲脚氣所困，臥病在床，我得到通知後立刻前往東京，當時孫氏在橫濱山下町租有一小型民房，平時卽居住其間。

滔天脚氣稍愈，卽偕當時在橫濱華人創辦之大同學校任敎的民藏，與我三人往訪蟄居橫濱的孫氏。孫氏在當時以事敗之後，顯得異常苦惱，但對我等訪問，則以不知何時學得的日語，一再表示歡迎。

當晚滔天和我以及民藏，卽留宿在孫氏寓所。晚餐之際，孫氏由滔天翻譯，問我此行所爲何事？我卽答以『一爲訪視滔天之病，同時因家族生活窮困，子女均已寄養外家，所以也不得不與滔天一商。』孫氏頻說『原來如此、原來如此。』然後從衣箱中取出照片一幀，交我觀看。

原來此一照片爲孫氏令堂、長兄以及其子女四人，與當時約僅十二三歲的孫科（孫氏哲嗣）諸人的合影，諸人殆爲生活所迫，顯得十分憔悴。孫氏將照片中諸人，一一指點之後，接着又說：

『我的家族目前在夏威夷，亦處於貧病交迫之中，但家族必須含淚苦鬥，吾輩革命始有成功之望，凡是從事革命運動之人，必須戰勝艱困，戰勝眼淚！』

孫氏說着不禁雙目濕潤，滔天和我第一次看到孫氏眼中閃耀着晶瑩的淚珠。

在山下町孫氏隱匿之處住宿一宵，我等就去民藏執教的大同學校，在民藏的宿舍中，民藏用故鄉的土音，對於昨夜在孫氏住宅中所見中國婦人之事，大聲說着

『爲孫氏照料身邊瑣事的同志中國女子，看上去實爲女中豪傑，她用着尺把長的筷子，圓睜雙眼，大口咽飯的樣子，眞使人不勝羨慕。作爲革命家的女子，自非如此不可。那大聲說話的氣勢，眞是豪邁爽朗。……』接着又對着我說：『你如果爲了瑣屑之事愁眉不展，豈非相形見絀！』

此時我與大兄及滔天就故鄉之事，作各種商討，當大致獲得結論之際，滔天突然對大兄及我，說了以下出人意外的話：

『至今爲止，我從未對人說過，事實上我已決定改行而爲浪花節師，此其原因說來簡單，以浪人之力，而不倚賴他人，欲其贍養家族，實屬難乎其難，同時以士族的商法經營商業，也決難成功，倒不如以唱歌爲生，博取生活之資，此與出家爲僧，以誦經求施主的喜捨，並無兩樣，惠州舉事雖已失敗，但革命的進行不能一刻鬆懈，以歌唱爲生，也可解消胸中鬱悶。所以決定丟開一切，爲浪花節家之弟子，希望你們都能諒解……』

滔天以其極爲堅強之決心，徵求我等的同意，但大兄及我聞之不勝驚駭，我的心一時罩上了無比的失望與黑暗的陰影，以爲滔天從此拋棄經世之雄心，墮落至無可挽回之境地，所以費盡口舌，加以勸阻，同時勸其不妨追隨孫氏，前往歐美，專門從事革命之研究與宣傳，因爲我認此際爲了糾合同志，籌措經費，

事浪花節師之念。

除此以外，別無他途；我並將此意詢問民藏，民藏對此亦以爲然，同時也幫我力勸滔天，囑其務必打消從

但滔天對此，堅不爲然，說是『資金籌措以及同志之糾合，以從事歌唱爲唯一捷徑。』滔天似乎想以歌唱浪花節爲手段，遍走日本各地，以求取同志。因此大兄與我，至此也唇敝舌焦，無法再對其既定之意志，加以干涉。於是我等與大兄分別，偕同滔天回至東京。

不久孫氏前往南洋，滔天就拜雲右衞門爲師，走遍日本內地，但浪花節師事實上對同志之糾合、資金之籌措，以及主義之宣傳，一無可能，於是滔天的心情日趨苦悶。

到了明治三十八年（一九〇五）正月，我和三個子女因爲貧窮，已在鄉間無法立足，乃以逃債方式，遷至東京，在新宿番衆町租屋住了下來。

惠州舉事失敗後，孫氏離開日本，革命的氣勢日趨消沉，唯有地下活動依然繼續。我等遷入番衆町之後，中國留學生接着就紛至沓來，這使我感覺到革命活動似乎仍以不可思議之速度，加速進行，當時前來我家的均爲日後革命的元老，舉如黃興、胡漢民、汪兆銘、張繼、宋教仁、何天炯等人，均經常出入，此外人數仍多，但已無法記憶。

其中也有爲了研究製造手鎗，在當時市外大久保地方經營手鎗工廠的滔天友人小室友次郎處，穿了工人制服，滿身油垢地熱心學習的中國學生，總之，此等學生都富於實行魄力，使人看了欽佩萬分。

當時以清朝政府官費前來日本留學的學生，也都紛紛加入革命黨，日人方面，末永節與黃興同居一處

，從事各種活動。

明治三十八年初夏，孫氏重來日本，居住橫濱，有時帶了衣箱，前來番衆町的我家，以狹小的六疊居室，作爲其東京辦事之所。當時我在異常窮困之中，將所穿和服質入當舖，爲孫氏裁製了兩件日式浴衣，孫氏不勝欣喜，經常穿着。等到明治四十三年（一九一〇）重來日本之際，孫氏對此兩襲和服，仍携帶在衣箱之中，不時替換，這使我不勝驚異，原來孫氏爲一質素儉約的人，此種特徵，可於兩件和服之事，充分見之。

孫氏一有時間，就將衣箱打開，取出甚多書籍，潛心閱讀，其行李的大部分，均爲書籍，其中且以政治經濟以及哲學爲主。當時有滔天的同鄉友人叫做勝木的人，其夫婦亦寄住我家，有一天孫氏在廊下讀書，勝木走近與之攀談，孫氏僅以『唔、唔、』略事答復，而其雙眼却未嘗稍離書籍，這使勝木大爲憤慨，以其肥後的土音，大發牢騷，說是：

『孫文孫文，人道是何等豪傑，却竟是如此的不近人情……』

孫氏之經常熱心讀書，在我無限的回憶中，實予人以異常深刻之印象。

有一次孫氏在外奔波疲勞，回家後就臥床熟睡，當時有四五名年輕留日學生前往訪問，知道孫氏晝寢，就在鄰室以小聲交談，不敢驚動孫氏，不久其中一人從紙窗縫中窺看孫氏睡眠中的形相，不料此年輕學生看後大爲驚異，圓睜兩眼，用中文與其同儕竊竊私議，我覺得事出離奇，就問其中日語流利的一人，何以此人驚異如此？

『孫先生睡眠的形相一如獅子，其顏面以及頭髮的形狀，完全與獅子無異，深信革命必能成功！』

其人以強有力之語調，作此答復。

我也就跑到門縫邊悄悄觀看，果然不錯，陷入濃睡的孫氏的顏面，的確輝耀着無比的懍然不可侵犯的威嚴。

對於孫氏，年輕中國學生之間，其尊敬實達極點，我當時看了此種情形，也深深地感覺到中國革命，成功已在眼前。

正當頑皮喜歡玩耍的龍介、震作兩兒，每天從學校囘家，就到木材店購買糊紙窗用的小木片，當作鐵軌在院子裏敷設鐵路，並以小木箱下裝線團木托，作爲火車在上面推動行駛，往往直至日暮，嬉戲不休。

某次孫氏於讀書之餘，對於兩兒上述鐵道遊戲，看得極爲出神，此際恰巧何天烱氏來訪，看到孫氏出神的神情，就問：

『你在觀看什麼？』

孫氏答說：

『非常有意義的遊戲，小孩們正在巧妙地做鐵路。』

於是就要何氏翻譯，對小孩們說：

『革命成功以後，中國必須從速敷設鐵路，將來就請你們到中國開設鐵路。』

說着握着兩個小孩的手，頻頻加以祝福。

我以女流之身，對於革命大事預聞不多，但從前來同志的活動情形，可以窺知革命運動已在急速進展。

在孫氏前來日本之前，作爲留日學生中心而從事策畫的，實爲黃興。等到孫氏由歐來日，孫氏與黃互相提攜，成立合作，革命黨的大同團結，於是告成。當時促成兩人互相合作的，則爲滔天與末永節兩人。兩人合作完成大同團結後的革命黨，就更名爲『中國革命同盟會』，約有五千人左右的各界人物，加入爲會員。同盟會成立後就在牛込的新小川町設立『民報社』，發行機關紙『民報』，於是所有幹部，都在該處開伙住宿。

孫氏於同盟會成立同時，就在牛込築土八幡近旁租賃一屋，由橫濱搬來居住，門上高掛『高野寓』名扎，在此『高野寓』中，經常出入各種人物，而其中最具特色的，則爲俄國革命黨首領蓋修尼及畢利斯基兩人。

畢利斯基係從西伯利亞獄中脫逃，前來長崎。蓋修尼則於一九〇四年被判死刑，流放西伯利亞。此人爲俄國社會革命的前驅，在西伯利亞不久，也用奇計脫出監獄，亡命日本。畢利斯基於某日晚間，偕同蓋氏前來『高野寓』訪問。

當時滔天正與萱野長知、和田三郎等人，發行『革命評論』新聞一種（四開二張），畢利斯基與蓋修尼在訪問『高野寓』之前，先至『革命評論社』探詢孫氏行蹤，乃由滔天、萱野兩人帶路，往訪孫氏。

在『高野寓』敍首的東西先覺者，各就俄國與中國的革命，交換意見。不久蓋修尼離日前往歐洲，正欲設法潛返俄國之際，得病客死他鄉。

『民報』的發行極爲鼎盛，在東京的留學生人手一紙，固不必說，卽在中國腹地，也都流傳甚廣，因此寄遞工作，極爲繁忙，所有同人無不夜以繼日，努力工作。

隨着同盟會的發展，不僅淸朝當局坐立不安，卽連日本官方也開始設法取締。在種種壓迫之下，孫氏終於不得不離開築土的住宅，而『民報』社也以維持困難，不久被迫解散。

在中國同盟會成立前後，其所需費用自必爲數甚多，當時爲孫氏慷慨解囊的，爲鈴木久兵衞其人。『民報社』解散後黃興在小石川水道町成立『勤學舍』，繼續與同志策畫革命。

中國同盟會成立後，我等以債臺高築，在進退維谷之中，不得不將番衆町的房屋退租，另行遷移。不久在小石川第六天町覓得一屋，此屋相當寬廣，因此同住的人數也隨着增加。

原爲禪寺和尙的龜井一郎，早大的學生長江淸介，以及黃興的長男黃一歐，與龍介、震作，此等青年每日必在院中練習擊劍，此外並有多數中國學生不時進出，一時極爲熱鬧。汪兆銘之妻陳璧君，也於此時帶着其女友，參加練習擊劍。

『民報社』解散後，中國革命運動一時潛入地下，而革命黨人秘密往返反更頻繁，而武器的需要也隨以增加，當時連四川腹地，也需運送武器接濟，諸人對此無不煞費苦心，其中也有人利用『胃散』的空罐，貯藏火藥，携返中國。

何天炯爲購買武器，籌措經費，我的母家將全部古董出賣，以供購買武器之用，卽在此時，由於此種秘密運動日趨劇烈，日本當局取締日嚴，而當地警察之注意，更集中於諸人之身。某日突然有神樂坂警察署署長，說是有事相商，邀請滔天前往『料亭』（日式餐館），滔天按時前往，署長要求滔天協助取締，並不惜以金錢爲餌，滔天聞言憤然作色，絕裾歸來。

孫氏聽到此事經過之後，卽寄一函慰問滔天，原文如下：

『滔天先生閣下：克兄謂足下近況窮困異常，足下血性男子，雖窮不更初衷，廉潔可風，欲弟作書慰問。弟於足下知之甚深，蓋此爲足下天性，固不足異，然足下爲他人國事，堅貞自操，艱苦備嘗，以至於此，吾人自問，實不勝其慚愧之情，弟將此事宣之同志，無不大爲感激，且欲以此奮勉，足下天性流露之微，而於吾人惕勉實多……孫文』

明治四十一年（一九〇八）革命機運日見成熟，黃興氏擬卽擧事，乃帶了手鎗三百枝，以及〇〇氏（按殆係犬養毅）所贈日本刀七十柄，進入廣西，同時日本同志多人也設法購得步鎗千挺，繼續出發。日方同志計畫前往廣東，以備黃興氏取得廣西後，在廣東與之會師。當時裝載步鎗的『幸運丸』，係由三上豐夷設法斡旋，至于步鎗的購買以及資金籌措，則由號稱『天野屋利兵衞』（江戶時期俠商）的倉地鈴吉，全面負責。搭乘此船前往香港的勇士，計有金子克己、萱野長知、前田九二四郎、三原千尋、定平吾一、吉田正平等人。

此等革命敢死隊出發之際，均抱不再生還之決心。在航海中突有蒼鷹二隻飛入船艙，一行以爲革命成功之兆，無不喜形於色，但結果以時機未熟，此一計劃又告失敗。

裝載『幸運丸』上的武器，事先與黃興氏約定，擬在巴亞斯灣附近上陸，不過上陸時間須待電報指示決定，但屆時黃興的電報僅有『六時』，而未說明上午六時抑爲下午六時，結果船中諸人議論分爲二派，前田、定平兩氏認係下午，萱野、金子兩氏則認係早晨，在紛紛議論未能決定之際，而爲英國軍艦發現，乃不得不急遽倉皇，將武器全部丟入海中。所以此一計劃的失敗，實僅由於毫釐之差。

當時孫氏係在南洋，正在全力從事同志之獲得與資金之籌措，而日本之活動則由黃興負責。不久孫氏獲知廣東佔領的消息，正欲啓程趕往，結果知係誤傳，乃不得不去歐洲流亡。

在一再挫折之中，第六天町的生活日見困窮，革命運動一籌莫展。滔天與黃興突然想到九州籌募資金，在兩人出發之後，我和房東商量結果，決定遷至小石川原町，由龍介、震作兩兒與黃一歐（黃興之子）三人，拉了手車搬取行李，其窮困之狀，於此可知。遷至原町以後，不久滔天、黃興歸至東京，黃興就在新大久保借得一幢小屋，與宋教仁一起過着極爲窮迫的生活。其門前掛着『桃源宅』的木扎，想是武陵桃源之意。

當黃興居住新大久保之際，曾經發生過『紙幣事件』，原來黃興爲了準備中國革命所需流通的紙幣，特向橫濱某一高利貸者借得日幣萬圓，託由日人從事印刷，結果紙幣並未印成，錢亦賴不歸還，黃興因此困頓萬狀，不得已離開日本，前往香港，此一萬圓日幣，到了第一次革命成功以後，仍由黃興加利償還。

是年十二月滔天老母在故鄉逝世，滔天爲營葬返至鄉間，我爲維持家計，一方面教育小孩，一方面借得縫紉機一架，開始爲海軍縫製軍服，有一日突接黃興自香港發來的重要機密書簡，爲了通知滔天，乃與外甥宣雄相商，以『槌子病危』的電報，促其克日回京。滔天接電後立刻打了一個電報給東京的友人山科多久馬，山科爲醫生，多年來對革命黨人都義務診療，接電後立卽來我家診治，不料一進門看到我一無病態，顯得異常奇怪，經我說明原委，始大笑離去。

我在此必須一提倉地鈴吉之事。因爲此人實爲中國革命運動的唯一無名英雄，凡革命秘密運動所用的武器彈藥，幾乎都由倉地設法斡旋。滔天對於中國方面武器彈藥的供應，實在一無辦法，思量之餘，乃與曾任西伯利亞出兵當時司令官的立花小一郎大將相商。立花爲大兄民藏之妻的胞兄。當時立花說是『身在軍職，不便出面援助，當介紹可資信賴的友人。』於是就介紹了因『千島遠征』有名的海軍大尉郡司成忠。當時郡司已經退役，以自由之身，多方籌劃，而倉地卽爲郡司介紹於滔天之人。於是孫文、郡司、倉地以及滔天四人，互相籌商，而倉地也就從此成了中國革命的所謂『天野屋利兵衞』的俠商。

我等自第六天町遷至小石川原町以後約一年，孫氏突然偕同其胞兄孫德彰，由夏威夷來至日本。在我的記憶之中，此應爲明治四十三年（一九一〇）初夏之事。此際孫氏胞兄也以無法繼續在夏威夷居住，乃與孫氏同來日本，一起住在我們家中。孫氏見面後說是爲我帶來了禮物，從衣箱中取出佔領廣東當時所發行之銀圓二枚以及軍用劵，交我收存，接着就脫下爲汗滲濕的包頸洋服（中山服），不料其所穿的襯衣，竟是我五六年前爲其裁製的日式浴衣。

原來揮之不去，始終不肯須臾或離的『貧窮之神』，不斷纏擾孫氏；而日夕在貧窮中堅苦奮鬥，實已成了中國革命家的家常便飯。每當孫氏窮困之際，我等也同樣困窮，爲了迎接遠來貴客，雖思燒水爲之洗塵，但既無煤炭，也無木柴，最後不得不叫兒輩從鄰家空屋中拾取木片，以燒浴水，供孫氏弟兄洗塵之用。

某日晚間，有一中國人來孫氏處訪問，此人名孫竹丹，也算是同志之一人。但當時因了種種關係，頗有清廷間諜嫌疑，同人對之極爲警戒，所以當孫竹丹進入大門之後，我就偸偸地告知孫氏，並囑龍介陪同，從後面的木門悄悄送之外出，當時正爲七十六年始在天空一現的哈雷大彗星出現的晚上，孫氏與龍介爲了避免注意，在小石川附近小巷中彷徨，直到深夜十一時始行歸來。不久以後，始知孫竹丹已爲同志所殺。

當孫氏前來原町我家居住的前後，小石川富坂警署派出一個名叫北村利吉的高等刑事警察（按卽特高）經常前來訪問，最後對我們窮困之狀，不勝同情，所以每次必爲我們帶來茶葉之類，原來當時我家對於來客，連茶也無法供應。

孫氏與其胞兄德彰氏，在我家約莫住了十天，在這十天中，從孫氏口中，聽到不少有關革命的事，同時也有許多事件發生。但直至今日，在我腦海中深印不忘的，則爲某日不知爲了何事，孫氏大遭其胞兄責斥，孫氏對其胞兄的大聲責斥，從無半句反駁，祇是畢恭畢敬地俯首謹聽。一向以頑強固執見稱的孫氏，不料竟有如此的一面，這使我家諸人爲之感動。

孫竹丹來訪後不到二三日，富坂警署的科長前田佐門，突然偕同特高北村，帶了『強制退去命令』，勒令孫氏克日出境，此際孫氏正與滔天從事某一秘密計畫，得到『強制退去命令』後，無不大爲失望。於是二三日後孫氏與其胞兄，就離開日本，前往南洋，我等家族都到新橋車站，前往相送。離開日本不久，聽說孫氏胞兄即以病逝世。（譯者按：槌子此項記憶頗有錯誤，德彰公逝世係在革命成功後的民國三年一一九一四年）

明治四十三年（一九一〇）四月，汪兆銘與黃復生相偕潛入北京，企圖暗殺醇親王，其所用炸彈，即爲倉地氏所供給，結果事敗被捕，且均被判死刑，嗣爲肅親王所助，改爲無期徒刑，囚禁於北京監獄，當時陳璧君曾趕往北京，多方奔走。

汪、黃兩人後以第一革命成功，南京的革命政府與北京袁世凱之間，從事南北和平會議，遂同時獲得釋放，汪兆銘且與唐紹儀同爲北京特使，前往南京。

到了明治四十四年（一九一一）四月，以黃興爲主謀之革命黨同志，在廣東舉事，此一革命計劃，實際上是在檳榔嶼孫文氏之住宅，由舊同盟會的同志加以計劃，而交黃興加以實行的，當時所使用之武器，也都由俠商倉地鈴吉加以準備。倉地所準備的武器，統由以輪船火夫身份的革命黨黨人，加以運輸。因此武器的包裝煞費苦心，大部分都在胞弟前田行藏家中秘密從事，而由當時尚在初中讀書的龍介、震作兩兒，分批從倉地家運至前田之處，這是因爲小孩運送，可以避免注意之故。

包裝完成後的武器，則由四川省出身的吳永珊（吳玉章）送至新橋車站，然後至橫濱裝船。但因爲行李的重量與容積太不相稱，在新橋車站就啓人疑竇，一度被拒裝載，吳永珊於驚惶之餘，急忙趕至橫濱與在清朝領事館供職之友人相商，由其以領事館貨物名義，出具證明，交由新橋車站，始得順利裝載。

當時吳永珊爲東京帝大學生，由於中國革命運動蓬勃發展，多數官費留學生固不必說，即連清廷駐日公使館與領事館的下級官吏，亦均加入革命，爲秘密黨員，所以從此種現象判斷，就可知道中國革命的機運，業已成熟。

在廣州舉事之同志，以激烈戰鬥，與清軍巷戰，但結果以衆寡不敵，仍遭失敗，黃興且因負傷失去其右手二指，多數同志壯烈成仁。今日聳立在廣州黃花岡七十二烈士墓，即爲此一戰役犧牲同志的墳墓。

不料在同年秋天，突然在四川省發生變亂，不久又有武昌起義，革命運動從失敗的黑暗深淵，一舉成功，當革命烽火高揚之際，孫氏尚在法國，滔天勢非趕至中國不可。但當時貧困到了極點，旅費籌措不易，先由其中手頭較爲寬裕之萱野長知，帶同加納清藏、杉浦和介、金子克己、龜井一郎、三原千尋諸人出發前往。

滔天則得聞訊趕來之石丸鶴吉、島田經一兩人之助，接着也能勉強成行。其中尤以即在我家長年的貧窮時代，也始終加以照顧的江戶快男兒染店店主川城七太郎，當滔天啓程前夕，突來致送旅費。說是：

『滔天少爺，我的眼沒有看錯吧！這一點小意思，恐未必能補旅費的不足，但請作爲船中煙草之資，加以笑納！』

滔天對之擧杯相謝，說：

『二十五年來的慘苦生活，總算有了報償，被人嗤笑爲空想、夢想的革命，總算有了結果，但眞正的困難，尚在其後。』

說着高聲大笑，帶着簡單的行裝，開始出發。

滔天先去上海，接着爲了迎接自法國歸來的孫氏，又由上海轉至香港，到了上海的孫氏，就與同志進入南京，就任臨時大總統之職，而革命的基礎，於是奠立。」

槌子之追憶至此爲止，辛亥革命以前與日方有關之革命內幕，於此當可窺其概略。至於辛亥革命以後以至滔天逝世爲止之事跡，其哲嗣龍介尚有若干記述，內容如下：

「辛亥革命後南京政府成立，孫文被選爲臨時大總統，黃興被任爲大元帥，決定實行北伐，打倒北京政府，以完成中國之統一，爲了軍事資金及武器的獲得，孫氏曾經多方策劃。結果由當時三井物產公司上海支店長藤瀨政次郎等人的盡力，由三井提供三百萬圓的武器借款。但日本政府中則認對南京革命政府之援助，極爲不當，而對北方袁世凱援助反爲有利之說，逐漸抬頭，於是三井此項武器借款乃告中止，而南京政府在不得已之中，祇得中止北伐，而與袁世凱妥協，從事南北和平，和平會議結果，孫文將大總統的地位讓與袁世凱，而以鐵道督辦名義實行下野，至黃興的大元帥一職，自亦隨之消滅。

此外特別值得一提的，則爲民國二年孫文以日本的國賓身份來日，與桂太郎會見之際，曾經有過大亞細亞經綸有關根本方針之密約，此事關係極爲重大，特爲記述如次：

原來孫文於辭去臨時大總統之後，前來日本，一方面固然是爲了對於日本朝野所予革命協助表示謝意，但此行並非單純的私人旅行，其內心另有一目的，則在大亞細亞經綸有關方策的協議，此事前在上海方面由滔天負責與孫氏聯繫，在東京則由秋山定輔與桂太郎及山縣友朋等接觸準備。桂太郎於日俄戰後，認爲英日同盟已無必要，日本在亞洲應以獨立獨行的姿態，從事外交，而將英日同盟轉換爲德日同盟，一方面與俄協商，一方面將中國之事，聽由孫文全面負責，進而從事亞洲各民族的獨立與聯繫。此一策畫在明治四十四年（一九一一）卽已開始，而與孫氏之密約，則在大正二年（一九一三）初春孫氏與桂會商之際，開始就實行之根本方針，獲得諒解。

孫文與桂之密約，因了不久桂之突然逝世，不克實現，而此後日本之政策，且重新回到援助北方之老路，與英國等互相勾結，支持袁世凱掌握政權，這使孫文等南方革命勢力，遭遇到無比的困境。當時如果桂太郎不突然逝世，孫與桂之密約能順利實行，則亞洲情勢固不待論，卽世界整個局勢，亦可能爲之改觀，至今囘憶，實令人不勝感慨。（按龍介對此事記述極爲疏略，且多一面之辭，當時　國父雖力主大亞細亞主義，然其內容與日方想法完全不同，讀者於此，應加留意。）

桂死後北方袁世凱之勢力日漸增大，但在上海、南京、以至四川、雲南、湖南、福建等處，均有反袁義舉發動，唯結果未能盡如理想，此卽所謂第二次革命，其後袁世凱僭號稱帝，實行復辟，於是江西之李烈鈞、雲南的蔡鍔分別宣佈獨立，起兵討袁，中途蔡鍔病逝，袁亦羞憤病故，但段祺瑞承襲袁氏之後，仍與英國等勾結，掌握政權，所以打倒軍閥之目的，仍難達成，此卽所謂第三革命。滔天在第二、第三革命之間，留居上海，爲革命黨同志多方奧援。

第三次革命後，至大正六年（民國六年）秋季，孫氏進入廣東，組織護法軍政府以與北方對抗，卒以廣西陸榮廷之妨礙，不久卽無法維持。

迨至大正十年（民國十年），孫文再度前往廣東，重行組織軍政府，此時孫氏曾三度以電報促滔天前往協助，滔天摒擋後即趕往廣州。不久滔天自廣州歸來，即以健康不勝，從事休養，迨至翌年，終至不起。所以大正十年初夏以迄秋季，滔天之在廣東勾留，實爲其與中國大陸之最後親睦，亦爲與孫氏之永訣。

以下爲滔天於大正二年（民國二年）夏季，正當宋教仁在上海北站遭袁世凱所遣刺客暗殺，袁之對革命壓迫日趨猛烈，第二次革命開始發動之際，自上海旅次寄發槌子之信：

一、

『大正二年七月　槌子粧次：（前略）昨夜已佔領當地製造局分局，今日晚間可望攻佔製造局總局，上海昨日已宣佈獨立，討袁軍司令由陳其美君負責。目前已宣布獨立或在明後日中可望繼續宣布獨立的，計有江西、湖南、廣東、廣西、福建、雲南、四川、湖北諸省，而在湖北武昌漢口兩地，日前亦已發動戰事，熊越山君尚未聞有被殺消息，大致可望平安歸來，袁之故鄉河南，目前亦有戰鬥，南軍極佔優勢，至於袁之根據地山東，亦有戰亂發生，日人一部咸謂孫黃係屬書生，不足以成大事，實則完全錯誤，蓋兩人登高一呼，不僅南方一帶奮起相應，即北方袁之根據地，亦爲動搖，其勢力之大，誠足驚人。惜我島國人中，並無協助此一勢力，使之大成，以確立亞細亞主義根基之大政治家（原文作大政事家）實屬令人浩嘆！龍介病後想可日臻痊癒，希格外保重。七月十九日。寅藏。

二、

大正二年八月　槌子龍介併覽：在南京有少壯同志積極從事，四川則由黃復生、吳永珊等種種籌策，目前正在進行戰事，滿州（東北）方面亦已開始發動，高級幹部卽令有所顧忌，少壯幹部則士氣日益旺盛，卽令此事無成，余亦不能不協助到最後關頭，因此歸期尚難決定。當時如不患病，則孫氏由臺灣來電之際，卽應星夜趕往，以盡微力，時至今日，應爲之事，均已着手，余想已無急於前往必要，擬在此間以全力協助少壯同志，直至最後一刻，以盡余之義務。然南京之命運，須看武漢起事以及滿洲（東北）吾黨活動之如何，始可決定，如兩者不能順利進行，則南京之局面終難維持。此事在十日之內，卽可判明，如局面卒難維持，則余當暫時返日，與龍介共作靜養。聞黃興有美國之行，曾自病院發電前往勸阻，想其必可中途打消。此際黃氏如挈眷前往美國，實有未妥，不若與孫氏留居日本，繼遊說朝野，以促成眞正的中日同盟，最爲切要。日本此際亦應猛然覺醒，苟不如此，則亞洲之事，將無法收拾。思念及此，實思立卽返國。但此間之運動恐失之過速，故必須留住此間，如結果失敗，則在九月中旬前後，尚須協助諸人，亡命日本，此實爲最大關鍵。（下略）

寅藏　八月卅一日』

又據槌子及龍介之記述，則知滔天一生嗜酒，而於金錢則視爲「穢物」，辛亥革命成功後，正當南北和平甚囂塵上之際，滔天一再表示反對，嗣後　國父北上，與袁世凱會晤，提及滔天之事，爲對其過去功勳之酬謝，袁曾向　國父表示，可將防穀令一部解禁，每年以若干米之輸出權交與滔天，當時曾由　國父電在上海之滔天，告知此事，不料滔天却堅決拒絕，說是「卽令涸渴，亦不飲盜泉」對　國父北上，在電中亦表示不滿。

此種記述，純屬龍介等於滔天病逝後之追憶，有無誇張之處，實值注意。但滔天一生，其對中國革命之熱誠，可於「落花夢」一書中充分覘之，不容吾人置疑。

梅雨瀟瀟中訪滔天故居

一八九六年奉日外務省派遣的諮議名義，前往華南調查革命黨實際情形，卒受　國父中山先生之感召，成爲我國革命志士之宮崎滔天（寅藏），其一生事蹟，波瀾萬丈，我當局於民國十九年曾醵金二萬元，在其故里熊本荒尾貝塚磯山地方，建立「孫文紀念館」及宮崎墓道，以資紀念。按滔天之兄民藏，亦爲一塵世豪傑，生前對我革命亦多資助，其夫人美以女史，以八一高齡，迄猶健在。筆者特於梅雨瀟瀟之夕，由東京前往熊本訪問，宮崎夫人見筆者至，不禁歡欣若狂，頻問政府何時能重返大陸。以下所記，即爲夫人談話之大意，因夫人記憶不清，恐仍有顛倒零亂之處。

「民藏生前與余（夫人自稱）甚少同居之日，其壯年時期大部分消磨於上海，以協助中國革命，與中國年輕革命家結交爲職志。當時孫中山先生亦在壯年，民藏曾以其故鄉住宅及土地出售，醵資以援助中國同志。未幾中山先生亡命來日，由滔天陪同，在上小路民藏寓所小住，當時清朝曾懸鉅金購求中山先生首級，故在日本亦視爲危險人物。中山先生在上小路居住之十日間，與滔天以筆談示意，滔天夫人槌子女史，則以英文應對，故於中山先生起居照料特多。當時中國革命前途尚未可知，中山先生服裝亦甚寒素。

中山先生當時臉色蒼白，整日翻閱滔天藏書，絕不外出一步。附近鄰居對中山先生之來，奔相走告，亦有提及清朝懸賞之事者。余料理膳食，煞費苦心，蓋調理合乎中國人口味之菜餚，在日人實爲不易之事，而與孫先生同來諸人中，對生魚料理，竟無一人敢於嘗試者。

其後民藏奔走於上海南京之間，爲中國革命多所致力，淸廷對中山先生等志士之迫害，雖無所不用其極，然此種腐敗之政權，不久卒告崩潰。當革命成功，中山先生再度訪日，並來荒尾之際，以中山先生已爲中國之大總統，故學校學生等均持旗結隊歡迎，中山先生當時御大禮服及絲質禮帽，以鄭重親切之態度，一再向余等道謝。中山先生爲一禮義異常週到之人，當時鄰里均謂：『以如此溫厚之人，竟有如此強毅不屈之鬥志，實屬令人不解！』

一行約計十人，在余家住宿一宵，翌日在村人歡送聲中，離村他去。

北伐成功後，中國國民黨同志如　蔣總統，對民藏一家所予革命之協助，念念不忘，乃於民國十九年四月十四日，以中國國民黨中央執行委員會秘書處名義，以華幣兩萬元，寄交宮崎家屬，囑爲建館以紀念中山先生。當時宮崎家屬以迫於生活，已將上小路中山先生曾經住宿之住宅出售，得中國政府撥款後原擬將該屋重行購歸，以價目不合，乃改在市郊荒尾貝塚礠山新建館舍，上鐫『靑天白日』國民黨黨徽，題曰『孫文紀念館』，此卽目前余所居住管理者。此外並在附近重建宮崎歷代墓道。中國友人之崇功報德，友情眞摯之情形，誠使日人爲之慚愧。

此項紀念館落成後，一時成爲當地名勝之一，凡遠道前來熊本者，無不慕名轉至一遊。然落成未及數年，中日戰爭卽行爆發，自此之後，余等卽遭冷落，不僅鄰人如此，卽憲兵警吏，亦經常注意。太平洋戰爭爆發後，更屬變本加厲。此項中國同志所興建之紀念館，竟成爲憲兵警吏一再騷擾之對象，終以無法繼續居住，乃避往菊池郡龍門鄉間，度其辛酸之生活。

及至戰事結束，余等平安歸來，發覺內部門窗地板，均已破壞，滿目荒涼之景象，令人目不忍睹。中國友人戰後仍有專程來此瞻仰者，對余等生活，無不關心，余以承先人遺志，自開館以來，特在二樓闢室，安置西式床鋪，隨時準備中國友人來此處居住。

去年中華民國政府曾囑人轉告余等，如有任何困難，均望余等告知，俾便援助，余以 蔣總統目前正在憂患之中，且余孑然一身，尚能自行照料，豈能再勞渠等分心。故一切好意，余均堅決拒絕。」

以上爲宮崎民藏夫人談話之要點，筆者於辭出之際，見此高齡之夫人依依不捨，一縷眞情，閃耀於兩眼之間，其豪邁眞摯，實有令人永誌不忘者。

按宮崎係出名門，兄弟甚多，長八郎，次民藏及彌藏，寅藏最幼。八郎於十年戰役中殉難，彌藏亦早年病逝，寅藏爲人義烈熱誠，倜儻不羈，其平生修養，多得之於胞兄民藏彌藏之薰陶云。

中華史地叢書

三十三年落花夢

1912

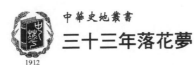

作　　者／(日)宮崎滔天　著、宋越倫　譯
主　　編／劉郁君
美術編輯／鍾　玟

出 版 者／中華書局
發 行 人／張敏君
副總經理／陳又齊
行銷經理／王新君
地　　址／11494 臺北市內湖區舊宗路二段181巷8號5樓
客服專線／02-8797-8396　　傳　真／02-8797-8909
網　　址／www.chunghwabook.com.tw
匯款帳號／兆豐國際商業銀行　東內湖分行
067-09-036932　中華書局股份有限公司

法律顧問／安侯法律事務所
製版印刷／維中科技有限公司　海瑞印刷品有限公司
出版日期／2018年3月再版
版本備註／據1977年9月初版復刻重製
定　　價／NTD 300

國家圖書館出版品預行編目（CIP）資料

三十三年落花夢 / 宮崎滔天著 ; 宋越倫譯. --
再版. -- 臺北市 : 中華書局, 2018.03
面 ;　公分. -- (中華史地叢書)
ISBN 978-957-8595-27-9(平裝)

1.宮崎滔天 2.傳記

783.18　　106024805

NO.G2013
ISBN 978-957-8595-27-9（平裝）